特约审稿人：戚万学 | 毕华林

教师的哲学

[英]尼格尔·塔布斯(Nigel Tubbs) 著

王红艳　杨帆　沈文钦　觉舫　王世旭 译

高 伟校

从哲学角度

对教师角色进行研究：

从各种哲学的、

社会的、

宗教的和政治的视角入手审视教师职业，

以及教师在其工作中经常遭遇的矛盾经历，

为探寻身处理论与实践之间困顿关系

之中的教师的角色意义

提供了深刻的哲学分析。

为未来教师和在职教师们提供了

一种探索和理解其工作本质意义的

哲学路径，

同样也为旨在发展学术研究的教育理论和

教育哲学学者以及欧陆哲学和社会理论学者提供了深入的

哲学洞察。

全书论点均建基于教师的日常经历，

讨论素材亦均围绕教师经历审慎组织。

山东教育出版社

图书在版编目(CIP)数据

教师的哲学 / (英)塔布斯(Tubbs，N.)著;王红艳等译.
—济南:山东教育出版社,2012
ISBN 978—7—5328—6306—8

Ⅰ.①教… Ⅱ.①塔… ②王… Ⅲ.①教育哲学—研究 Ⅳ.①G40—02

中国版本图书馆 CIP 数据核字(2012)第 217364 号

教师的哲学

[英]尼格尔·塔布斯 **著**

主　管:山东出版传媒股份有限公司
出版者:山东教育出版社
(济南市纬一路 321 号　邮编:250001)
电　话:(0531)82092664　**传　真**:(0531)82092625
网　址:http://www.sjs.com.cn
发　行:山东教育出版社
印　刷:山东德州新华印务有限责任公司
版　次:2014 年 4 月第 1 版第 1 次印刷
规　格:787mm×1092mm　16 开本
印　张:13.75 印张
字　数:249 千字
书　号:ISBN 978—7—5328—6306—8
定　价:39.90 元

(如印装质量有问题,请与印刷厂联系调换)
印厂电话:0534—2671218

致 谢

非常感谢乔斯·伍德(Joss Wood)允许我把她的画作作为《教师的哲学》的封面。这幅画以其优美和柔软的笔调传达了在奴役与自由、超越与根本、古代与现代之间的"断裂的中间地带"寓意;但同时,它又把教师放在了这些二元对立中,并再现了这些二元对立与彼此之间的关系困境。这是教师背井离乡的移居,就像从天堂同样也像是从尘世的流放。然而,这位教师把他的手放在了自己的心上,他的教学同时也是他的祈祷。这正是本书所要传达的思想——教师身处教师和学生、理论和实践之断裂关系中,以及教师在古代与现代、理性与信仰、哲学与教育之断裂关系中工作的精神。

完成这本书的写作,我首先要感谢保罗·斯坦迪什(Paul Standish),他的独到见解和批判促使了本书的完善,他的慷慨和宽厚始终鼓励着我;感谢玛丽安娜(Marianna Papastephanou),约翰(John Drummond)和伊恩(Ian McPherson),他们对本书的部分内容提出了有益的评论;感谢朱莉(Julie),她在我最需要的时候给了我情感上的和文本上的支持;感谢艾德利安(Adrian Money),他在早期对本书的第二部分提供了见解;感谢阿尔弗雷德国王学院(King Alfred's College)的所有学生,还有温切斯特大学(University of Winchester)的所有学生,是他们在《教师的权力》和《教师的哲学》课程中的工作帮助我形成了本书的框架和内容。

此书献给:

皮特(Pete)/ 芭芭拉(Barbara)/ 凯蒂(Kate)/ 丹(Dan)

前　言

作为一名教师，如何能够开始更好地思考个人的实践？如何能够理解个人所遭遇的怪异的矛盾？又如何处理这些矛盾？如何成为一名更好的教师？对教师教育者或者那些寻求更好地理解教育情境和教育事业的研究者而言，如何带着更多精确性、更深刻洞察、以更富穿透力的方式来思考这些问题？这些，就是尼格尔·塔布斯的《教师的哲学》所致力于探究的问题。

本书在一种更广泛、更理论性的框架内讨论了教师教学经验的自然性，分析和挑战了教育哲学中的主导性观点，并考查了其发生的文化条件，为理解揭露张力的教学提出了一个基本理由和解释。每个教师都能感觉到这种张力，但是它很少出现在理论家的著作之中，更别说那些普通教学指导书了。

尼格尔·塔布斯在这本书中带给我们的，不仅是他自己身为教师的丰富的经验，也有对教和学之复杂性保持警觉的哲学传统的精深知识；他在实践中运用这些哲学思想的经历都反映在全书的字里行间。结果便是——向每一个对教育的改进及其所需要的教师的品质感兴趣的人提出了挑战。

保罗·斯坦迪什

（Paul Standish）

目　录

引 言

人类的思想无不拘囿于矛盾。矛盾就其自身而言,并非始终是衡量谬误的标准,在某些情况下,矛盾也是真理的代言人。——**薇依**(Weil,1988)

据玛丽安娜·韦伯称,她的丈夫马克思·韦伯当时"深受感动,最先令他感动的是,思想在尘世旅途中无时无处不在与其最初意义发生冲突、南辕北辙并最终自我毁灭这一事实"。——**博托莫尔、尼斯比特**(Bottomore and Nisbet,1978)

首先,有必要简要谈一下本部教师研究的结构和文体。此项研究共三部分,各部分力求条分缕析、层次分明。整个项目原本只包含本书第二部分内容,即《身为教师的经历》(*The Experience of the Teacher*)。作者原意是将其打造为一篇篇幅短小却不失启迪性的文章,专为在职教师和准教师量身定做。其目的仅限于为他们提供各种各样的政治及哲学材料,这些材料直接针对教师在实践过程中以及在对实践进行反思的过程中所面临的两难境地和矛盾情形,其布局谋篇尤其围绕权威和自由之间复杂难懂的关系,并在各章中自始至终贯穿了黑格尔《精神现象学》(*Phenomenology of Spirit*)一书中描述的著名的主仆角色思想。现在最新增补卷本中这一部分仍然完整无缺,仍然专门为教师而写,而且读者仍然可以在未经查阅本书其余章节情况下对这一部分进行单独阅读。实际上,这一部分是一本书中书,其口吻相较于第一部分和第三部分而言更为保守。因此我希望,从事教师教育的读者可以直接引导学生学习第二部分内容,并且我相信,教授与学习这一部分内容不需要事先阅读或者具有这方面的知识。我也希望从事教师教育的教师和学者也能够直面这部分内容所描述的他们自身的两难困境。

然而,本书成书之时实际选取的内容却远远超出了原本的局限性目标。第二部分内容夹杂了针对当前教育哲学领域内部及广义上教育理论哲学领域里众多观点的哲学争论。抽象及怀疑的推理形式拒不承认抽象经验或者怀疑主义是实质性的哲学教育,而"断裂的中间地带"(the broken middle)概念所持观点正是与其相反,"断裂的中间地带"概念的提出便由此引发出上述这一系列的批评之声。第一

部分提出了"断裂的中间地带"对教育与哲学的关系尤其是围绕教育与哲学受抑制而成为近代抽象经验的一种文化(culture)[①]所产生的疑问。第三部分则从教育和哲学角度对三位通常情况下最有可能在某一方面针锋相对的三位哲学家——黑格尔、尼采和克尔凯郭尔——进行了抽象的、思辨的解读。

这里陈述的观点是:三位思想家各自以不同的方式在近代社会关系以及政治关系中——或者换句话说,在抽象的支配下——来理解文化以及哲学与教育的重构(re-formation)。他们由此例证了近代哲学和教育以及遭受破坏的哲学经验(experience)和教育经验如何既具教育性又具哲学性。关于近代经验的逻辑与实质,作者在第一部分对其作了介绍,在第二部分对其进行了考查,而在第三部分,则是通过黑格尔、尼采和克尔凯郭尔理解这一经验构成和重构的不同方式来重新回到这一主题。此处,第二部分成为"断裂的中间地带"的论著,即断裂的中间地带的经验;这一论著在第一部分和第三部分再次以更为抽象的形式提出。

黑格尔、尼采和克尔凯郭尔著作(尤其是在反对后现代阐释及后结构主义阐释方面)的特别之处在于:首先,他们认识到抽象在其支配的各个方面所设置的限制并在这些限制内工作;其次,他们认识到理性的困境,而这种困境是支配性的;第三,他们并不假定这种支配是否会被推翻;第四,他们并不否认在这些颇为棘手而又自相矛盾的体验中的他们的哲学教育。"自相矛盾的体验"的含义在这里至关重要。打个比方,或许有人认为这是指两种教育观点——比如理查·彼得斯(R. S. Peters)[②]和利奥塔(Lyotard)观点之间的冲突,然而矛盾不仅仅出现于立场之中,矛盾也出现在立场的立足点之中,出现在我们所说的自然意识(natural consciousness)之中。这种矛盾是以一种完全不同的具有哲学与教育意义的顺序出现的。其重大意义在于:一方面,立场的呈现无可避免;另一方面,所有假设都抑制个体所拥有的经验,就此而言,它们是虚幻的。简而言之,黑格尔、尼采和克尔凯郭尔知道,他们必须致力于研究自然意识的近代政治形式的突出代表,而这是由他们的身份和我们的身份所决定的。正如我们我们将会看到的那样,任何和解、推翻、保留或者麻醉自相矛盾的体验的尝试都无法使我们占支配地位的、抽象的自然意识取代我们的哲学体验,并且实际上损耗了当前的政治条件。这种自然意识就其本身和其解构而言是可以教化的,但是,既不能推出这种自然意识已经被颠覆且被为新的事物(例如一些新的伦理关系)所取代,也不能推出这种自然意识在其关

---

① 原著中部分用斜体字强调及语义晦涩的名词,在译文中首次出现时均给出原(英)文。本书中所有脚注均为译者注。

② 理查·彼得斯(R. S. Peters),英国著名教育哲学家。主要著作有《道德发展与道德教育》、《权威、责任与教育》等。

键性研究方面仍然是块处女地或者仅仅是空洞的重复制造的过程。在第二部分，教师的这些自相矛盾的体验得到了展现，而在第一部分和第三部分，则探索了不同的道路，其中自然意识或占支配地位，或处于从属地位。这一探索要求第三部分的难度大于第二部分，且更为及时地为学术界的受众(academic audience)所勘阅。

但是最后，请让我问一个问题：谁会想要正如这里所提出的那种教师的哲学呢？我希望答案是：那些深切体验到教育真理是真实存在的所有教师，即便这些教育真理在教师工作中或在为服务于他们的工作而设计的理论观点中尚未得到认可。现在我知道，如果有人需要被培训为一名教师，那么就需要教师哲学——一种能够从其自身理论与实践中的难点出发的教育哲学、一种有控制力和权威性的教育哲学、一种涉及师生关系的教育哲学。有时候，对于教师来说，这些问题是他们所共同面对的。但是我当时发现，在论及教师的教育著作当中，并没有真正的哲学〔即没有真正的思辨(speculative)哲学，接下来我将对此进行阐述〕。而在哲学领域，(研究者)无论是对作为整体的教育还是对具体的教师教育，都不怎么感兴趣。有些人现在正像我当时一样，在找寻着同一样东西，甚至或许其中有些人还没有意识到这点，但是或许本书能够寻到志同道合的朋友。

同样，在本书开篇之际，对教育哲学家与教育理论家的专业受众，我还想提前说明：大到整个教育理论，小到教育哲学，都已分化出众多不同阵营，这些阵营之间彼此进行的思想之战此起彼伏。然而，我认为，他们在脱离这些前沿阵地来从彼此关系内部自我学习方面做得远远不够。我确信，如果要提出一门关于教师的哲学，加入这其中某一阵营是更为安全妥当的战略：或许是由近代教育哲学开山鼻祖组成的分析阵营；或许是集体全然逃避身份认同问题的后基础主义思想家；或许是对共同解放感兴趣的批判教育学家；抑或是只就运动进展状况发表评论的学术记者。

然而，冒着以德报怨、恩将仇报的危险，也是出于对即将慢慢解释的理由的考虑，我将要在此提出的教师的哲学不能加入上述任何一派。对于此处追索的教师的哲学来说，这些选择所代表的至多是讲了半截、虎头蛇尾的故事，彼此雷同。它们彼此间的共性要大于彼此间无人地带的相似性，而这些无人地带竟是他们之间开战的导火索(casus belli)。正是因为步入这一无人地带，下面的描述才与众不同、标新立异，也意识到可能四面受敌、饱受攻击。但是，即便在这个早期阶段也应该弄清楚：这里提出的教师的哲学不是像德勒兹式一样在各个交战敌对势力之间迅速蔓延；相反，《教师的哲学》在哲学和教育方面代表了它们之间分崩离析的关系。

对上述观点，有一种迥然不同的哲学形式与哲学内容，这一哲学内容和形式拒绝礼貌地承认这些观点之间的差异，或许可以将其称作思辨传统。思辨传统在教育理论创建过程中影响甚微，[1] 这不无原因，对其中一些，我将适时从文化和经验角度进行探索。我将指出，正是因为这样一种传统，哲学和教育之间才会存在一种特

殊形式的关联。实质上，我想展现的是哲学与教育如何分享一个终极目的（telos），这一终极目的并不会取代分析性传统、批判性传统、后现代主义或后结构主义观点，而实际上是各种集体幻想的真理。无独有偶，思辨哲学不是替代教育领域任何观点，因为它本身就是要建立在推理形式（特别是引入其中的幻想）之中的。这一论断毫无疑问已经引火上身，因为它看似在整个教育理论建立过程之上及过程之外提供了一种内部批评。然而，事实并非如此。思辨体验所提供的是对任意一种哲学代表的可能性条件的再提出，而在这方面，其他观点无能为力。因为思辨哲学认可抽象化以其雷霆万钧之势必将成为任何思想行为的前提条件，所以思辨哲学在偶在内部盘根错节，甚至超过了那些以自称发源于偶在或者历史主义而自居的观点。诚然，必须承认存在依赖性成分。思辨哲学从这些其他观点不可避免的抽象之中产生，并与这些抽象格格不入。思辨哲学是这些观点之间相互斗争以及这些观点自身内部斗争的哲学经验。

然而思辨哲学甚至更为深入地触及哲学推究的核心。分析哲学的抽象形式和后启蒙哲学的反基础主义形式都不属于思辨哲学的阵营，而后者是真正哲学化的。这是因为他们的研究方式不允许哲学经历成为其自身内容，而将其本身视为自己（显然经过妥协）的可能性条件，因而在人们眼中往往是抑制哲学体验。当理论建立过程似乎在敌对立场（即在不同假设）之间传播时，这一抑制经验便极为清晰，每一立场之间都勾心斗角，每一立场都摆出一副永远无法达成综合观点的架势。这些阵营之间的辩论变得无休无止，每一阵营都指出其他阵营论据中的矛盾之处，却很少有阵营将这些反对经验当作教育和哲学探索的主体和实质。这一被视作哲学推究的仪式有其自身的实质，如果思维过程要对其本身及其错误认知做到不失公允，就需要对其自身进行探究。因此，在接下来的内容里，《教师的哲学》试图揭露并认真对待众多形式的哲学经验抑制中的一部分，这并不能在那些因为这种抑制而受指责的人中赢得朋友，也不能在那些身处某一阵营之中、探寻颠覆近代抽象意识的支配地位（却并没有意识到自己如何关联其中）的人中赢得朋友。但是在某种意义上，《教师的哲学》或许能够直接言中他们作为这种或那种教师或者学生的经历。这便是本书布局谋篇目的之所在。

注释：

1. 显然，观念论传统已对教育产生了影响。然而，这在很大程度上仍然是一种片面理解黑格尔的右翼黑格尔哲学。同样，受黑格尔哲学启发的左翼批评理论已经成为并将继续充当教育理论建设过程中的中流砥柱。没有发挥影响的是思辨推理，此处思辨推理被定义为哲学作为教育以及教育作为哲学之间的关系、哲学作为教育以及教育作为哲学的同一性与非同一性。对这种思辨关系更为详尽的描述请见《哲学的高等教育》（塔布斯，2004）。

第一部分

哲学、教育和文化之断裂的中间地带

第1章　教育中的哲学及哲学中的教育

1.1　哲学地思考

开篇第一章的目的在于，从诸形式的教育理论的种种矛盾中恢复思辨经验的教育意义。这意味着哲学思考具有两面性，既要面向在其或然状况所蕴含的偶在，又要面向其认识这些状况所具备的自由之经验①。下面我将说明，教育哲学和教育理论的一些视角在面对令人困惑的现代自由和必要性这一（矛盾对立的）②经验时是如何陷入片面立场的。这种做法导致哲学和教育的关系（relation）受到抑制。那些要么试图把我们从历史主义的怀疑主义中解放出来，要么试图进一步把我们束缚于历史主义的怀疑主义中的人，实际上只是重新发明了更为巧妙的方法，来将我们困于这一疑难状况之中。正是在哲学（此处只能意指思辨哲学）中，疑难对争论中的双方而言都具有教育和构成两方面的重大意义。为了说明吉莉安·罗斯（Gillian Rose）在其最新著作中支持这种哲学观点的方式，我以引用她的一段话开始。她是这样来描述近代社会关系对于现代思维所具有的重大意义的：

> 我是想让大家关注一种解释（我将其称为黑格尔式的或者尼采式的"解释"），在这种解释的论证下，自治的道德主体在再现的秩序中是自由的，在这一秩序的前提和结果中是不自由的，而现代性则是发源于这样一种结合。（Rose，1996）

为说明这种作为思辨性思维的内容并通过思辨性思维才得以显现的哲学经验，我将首先从黑格尔和克尔凯郭尔出发，之后在回到罗斯的"断裂的中间地带"概念。

黑格尔对我们的自然意识和哲学意识做出了区分。前者是体验世界之表象的意识。后者是我们对于这些体验的思考，但它内部也蕴涵着进一步的对立。至此，

① "经验"这一概念在本书中常被作者用以指涉"哲学的状态和性质"。

② 部分括号中的内容为译者所加，以帮助读者理解。

出现了一种与自然意识和哲学意识之关系相关的意识。在辨识和否识关系中的这第三方便是精神(spirit),精神在不同历史时期的不同社会政治关系中是以不同形式出现的。哲学意识在某种程度上具有自知性,而自然意识却不然,从这种意义上,我们说,对于黑格尔而言,哲学思维就是我们对思维的思维。但是,我们将这一活动的三元性而非二元性铭记在心十分重要。如果精神不被视作思想和对象之间(否定性)关系的一种再现,那么在这一关系中便既无哲学又无教育,思想便无法参照其对立面,而参照其对立面正是思想具有自知性的途径。精神并非解决自然意识与哲学意识之间关系的方案,而是它们之间的关系向我们显现的一种形式。这一形式正是被辨识和误识(的关系)所造就的。罗斯反对把黑格尔的"精神"理解为具有终结性、抑制他者的和帝国主义性质的概念。她反驳道,黑格尔现象学(phenomenology)中的精神"意味着一出误识的戏剧,在这出戏剧的每一幕和每一个过渡,都上演着一出永无休止的喜剧,依此,我们的目标和结果不断地发生错位,并且激发起另一个新的目标、动作和一连串不和谐的结果"(Rose,1996)。这样看来,精神作为理论与实践的对立面,对于教师的经验具有直接的意义。

继而,我们的哲学意识从理性所带给我们的、我们对各种惊奇和始料未及的结果的经验中萌发成长了。黑格尔说,既然自然意识"直接将其本身视作真正知识"(1977),因此,那些与其对立的经验便对其"有了一种否定性的意义,……并赋予其价值而非将其视为自我的丧失"。人们可能会想到这样一位老师:她刚刚上了一节课,不过课上得让人十分失望,她开始怀疑自己是否真的适合做一名好老师。重重疑虑在心头郁积,打击着她内心中秉持的、能够做到游刃有余的信念。这里面有些东西让人感觉十分不舒服,但与此同时,这些经历也具有教育意义。如果这些想法仅仅被当作疑虑,那它们便是具有破坏性的巨大隐患。但是我们在接下来对教师哲学的讨论中将会认为这些疑虑具有构成性。原因在于,这些疑虑教育我们认识到,理解总是"暂时的和初步的"(Rose,1996)。罗斯说,这是"Bildung① 的含义,是'构成'或者'教育'的含义,也正是(黑格尔主义)精神现象学进程所固有的"。在这种教育中,师生关系的真理也成为教师的真理,而这位教师也是她自己的哲学教师。这一描述的重大意义在于,具有暂时性的精神和教育可以与绝对者的实现过程共存。[1] 我们必须暂时悬置对这种教育关系为实践者所能带来的"不同寻常的意义"所做的考查。

当然,情势太过艰难时我们往往不去多想,以此来寻求慰藉。然而,对一名正是以处理学习和教育的难点为主业的教师而言,这种哲学却行不通。此外,本书最

---

① 意为"教化"(德语)。

终的一个颇有意思的结论是：黑格尔从这种意识层面的教育之中获得了意识对于“真实”世界的认识，并了解了意识与“真实”世界的关系。黑格尔认为，任何人试图逃避由对确定性(certainties)的否定所带来的难题，都终将发现那是徒劳的。我们总是以否定的方式体验这个世界。世界永远不是其最初显现的样子。我们或许不假思索地主张稳定性，而我们的哲学意识却总是摧毁任何这种稳定性。黑格尔在此处强调：

> 意识深受握于己手的(否定的和哲学的)暴力的折磨：它破坏了其自身有限的满足感。意识感受到这一暴力时，其焦虑可能促使其抛弃真理却竭力抓住那极有可能破灭的东西。但是意识依然无法得到安宁。如果意识希望处于一种什么都不思考的惰性状态，那么思想就会袭扰这种无思想的状态，这样其自身的不安分也扰乱了其惰性。

因此我们或许可以说，对黑格尔而言，教育是与经验一样注定要发生的，也是难以避免的。只不过，我们的哲学意识往往没有受到足够的培养，不能在其与自然意识的关系中将自身理解为一种学习和教育。

哲学是对经验的思索。在探索这同一观念时，克尔凯郭尔的方式多少有些不同。他说，我们在问一个问题时，便是在承认对某些事情(的真理)的无知。他说，我在探问真理时，也经验到了真理的缺席或者说谬误(untruth)。我正身处疑惑之中。这里的教育经验又是一个否定性经验。疑惑将自然意识带入其自身的另一面——即知晓着它(即意识)之疑虑(状态)的自我意识(self-consciousness)或觉察(awareness)。因此意识从这种关系中了解自身，使我们的已知和未知发生关系，并使我们进一步触及自知其无知的意识。他将这种意识叫做真理和谬误间一种关系的第三方(Kierkegaard，1985)。这个第三方与黑格尔的“精神”相似，是我们了解已知和未知之间对立经验的方式。正是在我们无法分别困难经验和不可解决的两难困境时，我们的学习才得以发生。在后面第三部分陈述的教师的哲学里，包括克尔凯郭尔在内的每一种哲学都将以不同方式表明教师怎样从他们的对立经验中进行学习。

这两种对思考进行思考的方式内嵌于后面第二部分以主仆关系为基础的教师的经验之中。而在第三部分中，透过两种哲学思考方式，教师的工作可以更加清晰地、哲学化地理解为身为主人和仆人的经验及主仆关系。因为预见到了这一点，我们可以从哲学意义上说，以主人姿态出现的教师代表着我们自然意识的确定性。教师是开化者，是对世界有足够把握并引领他人进入世界的那个人。另一方面，哲学上以仆人姿态出现的教师代表着对这种主人身份及其对本身工作之理解的否

定。这些教师,通过各种方式,以批判性提问和思考为基础让学生产生疑惑,从而使其否定对世界的直观理解。此外,他们不但旨在向学生揭示这些理解是如何依赖于这个“如其所是”的世界的,而且还要揭示他们如何在其接受的教学和思维方式的限制下无法接触到有关这个世界“可能所是”和“理当所是”的看法。这些教师旨在通过教授被一些人称作“解构”而被另一些人用“解放”来界定的教学方式,来为学生提供批判性教育。如果确定性或者自然意识是主人的“同一性”(identity),怀疑是仆人的“同一性”,那么从潜在意义上说,二者就组成了哲学教师的经验,即我们即将看到的、蕴含着矛盾和对立关系的断裂的中间地带。

对这两种哲学模式而言,有一点必须牢记在心:对两种意识至关重要的是,它们存在于思想中并通过思想紧密联系、密不可分。不管是对黑格尔还是对克尔凯郭尔而言,对我们所知的东西进行怀疑的经验总是扮演任意二元关系(duality)中的第三方或确定性和怀疑之间的联系者。这种经验在下面的研究中被赋予了哲学的性质,即被视为了哲学和教育。对黑格尔和克尔凯郭尔来说,自然意识始终是我们的已知,哲学意识是对已知的“识知”(这一行为)的怀疑和其中所蕴含的不确定性。但是它们不能脱离对方而单独存在。在这种情况下,脱离了怀疑的确定性是盲目的,因为它无法自行驱动识知过程。而脱离了确定性的怀疑是空虚的,因为它缺乏属于它自己的内容。自然意识和哲学意识唯有在彼此关系中才生成为我们的(哲学性的)学习和教育。而正是在这样一种关系中,我们将发现教师的哲学。

1.2 断裂的中间地带

吉莉安·罗斯尝试复兴哲学的思辨经验,以反对她认为曾经在哲学领域占据支配地位的新康德主义传统:

> 我所实践的哲学有一种不同的取向。这种取向基于另一种逻辑和故事。我认为,从柏拉图到马克思,他们的哲学著作[我是说“著作”而非“文本”:前者暗含对概念的使用与其形式上的特点是不可分离的,这与后者所蕴含的作为指示物、象征和符号的意义的(片面性)是不同的]中包含的宣称和构想,要么是用决定论的方式 (deterministically)要么是用疑难性的方式(aporetically)做出的。前一种方式的结构是固定和封闭的,是用强制的力量对思想加以殖民;后一种方式则代表了通过再现模式(mode of representation)中的间隙或者沉默,顺应了哲学构想呈现所再现的难题。(Rose,1978)

罗斯围绕“断裂的中间地带”这一术语展开论述,称后一种方法,即疑难的方法(the aporetic),激活了“乱象的出现所蕴含的思维的难题,却并没有提出任何修复世界的幻想”。罗斯拒绝对看似断裂的部分加以修复。她发现,思辨经验存在于我

们的现代经验发现自身的地方。这些现代经验不仅再次提出了一个断裂的中间地带，而且在它们自身的思维之中并通过这一思维决定着这一再次提出的过程。当不能够修补我们所割裂的东西却没有再现这种割裂之时，我们就永远不能试图更新我们自己对这一非常古老的思维方式的理解，这正是"断裂的中间地带"的一种含义。这种更新在一定程度上意味着，在未经调查它们的分裂过程的哲学经验的情况下理解从中间断裂的两部分是如何如此频繁地联系在一起的。现代与后现代、理论与实践、主体与客体等二元论正是在这里出现。它们内部是对立的，但却从未被当作教育和哲学的"断裂的中间地带"经受体验，就像被困难所塑形的哲学经验毫无实质可言而且必然再次受到抑制以支持某二元论的某一方面似的。这一哲学教育的误识和抑制对哲学与教育理论建设的影响可谓平分秋色。

自从他所处的时代起，康德对于必要却不可知的超验法则与实践伦理学领域的区分就以非常特别的方式塑造着哲学。他对于形而上学和伦理学的分割是随后众多二元论的基础。放之四海而皆准的、不可知的超验的(a priori)形而上学法则是如何在一夜之间同时成为公民社会自主人自由选择的道德行为了呢？它在具体的意义上成为了理论和实践的问题。然而，这种理论与实践、形而上学与伦理学的问题对于那些洞见了断裂的中间地带的人而言，本质上是不会被体验到的。或者，它只是由于人的一个方面的原因被体验或貌似体验：我如何能从心所欲不逾矩？我怎么既是自主的同时也服从于形而上学的超验的必然？这里绝对具有重大意义是，这个问题是在个人经验中得到评判的。近代以来的所有反思所生产的错觉是：经验对象并不就是对象的经验。按照这一交错配列(chiusmus)，我想引起大家关注经验与一种对象概念起作用的方式，这一方式已经形成了经验和对象之间的关系。这一先在政治关系的表现以及这一表现的重复，就是普遍者，继而将普遍和特殊的关系界定为疑难。换言之，普遍者——我们或许可以说是超验者——在其不可能被知晓的条件下出现。对这一误识的认知就是我们的教育，它涉及到与特殊者相联系的普遍者的显现之幻象。这一点无法与幻象的政治形式相分离。这一偶在性构成了思辨探究的实质。

这种与关系的关系，或者说教育与哲学的难题，是四面受敌的无人地带。对分析哲学派学者而言，这种思辨不是纯粹的理性；对后基础主义者而言，这种思辨是绝对的纯粹理性。前者包含形而上学更为纯粹的形式；后者包含伦理学更为纯粹的形式。西式哲学现今正在迈向这一分野。

罗斯在她早期著作中对源于个人视角的幻象的两种范式提出了批评。[2] 方法(method)范式重视考查对被探究对象的感知被加以综合的规则及其有效性的问题。这种范式在涂尔干(Durkheim)对社会事实(sui generis)的独特阐发中达到顶

峰。道德(morality)范式重视价值的合法性,并在韦伯的文化社会学中达到顶点。与教育哲学尤其是教育理论建设有关的最新发展,是方法与道德的关系在认为价值有其深层基础和认为其无基础可言两种观点争论的过程中被呈现出来的途径。在本章接下来几个部分中我将对此进行较为详尽的探索。在这一点上,可以说,教育哲学和教育理论在有关伦理关系的争论中具有难以或缺的作用。这些呼吁往往是源于形而上学缺乏证实清晰、客观的价值观的能力时所伴随的挫折——也有些人将其称为失败。不同于超验伦理中的虚幻的、帝国主义式的客观性,一种对“新伦理学”呼吁日益高涨(Rose,1996),其产生时没有经过形而上学假设,而是来源于真正的、或许是面对面的遭遇。一方面,这种新伦理学的野心表现了其“不太能容忍模棱两可”,而与此同时却主张遭遇的伦理具备同样的要素。另一方面,伦理道德如此之快地承认“他者”作为其哲学对象,甚至完全将其哲学对象视为他者,这证明了教育学术中的哲学经验成分的匮乏。一旦伦理学始于他者,那么哲学及其理解他者的社会和政治构成的能力以及我们对这一构成的决定能力都必然会湮灭。罗斯笔下主张自由市场交易的自由意志论者和主张民族、性别多元性的社群主义者之间的战争同样适用于教育领域的交战阵营。一方面,(众多伪装下的)明智者(phronimos)的个人德性和道德客观性之间战事频仍;另一方面,多元性在许多伦理宣言中若隐若现。

> 这两种显而易见的交锋有颇多共同点,而双方所参与的正是它们声称要推翻的原型……双方都对所有假定的普遍性恶语相向,称之为“极权主义”,并试图将“个人”或者“多元性”从统治中解放出来,二者都……主动地不去理解任何结构和权威的现实性,不去理解任何内在于社会和政治构成的东西,如此,它们所反对的东西仍然未被触动。(Rose,1996)

罗斯对其所谓“将文明的顽疾归咎于哲学,并认为哲学使他们丧失了认识思维和存在以及思维和行为之间差异的能力”(1995)的哲学家持最为尖锐的批评态度。诚然,罗斯发现这里存在着对教育和哲学之间关系的压制,即在将自己宣称为非基础主义的伦理高地的同时,却在实际上反而加强了现代社会关系所内含的幻象。她写道:

> 他们身处于理性和矛盾的边缘,夹在新学术政治的新教主义和作为可能之艺术的政治之间,为此,他们感到内在的不安,并为之恐惧。他们似乎认为,终结哲学就会解决这一难题——在认识到冲突的同时又卷入其中。如果摧毁哲学,废除或者超越批判的、具有自我意识的理性,将使我们在认识幻象和现实间的差别以及区分思想观念及其被歪曲实现时束手无策,无能为力。这将对学习过程以及经

验的更正性形成阻碍。对哲学的敌视误解了理性的权威，理性不是对迷信教条的反映，而是冒险。理性是批判性标准，它永远没有别的东西来为其提供基础。(Rose，1995)

接下来将论证的是：哲学的这一思辨性工作提供了一种教师的哲学，这一哲学提出了上述同样的问题，并在不对形而上学和伦理学二者加以取舍的情况下探索这一哲学如何直接言中教师实践的矛盾性经验。要么在形而上学教条或者作为敌对阵营的相对主义之间进行无休止的摸索，要么在双方共同肯定的一些判断基础上探索更明智的解决方式。我想稍后提出对某种教师的本质加以哲学化的方式。这种教师不仅理解围绕所谓对立而生的种种幻象，而且承认“它或许正是对伦理学与形而上学进行处理的恰当方法，并将摧毁伦理学和形而上学的价值和有效性。”(Rose，1996)罗斯未提到的是：正是这一分离为我们带来了教育，这一分离状态的实质是一种两难情境，而现代性正是在这一情形中才能被理解。思辨哲学可以同时复兴思想的非基础主义经验与理性的权威性和完整性。在形而上学和伦理学之间以及在抽象和后基础主义或者批判性教育理论之间，我们无需做出选择，也无需使教师做出选择。相反，他们可以在对上述关系经验的断裂的中间地带发现自己。

然而，我意识到这一哲学批评看上去往往只是使早已相当复杂的哲学论断变得更加扑朔迷离。这一问题的提出将涉及这一批评在教育实践内会有什么样的作用。对那些体验过的人来说，它本身在所有形式的教育实践中要有其意义——深刻的哲学和精神意义——显得何等困难，在本书其余部分，我将通过努力展现这一点来解决这一关切。但是我现在也想反对一下这种认为思辨思维不适合作为教育理论和实践的观点。我的方法是：简单描述一下上述像黑格尔和克尔凯郭尔这样的模型如何已经并且将继续支持温切斯特大学教育学研究的本科生荣誉学位项目，这是我本人工作的内容。[3]

1.3 作为课程结构的哲学

在温切斯特大学，我们研发了教育学研究方面的本科学位，这一项目将思辨哲学经验的结构重新融入从一级到三级的升级模型。该学位于1992年生效，成为联合荣誉学位中的一个研究领域。创建这一领域的导师团队先前大多参与了教育学学士学位教师培训课程的专业研究。随着针对该类课程的专业研究数量的锐减，导师们开始转向其他方面进行教学。当时，阿尔弗雷德国王学院与其他众多高等教育机构一样，用模式化的联合荣誉学位拓宽了其本科设置，而教育学研究也在1992年加入了这一项目，最初有17名学生。不论对谁会报考教育学研究，还是对他们最初报考教育学研究的理由都根本不清楚。导师对这一科目模棱两可的认同

便反映出了这一不确定性。

于1992年被批准的这一项目由哲学、社会学、政治学、心理学、历史学等学科组成，教育学本身只不过是其中一部分而已。13年来，教育研究的定义被一群新的导师彻底改变。从1994年以来的数次审核和评估来看，他们已经复兴了一个更为古老却同样具有当代性的教育观念。作为一个研究的主题，这一主题具备其自身的连贯性和相关性而不依赖于其他学科的整体性或部分性。实质上，我们不只可以将这一古老的教育观念作为一种社会、政治、文化和历史批评形式，而且可以作为一种可以像柏拉图所见一样塑造并决定灵魂和城市的构成性的经验。

正是在试图将对教育学的这一理解培养为社会的和政治的经验、批评和发展的过程中，我们集中精力努力确信我们的项目不只是与教育有关，而是其本身就是教育。这样，我们便已经努力做到了避免这一项目仅仅列举教育要素的种种不同方面却缺少任何教育目标。高等教育的所有项目都是假定“具有教育意义”的，但是我们感到，高等教育将“具有教育意义”的确切含义这一问题包含在自身研究领域之内的任务还是落在教育学研究上。这样，我们主张上面简要描述的、在黑格尔和克尔凯郭尔著作中发现的经验观念，[4] 并且将其置于我们学习项目结构的核心位置。这就意味着我们不仅仅研究教师、课程、方法、政策等教育设置场所，也不仅仅研究能被应用其中的现代主义、后现代主义、女性主义、文化及政治等的理论观点。我们也在探查我们实际做的这一工作的经历中什么对我们而言具有教育意义。同样，我们想从对教育的差异悬殊、支离破碎的理解出发继续推进教育学研究。这一理解是由“学科方式”通过考查两门学科本身以及我们的学生的生命中的这种互不相连的、支离破碎的经验所具有(以及不具有)的教育意义而生成的。当然，这一点可能暗示一些人，这一项目拒斥最近针对元叙事的后现代主义批判并仅仅武断、草率地提出自己的一些东西。这里这种批评被悬置起来，但是它们已然蕴涵于前面关于教育和哲学关系的讨论中。本书第二部分和第三部分将回到对它们的讨论。尽管如此，这一项目用全新的方式阐述了叙事和元叙事、综合和差异之间的关系。例如，其方式与利奥塔的后现代状况(The Postmodern Condition，1984)中发现的方式截然不同。这里我们试图将教育学研究视为所谓的“文化批判哲学”(the philosophy of cultural critique)。[5] 我们认为，考查那些自称为教育的东西，并探究其教育性所在，可以让我们达至对教育的学术研究的连贯的同一性。这一论断若得以延续，其骇人听闻的推论便是，在教育学研究中其他专业科目围绕“文化”经验所展开的争论将会被化解。此外，它将成为所有专业研究不可或缺的元素，或许成为那种认为高等教育能提供“附加值”的观念的基础。

为实现这一文化批评哲学，设计者将温切斯特大学教育学研究项目的结构分

为包含三个方面的模型:经验、理论、批判,这三个方面在为期三年的本科学习中逐渐展开。简而言之,我们已经将这一经验模型、理论和批判立于上述哲学经验的思辨和教育结构的基础上了。正如下面第三部分中将要看到的,黑格尔虽然仍是纽伦堡中学(Nuremberg Gymnasium)的校长,但却将他自己关于包括哲学经验三个方面的模式付诸实践,这三个方面包括直接性、中介和精神。这三方面各自以更具逻辑性的方式回应了抽象、辩证和思辨的种种阶段。对于黑格尔而言,抽象直接出现了,但是在(辩证)经验面前直接为理解所中和,并进而在经验中被理解为为我们而存在的对象。这一经验最后的(思辨)阶段是,试图探究关系为何在被完全理解或者完全误解的情况下都不会被抑制,从而以此了解并理解直接性和中介之间的关系。黑格尔本人在他的信中指出,他的学生中即便有达到了第三个阶段者也是凤毛麟角。他还指出,学生们倾向于认为第二阶段,即辩证阶段十分困难,更青睐于抽象性、直接性和对象世界中的具体确定性。[6] 在我们的教育学研究项目中,这一相同挑战一目了然,安慰之声往往比理论冒险更受青睐,至少在开始阶段是这样。不过许多学生最终克服压力,将他们对项目的不信任搁置了起来。

第一层次是为使学生们能够在无需学科内容和知识的必要前提下开始这一项目而设计的。第一学年的上半年将从所谓的“伟大的”教育家出发为学生们介绍教育理念,而且为学生们提供了一个反思自身受教育史的机会,以期将他们在教育学研究领域和其他领域所获得的一些新的概念应用于这些经验。其意图并非宣称学生早期教育中的任何经历是对是错,是卓有成效还是徒劳无获,而是试图使他们能够学到不同的观点和不同的概念,并用这些观点和概念来使他们的经验变得有意义,并且在适当的时候对这些经验加以批判。最为重要的是,在第一年里,学生们受到鼓励,来表达自己的心声,来描写他们自己,描写他们所感知的世界以及在这一世界里他们的教育经验。

第二层次几乎完全侧重于引领学生们进入一系列的理论观点之中。这里的目的在于使学生们意识到:他们自身对于世界以及教育的理解是可以得到补充的,并且在有些情况下是可以被取而代之的,方法就是通过对一种或多种这样的理论观点对世界进行再认识或者再次实践。我们要求学生在这种理论观点之内表达他们的心声之时,第一年里所鼓励的心声就彻底改头换面了。这可以并且确实包涵后现代主义观点。在这一阶段,虽然学生们自身对于这些理论的看法显而易见很重要,但是其重要性却与他们理解这些理论的程度相去甚远。他们的心声会再次响起,但就目前而言他们是在一系列的理论观点下受到指导。

重要的是,对于第二层次的学生,我们不提供诸如社会学、历史学、以及心理学等等在传统的学术性学科之内的理论。相反,我们所体验到的任何一门学科以及

所有学科之内的理论以及理论视角在塑造这一项目的教育性经验以及为这一经验做出贡献方面都发挥着它们的作用。因此，打个比方，学生们将被引领到马克思主义、批判性理论、批判教育学、学习榜样、女性主义、反种族主义、社会政治理论以及认识论、表征论和本体论等方面。这些理论观点用来探索与性别、“种族”、自然、权利和儿童有关的概念。对于学生和导师而言，关于第二层次项目，我们已经为自己设置了使理论建设技巧从属于所有模式的目标，这尤其具有挑战性。这意味着，作为模式选择的结果，一名学生是否研究“种族”或者性别或者权利是无关紧要的，因为每一个模式应该探索并且践行着同样的理论化过程，以及同样的追求理解的学科规律。第二层次所有模式的各类学习结果已经证实这种工作方式大有裨益。第一层次和第二层次共同构成了理论训练，其中后者尤甚，这并不是抽象的，而是关于“是什么”的一种理论推知和经验。理论总是与生动的问题相联系，但是我们鼓励学生悬置他们对于“应该”怎么样——比如说实践哲学——的看法，直到第三层次。这导致学生们常常扼腕叹息：为什么我不可以表达自己的观点？毕达哥拉斯的学生们不得不在前四年的学习过程中保持缄默，这种毕恭毕敬的姿态却并不赚人同情。我们的解释是，我们试图使他们对于“应该如何”的观点，比如对于实践的观点，为“是什么”的理论所指导。那么他们就能够运用这些理论和观点，并用其支撑自己的思想和观点。我们希望，通过这种方式，学生们可以从以个人经历为基础的观点转向理论观点，而其中纯粹的主观性和武断性往往丧失在理解过程中。这一理解继而运用于个人兴趣和社会兴趣，或者理论继而能够在实践中被人发现（或者被发现处于隐藏状态），这样更好。此外，一些学生由于对联系理论和实践关系的困难有着直接的经验，特别是对理论以及实践关系反复出现的社会和政治要素进行了检验，而获得了“腾飞”般的进步。他们了解了尝试对这个世界进行修缮所伴随的种种意外后果后，往往痴迷于各种创新性的理论化形式，而在这些创新形式中，教育理论和大陆哲学的结合虽然步履维艰却硕果累累。

那么，第三层次便试图使学生们从学习理论转向在实践中的理论化。这一发展标志着第一年里被表达却在第二年里受到抑制的心声的回归和加强。第三年的特点在于强调学生的批判性，而这是由有希望日渐与理论接近的一种棘手的关系所造成的。如上所述，疑难经验不可避免地成为最后这一年的中心内容。学生迅速知道，即便他们对于克服理论和实践的分离竭尽所能重新研究出的新的真正的方式完美无缺，这一分离依然循环往复。第三层模式不仅使学生努力认识到这一重复的存在及其随之而来的疑难，而且努力使深刻的哲学见解融入这一经验，特别是融入其在教育方面的意义和内涵。

我将借此机会援引近期第三层次学生的两篇学位论文来描述这一项目所能带

来的种种深刻见解。第一篇以怀疑(doubt)为主题的论文,称:

> 像黑格尔、克尔凯郭尔和薇依已经做过的那样,发现怀疑有一个意义重大的真理,便是挖掘出了窥视意识的深刻之处的潜力。怀疑含有真理。或许怀疑就是真理,而这一真理是自身的真理。这并非了解真正的自我,而是通过非真理了解自我。对于这三位哲学家而言,这是通过上帝的真理来了解自身的非真理。(Cox O'Rourke,2002)

第二篇论文给出了这样的结论:

> 我们知道人类对所有事物进行认识的能力是有限的。但希望并没有完全湮灭。希望在于"在这种有限性中发现一种德性,具有合法性的知识的范围在无休止地变化(Rose,1995),所以我们无需陷入虚无主义和绝望之中。我们体验了社区和个人、安全和自由以及知识和信念等二元论的两个方面。作为有限的人类,我们无从同时知道二元论的两个方面,然而因为连绵不断的反抗——理性的辩证法——我们将有希望永远、真正永远知道其两个方面……(是)一段旅程,一种教育和一场生活。(Pike,2004)

两位作者都选择了将教书作为职业追求。他们的哲学经验在他们自身激发起了一种职业感。造成这一结果的更为复杂的原因将是本书第二部分和第三部分的主题。

那么,为回应教育学研究宣称何种经验为教育性经验这一问题,我建议,在(批判性的)哲学意识与(抽象的)自然意识发生冲突的经验中,并且在这种经验知晓其本身作为两种意识相互误解所生成的精神而存在的情况下,有一种绝对或者是真实的观念——在这种经验自身之中以及为它自身而被认识到的哲学与教育的关系。它要求的仅仅是,学生有勇气冒险进行更多的体验、通过问更多问题的方式来进行更多的学习,并且他们意识到这一工作之中所蕴含的实质。按照黑格尔(及其他人)的精神,这一项目的目标是:学生应当在研究教育的过程中学习他们自身,学习教育作为个人、社会、精神和政治的发展的基本重要性。因而,第三层次是哲学经验,因为学生将对他们自身经验的构成意义以及这些经验的必要性结构从内在和外在对其造成的困难进行思考。上述引用的两位学生的论文内容应该可以反映出对他们以及其他人而言这一工作极具个性。

然后,我将提出这样一个案例,即通过围绕这样一种哲学经验观念而构造的项目,学生们便有机会摆脱单纯的反思,将其自身面临的困难变成他们研究的内容。这是罗斯"经验的可更正性(中的)学习过程"(Rose,1995)观点的体现。这一课程同样也使学生相信,工具主义和绩效没有必要支配哲学主题及高等教育的实质。

而这一命题正是教育哲学内部的许多人不断提出应该谨慎处理的地方。

有关教育哲学以及教育理论的众多出版物对这样一种学位项目的设计没有太多助益，这一点也十分有趣。原因在于，在这些传统之中，困难往往不被作为其哲学主题和实质。因而，我现在想以更为详尽的方式探究教育的理论化是如何（无休无止地）在近代抽象推理的疑难之中对其自身的"断裂的中间地带"加以误读的。与罗斯对新康德社会学的批判相似，我将指出传统教育理论只是对现代矛盾的单方面的解读，它们要么注重客观，要么注重主观，要么注重同时声称与拒绝"断裂的中间地带"的新型伦理学关系。现在每一种这样的立场都有其市场。我认为，客观得到注重，则哲学支配教育；主观得到注重，则教育支配哲学；而伦理学关系得到注重，则教育和哲学关系将在被提出的同时受到回避。我将主张，戴维·卡尔（David Carr）对于道德客观性的论述描述了哲学支配教育的幻象；而尼古拉斯·伯布勒斯（Nicholas Burbules）更加注重教育的优先性；内尔·诺丁斯（Nel Noddings）的关怀伦理学（ethic of care）以一种既非哲学又非教育学的二元概念占据二者的中间。这些误解各自以其自身方式尝试修补中间，但是，正如我们将看到的，修缮中间就是创造新的暴政和新形式的统治。在第二章里，我们将开始探索这些误读反复强调的社会和政治统治。

1.4　没有教育的哲学（卡尔）

戴维·卡尔（David Carr）的工作代表着以道德客观性为前提的中间。他说："任何有道理的教育考量都需要在合理的多元主义和纠缠不清的相对主义之间选择一条道路"（Carr，2003）。问题的中间涉及后启蒙主义思维内部的道德客观性的命运。卡尔不同意道德仅仅是地方性、小团体性现象以及道德或许甚至不能与其他地方性道德话语同日而语的观点，他认为教育在理论和实践方面辨别"基本的方案构思和区别"仍然是可能的。在他看来，严格的非基础主义批评的错误在于：后者常常在反对"普遍性道德原因……得出结论认为道德价值观仅仅是文化上相关的社会构件"时"再次犯下二元主义的错误"（Carr，1998）。戴维·库珀简明扼要地概括出了后基础主义范式的两难境地："其付诸的哲学立场要么与我们实际的判断方式、问询方式以及'继续'方式并行不悖，要么恰恰相反。这样的话，很难见到教育实践的根本含义；不是的话，接受这些立场的理由是什么呢？"（Carr，1998）卡尔对于矛盾的回答是在为常识以及/或者直觉的基本性概念提供支持。他说，常识为人类的生存提供了事实和知识之间比较正确的一致性。诚然，"某些情况下，我们不能确定一个假定的道德观点是对是错，但是，这在人类探究的其他领域也是如此，并且总的来说并不威胁我们常常以某种确定性所知道的对或错的观点"（Carr，

2003)。他因而又称,很可能"我们对理论本性、价值观、事实以及知识的普通的前理论性直觉有着非常良好的秩序"(Carr,1998)。不确定性出现时,我们常常"从骨子里"知道什么是道德上正确的(Carr,2003)。

乍看起来,这可能像是一种康德主义。如果我们骨子里是我们责任感的所在,那么它可能就是未受到特殊性损害的欲望和自由的所在。但是卡尔否认任何一种这样的关系,称康德遭受着"一种格外恶毒的笛卡尔主义(Cartesianism)"的折磨。他写道:

> 对康德而言,如果没有区域自治的自由或者自我决定就没有真正的人格,但是,反过来,没有任何一种这样的自我决定与理性的无趣和偏见相分离,而后者是道德规律的特点;因此纯粹实践理性下的真正的人格(若非自我感兴趣)必须在很大程度上独立于这个令人熟悉的偏好自我的动力和动机。对康德而言,真正的(real)人并非熟悉的日常联系的经验主义自我,而是超验主义实践理性的形而上学本体论(noumenal)自我。

他继续阐述道,当今时代很少有人支持康德将个人能动性视为扎根于作为理性法则的一些非经验主义源头之上的非常形而上学的观点。

然而,这段材料却抑制了康德意义上实践理性的"断裂的中间地带"的真正的重要性。卡尔在暗示一个道德人"不得不在很大程度上独立于"动机时是错的。对康德而言,动机的存在是我们每个人之中的自由规律。确实康德至少在一些材料上表现出比卡尔大大接近于"骨头道德理论",因为康德将中间开放为竞争的动机的一个场所,责任在其中自然显现——自由和必要性在其中展开竞争——而卡尔却仅仅将其视为自由与必要性的一种分离。因此,他的骨头可以告诉他该干什么,但是他却永远无法将其认识为自由的竞争。他的骨头拒绝自身的道德重要性,事实上也没有良好的道德秩序,这一点让人感到非常痛心。这是因为,卡尔恰恰关闭了他的骨头正与其沟通的竞争场所。他认为"思想和世界之间的笛卡尔主义鸿沟一旦被"我们的观念直接确定了一个外在世界的真实特点"这一常识性观点所填补……这一事实与价值观关系的更为恰当的观点便很清晰了。(Carr,1998)

然而,康德对于疑难的抑制只是对卡尔著作中关于道德客观性观点的一个更为宏观性问题进行了描述。从根本上讲,支持卡尔对道德客观性的欲望的理由以及它是一种欲望这一事实在这里具有绝对重大意义:一方面拒绝接受一个完全相关的道德相对主义的后果,另一方面怀疑道德应当从每天所做的常识性判断中解放出来。他讲道:"如果这是为了人类生存及其他的利益,我们对于世界的理论在某些完美的普通常识下是正确的,那么除非存在我们的理论能够或者不能解释的知识或者事实,否则我们如何知道它们是真的呢?"我们已经看到,卡尔在吸收一个

恶性的笛卡尔主义时发现了事实和价值之间的差别——思想和身体的区别。对于卡尔来说,这一区别意味着所有已知的经验主义都无法在理论上自由,那么,他总结道:"任何对于理论本性的解释将是循环性的"。确切地说,这只是这些哲学问题中的一种,其中,我们确实在我们的骨子里感觉到一些东西,按照完全的常识来说,有一种对于我们的理论无法解释的事实的观察与了解。我们知道,理由是循环性的(circular),也是自败的(self-defeating)。为什么这种知识、这种对于矛盾的常识性经验作为一种有效的知识被排除在外呢?这种对于困难和疑难的常识性经验在哪些常识性理由下可以被认作为错误的呢?除非它并不适于一些关于什么是真实的"应该是"的前判断观点,为什么思想和世界之间的鸿沟需要得到弥合?这难道不正是观点所在:那种对困难或者疑难进行批判,认为它们使道德在面对缺少确定性的情形时束手无策,也就是对道德在其看似确定的情况下的真实模样给出了评判。卡尔对道德理性推演过程中的疑难做出的回应,其问题在于其片面性。它重视对客观性的"纯粹的"追求甚于并且反对对这一欲望加以体验。

我将从两方面对此进行阐述。首先,卡尔通过强调纯粹的欲望重于其经验,以一种讽刺性的、可能无意的方式优先考虑先在者(a priori)而非后在者(a posteriori)。卡尔在不得不提出道德的定义并非循环性的和自我否定性的之时,已经将道德从其在动机或者经验之中的决定性作用里抽离了出来。在这一问题上他与康德彻底决裂。卡尔重新声称道德的客观性并非循环性的,因此不受疑难的经验的任何玷污。但是康德却恰恰相反,在他的论文集《论常识性说法:"这在理论上也许正确,但不适用于实际"》(*On the Comment Saying: This may be True in Theory but it Doesn't Apply in Practice*, 1793)中明确提出了他的绝对律令的疑难性本质。康德在文中指出:"没有人能有一些已经毫不利己地履行了自己的职责的意识,这要求太过分了"。(Kant, 1991)他说,或许没有任何一种公认的、受尊敬的职责工作是由任何毫无私心、不受其他动机干扰的人所完成的;或许任何人不管怎样努力都不能够做到这一点。

康德"绝对律令"(the categorical imperative)的概念在教育哲学方面以及宏观哲学方面已经饱受其主张行为的他律和外界强迫这一假设的折磨。这一点离题一万八千里。绝对律令看似是外在的,正是因为现代的社会政治动物属性(zoon politikon)正是基于关于自由的抽象概念。事实上,康德的绝对律令在我们知道可以在我们该做什么和我们想做什么之间做出选择时就已经存在了。绝对律令的重大意义在于,它使得自身在否定性的意义上或在其缺席的时候被知晓,并且通过对其具有阻碍作用的个人动机而被知晓。这样,动机在哲学意义上便是模棱两可的。我们想要的往往与我们应该想要的伴随而生。绝对律令在需要做出选择时浮出水

面,是因为选择不能做出。康德说,动机是“本身的绝对规律(law),意志将其接受为一种绝对的强制性力量,这是一种道德感觉。因此这一感觉并非意志决定者的原因而是其结果,如若这种强迫不是已经存在于我们之中,那么我们不应该在我们自身内部对其有丝毫意识”。简单说来,道德首先并非我们所做的决定:道德正是两难境地本身的存在方式。道德的这种首要的性质与康德、包括尼采所有的观点相反,并未抱怨绝对律令之中多少透露的残忍的味道,[7] 也未将其视为外在形式或者逻各斯(logos)的强制行为,而首先将其融入模棱两可的自由和道德的存在方式。

所以,尽管康德认为的动机的冲突过去是、现在也是自由的根基,而对卡尔而言,否认道德在本身为人所知(或者说成为理论)的过程中所蕴含的自我否定的循环,使他自己对道德的观点陷入了成为纯粹形而上学的危险。如果卡尔真的关心公平对待“直接确定现存世界真正(real)特点的”(Carr,1998)常识概念,那么他应该同意道德推理的疑难本性就是这样的一种概念。他自己对道德的思考工作是从疑难开启了一个空间并且依赖于这种空间而存在。逃避这种对道德客观性预先设计好的观点的最基本的依靠不会有失公正。这是一种偏见,一种甚至与自身对于必须超脱于普通经验的基本区别的概念相反的偏见。问题是,哲学意义如何在没有从外界吸收众人认为的解释性特权的情况下从这种经验中衍生?我怀疑卡尔尽管从不给予康德应有的尊重,但是他骨子里知道他的一切观点均基于疑难的存在。

对卡尔常识的道德客观性和他对于道德不依赖于某种循环的论断有第二个同等重要的批判。如果卡尔确实如我所说骨子里感到矛盾,但同时也抑制这种感觉,那么卡尔便是否认自己对于事实和价值的推理中有一种辩证法。事实上,他为道德客观性而要求的自由所来自的圈子总是重新将他自己圈入其中。常识告诉我们,价值是事实时,事实也是价值。直觉这一点并不难,难得的是去理解。作为这个圈子全部的辩证法适用于此。价值是事实,因为按照良好的推理,我们认为它们是真实的;我认为卡尔所论证的与这一点类似。但是即便按照一点经验主义真理将其视为正确,也并不意味着它们放之四海而皆准。很难想象出一种比这种对世界的知识更具常识性的观点。然而,正如我们所看见的,卡尔所认作非法并视作需要联系起来的二元性的,正是这种知识以及辩证主义的意义所在。这一辩证法是一种比卡尔多元主义和相对主义认识到的客观性的观点更强有力的认识。生活在这个圈子中也就知道阿德诺和霍克海默的启蒙辩证法的构成。在这种情况下,价值已经是事实了,事实也转化为价值。[8] 正是在这样一种辩证法内,所有的道德将得以被发现。而两难困境正是其可能性的条件。

卡尔拒绝他骨子里感觉到的辩证法,这不只是在克服我们对于矛盾的常识性

经验。卡尔在抽象认识论和思辩认识论之中赋予了前者更多的重要性。后者为本身辩护,并且要求不受干涉;我们都知道践行道德——要做正确的事情——是很困难的。然而前者不得不声称与我们的经验相反,并且在修复或者弥合事实和价值之间鸿沟的掩饰下进行偷偷摸摸的勾当。在卡尔的推理中又有否定,因为否定就是道德。评判这一否定错误就是在涉及一个仅仅是假设的道德观念的情况下行事。正如尼采所说的,摆出治病良药的姿势只是疾病的一部分——这是他所否认的否定的另一个症状。

1.5　没有哲学的教育(博布勒斯)

以尼古拉斯・博布勒斯(Nicholas Burbules)为代表,正在形成教育理论中对于疑难性思维的一种完全不同却同样片面的方法。1997 年出版的《教学及其困境》(*Teaching and Its Predicaments*)特别包含了一篇试图探索教学和宏观教育中疑难的教育潜力和重大意义的文章。博布勒斯和戴维・汉森(David Hansen)在该书引言中将困境定义为"不易解决的事物的麻烦状态"(Burbules & Hansen, 1997)。他们补充道,此书目的在于"照亮理解这些两难困境的新的道路,使其变得更易操控,少些做作,或许甚至成为教师、职前教师以及其他关心这一实践的人的兴趣和探究的资源"。博布勒斯在他自己的文章中将他所说的"两难境地的观点——不只是在两种观点之间的困难选择,不只是在不同抉择之间的平衡行为……而是意识到竞争的目标和价值观之间内深刻的、难以撼动的矛盾"作为出发点。卡尔回避了疑难的认识论,而博布勒斯认识到这种认识论并将其描述为在某些重要方面"是悲剧性的"。博布勒斯与这种乌托邦相反,提出教学核心的矛盾:

> 我认为,悲剧视角为教育中的希望意识辩护,但是这种希望感却深受践踏,践踏它的是一种我们或许可以称之为"成功"的矛盾性格的意识,一种对于获得总是可以被看作失去的理解,一种对于某些教育观点和目的只有在以其他为代价的情况下才能获得的认识。

他说,他此处想提出一个积极的、建设性的方法,来思考教学、教学所能实现的以及教学所无法实现的。

卡尔拒绝怀疑和知识的循环。博布勒斯认为这个循环以及二元视角的悲剧本质可以"帮助我们接受怀疑和失望的必然性",同时也可以把我们解放出来以"把失败视为新的学习"。这看似已经以在教学的理论和实践中心提出疑问的方式克服了卡尔对于道德的抽象的以及从根本上毫无教育性的道德观。我认为,比起卡尔更为抽象的方法,这将在所有的教育领域内的教师中引起多得多的反响。在我看

来，其优点在于：博布勒斯认识到作为道德实际经验的矛盾的常识性知识，而卡尔正如我们上面看到的，以常识的名义将这些常识规定为无效。博布勒斯发现了理想和实际行动之间矛盾的实质是值得思考的，他以卡尔不曾有的方式认真考虑了辩证法。

博布勒斯重视五种这样的冲突或斗争，称这些冲突和斗争“有着一种力量感和直接感”。这些是权威、过程、权威的文本、多样化以及成功。对于博布勒斯而言，每一项都具有斗争的特点和竞争性。至少一开始，博布勒斯对第一项（权威）所述即本书第二部分和第三部分研究的主要主题之一。为这一原因，我将最后引用他对于权威的评价：

> 权威是人和教学学习关系的内在属性；权威即便在有人想最大限度削弱其重要性时也无法被废除或者否定。但是权威有一定代价：权威可以促生依赖性；权威包含着立场的一定权利，这些权利干涉着社会平等主义约定；权威在学生和教师眼中都易于被视作理所当然。鼓励学生质疑权威、甚至对某人自身作为教师的权威主动提出挑战，可以造就极具价值的学习，但是只有权威人士才可以做到这一点。在一定意义上，在教学领域权威的目的正是使其最终变得冗余（因为学生本身变成了独立的学习者和知识创造者）。平衡这种紧张情况是一种良好的教学技巧。但是成功的各个方面却并非完全在某人控制之内。结构客户对与我们游刃有余掌控权威的初衷起冲突的教师冒称有多重特权……从更深层面上讲，我们这些已经将教学选择为职业的人必须在我们自身之中承认推动我们的欲望。不管我们努力变得多么谦虚，随着权威的影响以及（有时）看到我们计划和意图结出硕果而产生的骄傲感都会引诱我们、将我们拉回行使职权的诱惑之中——当然，这只是对于“最好”的目的而言。(Burbules，1997)

这个对教师的哲学的精妙概述将在接下来的章节中得到呈现。此处的冲突清晰地摆在我们面前，这种冲突是教学和学习之间的冲突。就教学而言，我必须接受师生关系的不对称性本性。就学习而言，学生必须也要这样做。那么教师要如何理解自己的权威这一两难问题呢？本书后文将详细讨论。

博布勒斯所列出的其他每一种斗争都以其各自的方式与权威这个问题相联系。如果教育意味着进步，那么这一判断必须反映出已知者对于待学者的权威。如果教育意味着照本宣科，通过权威文本涉入文化范围，那么这些文本必须宣称权威代表的文化凌驾于其他文化之上。如果教育旨在多样性，那么教育必须在自身之中认识到其权威在很大程度上被当作确认和同样性的开始。最后，任何可以算作教育成功的定义都必须建立在排除具有竞争性的定义的一种权威之上。

博布勒斯援引了许多对于两难境地加以回应和解决的方式。这些与片面性的

偏见不同，成为种种妥协，或者中间立场，或者对于对立面的妥协，而成为一种新的第三种方式，或者否定对立面本身，最终将极端的两难境地的例子视为不可理喻。博布勒斯反对任意一种对这些困难进行综合或者妥协的方式，相反，应该为了辩证的张力所能提供的创造性而保持辩证法张力的生命力。他说他反对任何的“中间立场”，未经解决的张力提供了“未竟事业的开放的范围”的感觉。卡尔发现二元论是一种错误。博布勒斯坚称在不和解的情况下用“一种双棱镜”观察世界。这提供了一种悲观却丰富的经验。这一悲剧不要求一条研究道路、一种研究方法或者一种研究主题，而是认识到对教师而言给予也是拿走；并且提出了接受不确定性。然而其多产性原因在于我们在矛盾中学到向新的可能性开放，这些新的可能性必须反过来摧毁教师在他们拥有特权的权威立场中任何的沾沾自喜。反过来，这一悲剧催生了非目的论的（例如解释性的）师生关系。博布勒斯说到：“这一态度尊重深刻的复杂性……（以及）一种永远开放的问题的意识，总是容易受新的观点、新的路径和新的发现的影响。这暗含一种对于知识和理解的短暂的、临时的感觉”。

博布勒斯补充了这种悲剧性观点的四个更为深刻的含义。它将疑难作为“教育潜力的一个丰富而又饱满的时刻”，帮助教师和学生各有所思；对任何一种支持“方法和观点的深刻的多元主义”进行合理的猜疑；否认任何一种自给自足感或者独立感。

那么博布勒斯在这种疑难的辩证法中发现的是什么样的理性或者认识论呢？博布勒斯在另一篇文章中讲述了为“合理的怀疑”（Kohli，1995）从后现代主义的角度进行辩护的案例。借此，他试图探寻“理性”是否要与帝国主义一起遭到遗弃，或者它是否因为“遵循的前提不够正式、不够超验主义以及不够普遍性”而被重构，也就是他所谓的“合理性”。他列举了这种合理性的四种优点：为非教条主义和接受公开辩论的客观性概念而努力；接受犯错误并且冒着“可能犯错的”危险；对宽容和未完成状态加以反思的实用主义；判断中的合理性将在慎明性中得到发现。博布勒斯说，最后这一点是“能够使竞争状态的思虑处于平衡状态，将紧张情况和不确定性作为严肃反应条件的关键性品质”。

他为自己辩护，反对认为这种优点仅仅是公民社会的自尊心（amour propre）。[9]他说，这些优点为多种具有完全不同价值体系的文化的人所共有。然而，它们却并非“共性”；它们可以概括为“就某种意义而言，他人或许受到引领来认识它们，这是颇具说服力的”。普遍主义宣称不管人是否具有素质，素质都高于人，而概括性则提供了一个基于协议的弱化的普遍主义。

博布勒斯下结论道，合理性有“一种关键性的教育元素”，原因在于在对话中，学习会：

通过遇见新的、具有挑战性的而且往往发生冲突的观点实现；通过犯错误和努力从错误中学习实现；通过坚持克服各个层次的难题和怯懦而成为新的和有价值的事物实现……（这）又反过来依赖于一系列的沟通关系以及学习者与其他人形成的别的关系。

对此我回应两点。首先，卡尔提出没有教育经验的哲学，博布勒斯提出没有哲学经验的教育。博布勒斯从怀疑和疑难开始，认为它们有着一个根本上可以教育的特点，但是他并不允许这种教育经验了解自身或者以任何方式成为实质。因此他反对任何教育哲学，此处教育哲学意即有关经验的科学，它作为教育和哲学关系而存在。在博布勒斯看来，相对立的价值的辩证法是作为一种疑难理所当然的状态以及教育过程的一部分。但是，博布勒斯此处必须回答的一个哲学方面的问题是：他如何知道这是具有教育性的？用什么标准确认这种教育？看起来，对于博布勒斯而言，教育在于犯错误并不得不改变思想或者根据经验修正我们的观点。然而这一标准永远不会是自发的、有必要冒险一试的内容。多元主义的"合理性"的提出正是因为其所基于的疑难本质上可能是一种错误的危险。无独有偶，这种教育定义是基于一种使其免于为其在自身之中并为自身而存在的客观性而斗争的假设。这种假设因为博布勒斯吸收了作为主张两难境地可以被加以调和的种种方式之一的黑格尔思想而愈演愈烈。这是对黑格尔在教育哲学和教育理论中最为司空见惯的误读。博布勒斯将黑格尔的综合视为"另一种决心"（Burbules & Hansen，1997），他拒绝为自己提供保持对立面元素（这是他所提倡的）和认识到在他们的矛盾经历中能学到什么所同时需要的哲学资源。反过来，他将精神排除出哲学和教育的关系。而在精神中所蕴含的对立本可以对我们有重要的教育意义。

那么，当我们思辨性地解读黑格尔以及其支撑其整个哲学教育逻辑时，就可以提供博布勒斯寻找却加以逃避的东西。让我们不将黑格尔哲学视为调和，而是将其视为自知其是错误的一种错误的意识。正如我们上面所见到的，这就是黑格尔认为的精神的概念。如果意识到一个错误的过程本身不是为意识所认识到的一种意识哲学经验，那么存在于疑难中的教育就根本没有任何教育或者哲学意义了。这是博布勒斯辩证法的命运。其思维的形成过程的认识，其对再现所做的再现总是受到"再现无法延续其自身真理"这一更为实用的观点的抑制。

教育变成此种实用主义的代价是，我们的哲学经验就其本身而言没有教育价值或者教育意义。博布勒斯不允许我们知道我们的无知；博布勒斯只允许我们盲目迷恋实际行动对结果的不确定。这是一种比对商品的迷恋有着更高层次的迷恋，因为这是一种对文化本身（per se）的迷恋。在接下来的章节里我将再次对这一观点进行探索，但是我这样做是因为博布勒斯对于合理性的辩护已经将理性诽谤

为一种与在哲学中得到认知并作为哲学得到认知相分离的单纯的理性主义。这种分离使教育从其自身中——从其对自身的工作中以及从这种工作的结果中——释放出来，因此此时教育看似有其自身的生命。自相矛盾的是，使其客观化、具体化的正是这种不去预先定义教育的尝试。这里的幻象是，教育可以被泛泛而言。但是这种幻象是教育从自身在哲学中的经验以及教育本身作为哲学的经验中分离出来的结果。博布勒斯认为，错误注定是远离精神的自我、同样也是远离构成和重构中蕴藏的哲学教育的生活。博布勒斯已经实现了他目的的对立面。他在合理性这一优点中寻找客观性，已经迷恋上了与知其客观性(错误)的唯一场所相分离、并且作为这种分离的合理性。合理性作为一种喜好，绝对是不合理的，然而合理性作为一种喜好看起来自得其乐。理性的分散与这种喜好不同；它的本源、它的分散的本源、它的断裂的中间地带，是它的再提出，或者(思辨)哲学。

1.6 伦理道德(诺丁斯)

内尔·诺丁斯(Nel Noddings)就“关怀者”以及“被关怀者”之间的教学关系做了一项颇具影响力的研究。我将给与那些对诺丁斯道德关怀理念不熟悉的人以这方面的简要概括。从根本上讲，她的论文主题是人类的存在是以被关怀和关怀的需要为普遍特征的。因此人类最根本的特点就是“关系性”(Noddings，2003)。这种关系性的真正含义是关怀。诺丁斯从这一立场出发，提出了结构的几个关键特征或者“关怀概念”的“逻辑”。关怀是与母职(mothering)关系最为密切的一种自然能力。关怀并非一种道德原则，因此保留着人类作为相遇者的独特性。对关怀意识最为合适的模式既非理性抽象也并不仅仅是感情，而是“经验主观方面”的反应性意识，在其中我们“意识到自己的感觉”。这种快乐是绝对律令使其为人所知的动机；这种快乐现在并不是一种与众不同的道德原则，而是每一个人关系中的满足感。

诺丁斯对康德持批评态度。她说，康德的“我必须”(sollen)①是作为责任出现的，而“我必须”关怀是作为爱出现的，因而并非外界的强迫。康德的“我必须”是原则性的，诺丁斯的“我必须”是感情上的。上面我已经指出对康德的这些解读抑制了绝对律令的疑难本质。这里当然值得一提，这样一种观点忽视了康德感到需要写第三篇《评论》(*Critique*)的原因以及他在那里描述的反映判断的本质。[10] 然而，我想在这里探索诺丁斯的工作但并不是我支持康德。

诺丁斯提出的主体的和情感的“我必须”有着“善”的重大意义。当个体本身处

① 德语：我应该，我必须。

于与另一方的关怀关系中时，就是“我们无可避免地确定为善的自然状态”。这种善是感觉到了的善，含蓄地指引着我们的思维。这种现实自我和理想的伦理道德自我之间的关系本身在于另一方的关系中为人所知，在这种关系中，关怀得以实现并且成为我们道德行为的指导。我们应该以这种方式行为，始终提升这一伦理道德理想。我们很快就会看到，诺丁斯未能认识到这种经验的三重结构总体上对这个项目具有十分重要的含义。

在关怀概念内，参与者的伦理道德关系是关怀关系，而与参与者相关，也有一种逻辑。“关怀关系要求取代关怀者，这种取代是全面而有具有目的性的，需要被关怀者的认可和即时回应。”后者可能是一个对其母亲的关怀作出回应的婴儿，或者是一名对教师设下的任务进行创新性回应的学生。虽然如何做到这一点仅仅是在出现的每一种不同的情况中决定，但是这里唯一具有普遍性的是对关怀关系的维护。然而，在理想的关怀概念中始终有一种互惠的观念。“关怀包括两方在内：关怀者以及被关怀者。只有在二者中都得到实现才算圆满。”那么，关怀便“依赖于对方”，而对方近在咫尺。同样，关怀关系中也有一种实用主义。诺丁斯认为“如果不存在对方得到圆满的可能性，那么我们便没有义务召唤‘我必须’。我没有义务关怀非洲饥饿儿童，因为这种关怀无法在对方身上得到圆满实现……我们通过检查圆满完成的可能性而限制了我们的义务”。同理，关怀者“承认其面对悲伤和救助时的局限性，关怀并非无所不能”。

在这里我们可以指出，诺丁斯在两种关联的道德感觉中发现了伦理道德理想：“彼此感觉到的自然同情以及对维护、重新获得或者升华我们最为温柔的关怀时刻的渴望。”这两种感觉是道德的基础，是关怀这一伦理道德理想在试图实现自我以及维护自我的终结。她得出结论：“接受以及被接受、关怀以及关怀，这是人类及其基本目标的基本现实。”

关于师生关系，人们承认关怀是片面的。博布勒斯认为，关怀者（即教师）可以通过向学生呈现有效的世界来影响学生。[11]这意味着教师不能规避教师认为重要的东西，但是条件是让学生意识到“学生自己比科目更重要、更有价值”。然而，诺丁斯同样说道，这样，教师的力量就是“惊人的”。这种力量在实践布伯的包容观念时是具有伦理道德性的，结果是“教师接受了学生，并在实际意义上成为一种二元性”。她接受并调整了学生自己的感觉，但是学生也不应该实践包容。我们待会儿也将看到，在第五章，这种相互性对于布伯来说在朋友间是可以接受的但是在教师和学生之间却不行。在以关怀为特点的师生关系中有一种合作——否则教师将给予但是将不会接受。教师从非包容的学生那里确确实实接受的是与所布置的任务合作。教学天生的奖励“总是在学生的反应中得到”。

这当然只是对关怀伦理道德的简要概括。我现在想对诺丁斯的模式提出三种互相联系的批评——政治、精神以及哲学。

首先，具有讽刺意味的是，诺丁的关怀伦理道德是在公民社会中人们的一种道德。诺丁斯模型暗示，正式的互惠性可以理想地成为二元性。但是这平等的两方面在权利或者作为个人方面是平等的。它们作为抑制哲学依赖关系的主人或者从哲学上讲他们自身作为仆人的方面是平等的。[12]此处，诺丁斯或许认为，这样一种政治批评是男性而非与其孩子有一种关怀关系的居家女性的观点。诺丁斯关心使“母亲的声音在伦理学和教育方面都得到倾听”。卢梭向诺丁斯发出了一个有趣的挑战。卢梭人类本性的观点是包含(amour de soi)自爱以及同情他人的苦难的观点的。其中包含了诺丁斯的关怀伦理道德的大部分。卢梭的自然人必须关怀自我并将关怀他人。然而，其对自身的关怀并非必须关怀未受苦难的他人。确实，他们提不起他的兴趣。这里，诺丁斯使必须关怀变得自私和具有相互性，试图以此模仿卢梭的推理。关怀旨在其理想存在的欢乐，因而关怀是自私的。这种自私的每一种行为需要关怀他人，因而关怀是实际的。因此，关怀既是服务自我，又是服务他人。

但是卢梭的《爱弥儿》在交换需要方面仅仅学到了公民社会中的第二个教训。自爱只能在市场的不平等相互性中实现自我。因此，关怀伦理道德可以适用的范围根本上讲是不平等的，这至关重要。母亲哺育孩子，在“自发的快乐和眼前孩子接受关怀后幸福的成长中”得到了奖励，但是像学生与老师的关系一样，这种关怀恰恰缺乏关怀伦理道德已经基于的标准，即“二者之中都得以实现”才算圆满。诺丁斯的关怀伦理道德并没有在关怀者和被关怀者的关系向公民领域的过渡中存活下来，原因在于其被迫抑制其不平等性。在为人父母和上学受教育中关怀是力量，在这些关系的片面性中也是这样为人所认识的。公民社会的关怀是市场关系的力量，但是在人与人之间的正式相互性中却被错误认识为平等性。

我们如何得知关怀在公民社会中存在但是却未得到实现呢？答案是因为其应用、其实践是矛盾的，并且在我们的经验中制造出普遍性和特殊性之间的对立面。那么我们就是不得不在这里寻找关怀道德理论的第二种评论。

关怀要在政治领域行之有效，必须阻止其被正式吸收入市场。关怀要阻止腐败进入特殊利益，必须首先认识到普遍性和特殊性对立面中的命运。这种命运诺丁斯认识到了但却省略了。诺丁斯评论说：“个性在一系列关系中得到定义。”这当然是正确的，但是并非通过我们自身选择的关系。甚至那个见到或者遇见另一个人的类别也是在现代资产阶级财产关系中、被这种财产关系所定义的。这种邂逅的本质具有预先决定性。如果这看似自然，那么这种表象就是其决定的关键特征。上面我们看到了诺丁斯要求关怀必须是面对面时如何弃政治而选实用主义。她承

认，因为一种普遍的关怀难以避免无法圆满，所以这种普遍的关怀是不可能实现的。她还指出，如果这种关怀可以以某种方式得以实现，那么唯一的方式就是舍弃每个人面前的亲密关怀。关怀个体和关怀全体之间的矛盾是近代关怀的命运。诚然，这是近代的关怀经验。德里达在《死亡的礼物》(*The Gift of Death*，1995)中指出，关怀发展为一种计算经济(economy of calculation)，对于个人的关怀已经牺牲了另一人或者数千万人。关怀的不平等性在社会的“经济、政治以及法律事务”的“顺利起作用”(Derrida，1995)下被排除但却戴上了面具，而其中它使得“牺牲他人以避免牺牲自己”。诺丁斯或许认为如果关怀是人类关系的基础，这就不会发生。然而问题的关键在于，关怀自身及他人是人类关系的基础，而所发生的正是这个。

这里要说的第二个观点涉及精神。诺丁斯否认形而上学或者超验主义在关怀的伦理道德关系中担当任何角色。一方面，它们代表着支持道德原则、反对面对面关系中具体关怀案例的抽象性。诺丁斯反对这一点，称“女人庆祝日复一日过普通的生活的机遇，这已经特别幸运了，因而在存在和做事之间获得了一种平衡”(Noddings，2003)。她进一步引申这种观点，问道：“当这样一位神指挥下的所有的爱和善都可以从最为温暖最为完美的人类关系中的爱和善中获得时，女人对于神有什么伦理道德需要呢？”然而，形而上学却受到了诺丁斯在关怀核心发现的二元论的抑制。我们记得，关怀包含两方面——关怀者和被关怀者。当关怀得以实现，每一方面都成为自我和他人的一种二元性，并作为“超越二者之外某处、在这种关联性的关系中或者认识中所凝聚的”欢乐而得到体验。换句话说，诺丁斯需要第三方来宣称这种关怀二元性，即“善”本身为人所知、为人所认识，然而却拒不给第三方任何实在性。诺丁斯在她的书中的各个观点都抑制第三方，而要抑制第三方就是要宣称二元性作为断裂的中间地带的哲学教育是未知的和未被认识的。

虽然我们在这里可以展示诺丁斯误读了黑格尔断裂的中间地带的精神，例如误读为我和我们的矛盾性经验，但是做出这种批评有一种不同的第三种方式，这种方式更符合本章开篇所述的目的。诺丁斯关怀理论的独特之处在于其对自身成为关于关系的一种哲学教育并没有给与足够多的关注。然而诺丁斯的著作中也时有关怀关系得到体验的情况。诺丁斯清楚地指出，可以将关怀认识为善，可以将关怀评价为“优于、高于其他形式的关联”。因此有一种使关系区别于自身的哲学经验。我们对于关怀的自然动机是“我必须”(Sollen)，并且“直接先于我可能做的对于事物是什么的思考之中”。然而，诺丁斯指出，这种感觉往往以冲突的形式出现，而“我必须”在其中与我的欲望作对。这就是“我必须”迷失在一种充满抵触的喧闹中的地方。诺丁斯说，在诸此情境中，需要第二种情绪。其中抛开我对他人的感觉，我重新确定我对于理想伦理道德自我的承诺。在第一种情况下，我们的关怀是自

然的;在第二种情况下我们的关怀是道德的。后者包含一种选择:“我们可以接受我们的感觉或者我们可以拒绝我们的感觉。”换言之,在对一个人义务的自然感觉和确认对另一个人义务的伦理道德之间有一种关系。

对诺丁斯而言,伦理道德并非原则,伦理道德是理想,同样伦理道德可以从内在激励我们走向外在而非从外界而来,可以强加于内在之上。但是诺丁斯却并未对这种自然和伦理、内在和外在、自由和必要之间的关系给予足够关注。这些是久经排演的二律相悖(well-rehearsed antonomies)。诺丁斯认为伦理道德只是关怀自然关系的一种反思性模式,这无关紧要。关键是,关怀本身成为这种反思的一个对象。诺丁斯很清楚“我的义务与安全是我寄予关怀关系性的价值”。那么,一种价值为什么不寄于思维与关怀关系的关系呢?为什么没有价值会寄于自由关系与自然之间的关系呢?为什么既然普遍性和特殊性之间抵抗和对立面的一种哲学经验亘于我们如此对关怀概念的问题的关心之中,而诺丁斯却不认可这种经验呢?互惠模式正是在我们的哲学经验中才不是自身,而我们的自我意识也永远没有机会成为关系的关怀者以及被关怀者的关系。诺丁斯可能没有兴趣探索这些想法;诺丁斯可能将其视为男性从具体女性现实中的抽象。但是这就抑制了她自己逻辑中我们是如何得知伦理道德的一部分的关系经验。诺丁斯声称所有得到的决定都可以从它们在自然方面或者道德方面发展关怀的程度上得到判断,以此将她自己从哲学经验中释放出来。但是她对于将关怀体验为疑难的人却无话可说。我们上面也看到了,在政治领域,伦理道德也是非伦理道德的。这种两难境地向那些给予“关怀概念的逻辑”以足够关注的人提供了一种哲学教育,来维系与这种关系的关系或者与关怀使其在伦理道德方面为人所知方式的关系。

那么,诺丁斯正是在作为关系包含的对关怀的关怀的哲学中,不断强调了其所追求的教育属性。诺丁斯承认“思维和感觉之间的一种辩证法”,却不承认第三方,而对第三方来说他们的关系是构成性的。确实,哲学和自然经验的工作和结果这个第三方在两种方式上受到诺丁斯的抑制。首先,诺丁斯认为辩证法将通过思想和感觉表现为“一种持续的螺旋式循环”。但是螺旋式循环虽然在进步和发展方面颇有吸引力,在经验方面却具有幻象性。螺旋式循环努力重复教育活动,但是实际上却缺乏对自身错误认知的重新认识,永远无法为人所知。螺旋式循环除了作为教育和哲学间关系的一种误读外,在课程以及教育整体方面都不是一种可以在哲学上为人所知的教育模式。

其次,诺丁斯认为第三方超脱于二元主义。正如我们刚刚看到的,关怀包括两方面:关怀者和被关怀者,只有二者都得到了实现才算圆满。她确实承认快乐是对关系性(伦理道德)的认识或者是处于关系本身之中(自然),然而她却断言,这种思

想/感觉在“一个关系世界中”的“某些方面超越于二者”。此处,这种关怀关系的方式和地点被假设为一种超越,并且作为解决伦理道德疑难的一种新伦理道德,因此进一步支配了哲学和教育学关系的认知。如果关怀是(一种)关系,那么必须关心关系的各种形式,包括求索关怀真相的形式。

其重大意义可见于诺丁斯的师生关系著作,而我认为,这些著作未能认识到教师的哲学。我们先前已经指出诺丁斯承认教师的惊人的力量。但是这种力量并非本身曾经做出的教师经验的主体,或者更为核心的、她的疑惑的主体。相反,教师的力量为学生的反思所中和了。正如教师选择有效世界的方面呈现给学生,教师的判断在学生中重复以及由学生所重复时注定是合适或者不合适的。那么,教师的特殊天赋就是接受学生、与学生一起关注主题事物……教师与学生一起努力。学生成为教师的学徒并且在承担的任务中渐渐担当起更大的责任。教师通过建立关怀者与被关怀者的关系培养伦理道德理想,并与学生“在那一世界里对于竞争力的斗争中”进行合作。

在这里,学生的斗争得到了认可,而教师的斗争却并非如此。谁应该在教师为学生有效地选择世界的斗争中关怀教师呢?谁要接受教师作为关怀者所面临的两难境地?谁对教师进行认可呢?诺丁斯清楚,若关怀者的关系为学生接受,那么教师就得到认可。但是,在本书接下来的章节里,我们将从相反的方向接近教师的哲学。谁将在教师的两难境地和失败中以及(按照学生的观点)往往作为支配接受的关怀的挣扎中对教师进行认可呢?诺丁斯单纯的二元主义模式正是在这里在他们需要的时刻将教师抛弃了。“如果被关怀者感觉到了(关怀者)的态度并且拒绝接受,那么被关怀者就处在一种非真理的内在状态之中”。确实如此,甚至更常见的情况是,教师往往被感知为“敌人”。教师的哲学从教师和学生间的不平等和不对称的关系中产生的两难境地开始。本书重新认为关系的不平等性具有重大的哲学和教育学意义:有哲学意义,是因为关系蕴含了教师的否定性经验;有教育意义,是因为关系也是教师作为学习者的经验。这种经验是身处与学生关系及与自身关系之中的教师作为他们自身形成性工作而正在实践着的经验。那么,在后文将要揭示的教师的哲学中,当下与教师—学生关系有关的正是教师。这是她的哲学教育,并不寄托于二元性的互相关怀,通过将所有这种作为客体的身份视为没有思想的关系来否认所有这种身份。同样,教师的挣扎远在对相互性的任何谈论成为可能之前就已经揭示了(教师)工作和教师身份的某种意义。交互性并没有被揭示为教师—学生关系的真理。如果关怀他人是我们教书的自然动机,那么教师的哲学就从否定、怀疑以及这种关系的现实出发,同样是对其中的伦理道德理想的否定。在教师的哲学中,伦理道德也作为关系的关系而逐渐为人所知。伦理道德也崩溃了。

教师肯定会问,我们无法承受失去伦理道德理想所蕴含的前景和希望。或许吧,但是即便是更为急迫的教授过程也无法承受在现代社会关系中以及通过现代社会关系将伦理道德从其决心中释放出来这一奢侈行为。伦理道德只有通过参与到其自身的对立面中被体验时,才能被理解为精神或者哲学和教育。教育他人需要教师致力于自身的哲学教育,并在哲学教育为教师所制造的矛盾中进行工作。

注释:

1. 这种"共存"将在下面第六章中探讨。

2. 罗斯尤其认为社会学自身承担起了弥合伦理学与法律之间鸿沟的任务。(罗斯,1981)

3. 塔布斯和格莱梅斯(Tubbs & Janice Grimes, 2001)对此已有所述。

4. 在先前对这些进展所做的解释中,杰尼斯·格莱梅斯和我曾提到康德对此过程的研究,在本文中我不再提及康德,以确保争论呈现的连续性。

5. 在接下来的章节里,我将对此进行更多的阐述。

6. 详见塔布斯著作(1996,1997)。

7. 详见尼采(1968)或《道德的谱系》(*Geneology of Morals*)。

8. 再次对著名的启蒙辩证法的形成进行了研究,神话已经是启示,而启示回归神话;详见阿多诺和霍克海默著作(Adorno & Horkheimer,1979)。

9. 卢梭将"amour-propre"描述为舆论中的自尊自爱,一种在"礼貌的统一性、欺骗性面纱"掩饰下使自我永生的欲望。因此,博布勒斯不想将合理性视为仅仅是公民社会的掩饰,而是将其视为一种更为真实、更具有概括性的人类素质。

10. 我曾在2004年的著作中探讨过第三篇《平论》和其他《平论》的关系。

11. 马丁·布伯的工作是本书第五章详细阐释的主题之一。

12. 本书后文将对教师的哲学进行详细阐述,所依据的正是这种主仆关系。

第 2 章　哲学经验的文化

2.1　文化

在第一章中，我们已经探讨了思辨经验在教育哲学和教育原理范畴内各种不同观点下受到抑制的情况。如果把思辨经验理解为教育与哲学的断裂关系，我们不仅可以使这些观点本质的一面显现出来，而且可以让它们之间的断裂关系哲学性地获得实现，亦即作为疑难内部及其本身的经验。在第一章的调查中，我们看到了经验被错误地认知的方式，同时也简略地描绘了黑格尔、克尔恺郭尔和罗斯哲学重新认识(re-cognise)这些误识的方式。这种认识不能解释为对其经验本质性对立面的超越。认识与错误的认知紧密相关，它是哲学与现存的社会关系之间的联系，而不是对它们的超越。[1] 进行/投入和思考即学会生活，但从重要性的角度而言，它也不同于那些目前决定我们的经验及我们对经验的思考的社会关系。本章转向关注的正是对这些关系和预定的检验。

从教育哲学和教育原理采用的形式来看，这些社会和政治关系是既存的。正如我们在上面所看到的，比如当道德伦理哲学认定客观性或实效性对辩证法、否定法(negation)或者中介具有优先权时，它非但把自己看作是对象的意识，而且将自己视为作为对象的意识本身。无论是对于自认为不关心现代商品化普遍性的解放性传统，还是对于视其逻各斯隐含或借助于西方认识论和理性帝国主义的后基础主义观点，这都是关于这些工作的一种常见论调。尽管如此，当为这些批评性(praxis)或非建设性的观点给予非客观性以优先权的时候，作为实践的或者多元主义的观点还是相应地拒绝了政治经验为其作基础支撑，并威胁要让其变得没有必要存在。因为在它们看来，政治经验缺乏客观的教育属性。

社会关系，尤其是普遍存在的私有财产关系，被广泛地引入到秉持这些观点的群体及其各自的批评者中来。人们相互指责着对方在普遍性和特殊性的程度上所采取的不同立场，在重复这些批评中，我们深刻体会着上述观点。我们对它们之间

对立的体验以及在这些对立的疑难的反复陈述，正是我们对它们反复提及但又不承认的社会和政治关系的经验。这不是教育打算给予我们的东西，但如果我们要学会如何了解现代经验的话，它就必然是我们需要学会认真对待（以所有的喜乐形式）的一种经验。

我们已把这种政治和哲学经验称为"断裂的中间地带"，没有这样一个概念，我们的政治经验就没有现实意义。虽然"断裂的中间地带"在第一章举出的每个例子中仍然不被认识，但这些例子还是基于偏向中间的态度的。卡尔的道德伦理哲学和博布勒斯的辩证哲学都在试图寻找普遍（理由或思想）和特殊或局部特征（存在）之间的中间方式，诺丁斯的伦理原理也在通过双边关照来实践中间。尽管如此，这些对统一性（unity）的渴求没有一个是在自身保持独立的基础上来分析可能性的条件。人们需要的为什么是中间？为什么每一份中间的经验都被归结为普遍与特殊之间的一种双边主义和反对论？为什么现代性经验对于其伦理道德、后现代、后结构主义（poststructuralist）、解放性、虚无主义（nihilistic）的所有形式而言都是疑难的？为什么后基础主义的观点必然要求，或者更准确地说是宣称：人们必须看到他们为表达更为复杂、更为微妙的意义而不断重申的二元论的内涵，比如教育的工具性和美学特征之间的二元论？为什么现代理性要永久地拒绝为自己寻找一个基础，一个栖息之所？要回答，尤其是像上述那样在教育原理的范畴内来回答上述观点罗列的这些问题，就需要面对这些问题的各种形成方式所带来的幻象（illusion）。在这里，有人或许会采取海德格尔式的路线、诠释学的路线，也或许会为在本体论上优先于"表现"的"存在于那里"的概念而争论不休。但是，由于稍后第五章的内容及第六章的注释中阐述的种种理由，这种路径在这儿行不通。因此，我打算通过马克斯·霍克海默（Max Horkheimer）、西奥多·阿多诺（Theodor Adorno）、沃尔特·本雅明（Walter Benjamin）的部分工作来探寻社会和政治决定论的幻象的问题。

带着疑难方法工作就意味着带着由于缺乏现代经验而产生的幻象工作。在卡尔、博布勒斯和诺丁斯看来，幻象是以自然法则原理的形式而出现的。这里的错觉不是开放或封闭的对象，它存在于思想与其被认知时所依赖的对象之间的关联之中，或者如我们上面指出的那样，存在于思维的思维、观念的观念之中。因此，正是幻象决定着现代经验的形式和对它的批评的疑难性质，也正是错觉确保了我们认识到普遍与特殊之间的对立，并确保了上述认识不断地重申这种对立。正是从幻象出发，幻象才被认识，社会和政治关系才能在我们的思维中被认识，并且是因为能够建立新关系而被认识。这种认识制造的"差异"不仅是教师的哲学问题，而且也是现代性及其与教育的断裂关系的哲学的终极问题。断裂是关于教育所制造的

不同的问题，因而已然成为一个孕育着错觉的政治问题。探究问题就是复述解释问题的社会和政治条件；学会如何从中求知就是找回诸如社会批判、通过思想进行的思想教育或哲学和教育制造的差异等绝对事物的概念。

如果我们想要了解这么一种教师的哲学，那么我们需要找到方法以探寻这些社会和政治关系是如何进入教师的经验的。我打算在第二部分来展示这些经验。在前言部分，我极力阐明现代社会能够以上述方式在决定思想方面获得如此成功的两个互补性解释。在我们的经验中，抽象教育从其自身而言又事关什么样的现代性呢？我想从两个途径来回答这个问题：其一、表现以特殊的社会构件建成自身，我将探寻表现（这里指我们的想法被自己认识的方式）如何隐藏这种自我构建及建成方式以表现自身。我们已经碰到过这种经验夹带但并不承认的幻象。其二、我将表明表现或现代经验的真正缺陷在于它没有其自身“文化”的观念。文化在这里具有具体明确的意义，并灌注于思辨哲学之内，它是指一种正在被认识的观点或经验在被认识的过程中重构自身的方式。没有这样一种文化或重构概念的观点将转变为教条，因为它们被宣告为没有哲学或教育意义。如果承认第一章中阐述的观点，我们可以说，卡尔、博布勒斯和诺丁斯的哲学缺乏一种文化的哲学现象。它们之中的每一个都以不同的方式抑制了作为文化的疑惑方法的经验，它们之中的每一个也拒绝着它们各自内部及其作为哲学的客观性和物质基础的经验。这种正被认识与实践的观念的重构正是理论与实践二元论（如其他二元论一样）的文化。理论与实践的二元性和分歧常常牵涉到教育哲学和教育原理，这是不言自明的道理。尚处实践中的观点总会产生无意的结果，实践产生的理论往往丧失其渴求抽象的独特性。然而，认识理论与实践的文化即理解它们之间关系之断裂的中间地带，这既非常重要，又具有教育意义。理论与实践关系的难点不同于对它们无休止重复的终结的无休止重述，它是清晰可见的，并如同形式和内容那样作为疑惑方法的经验可以被理解。可能发生的情况是：思辨经验自己寻回了文化的真相，成为了文化的栖息之所，并且，在没有新的抑制或控制下，经验中的先天和重构部分可以被认识。

一方面，我们现在将探究的是批判理论试图揭示表现所夹杂的幻象的两种方法及其在哲学的抽象原理与文化的概念控制下被清晰表述的众多方式；另一方面，同样重要的是，我们还将简略地审视现代性及其与分离的哲学和教育关系下文化认识论的命运。表现的现代统治反对特殊的教育形式而释放其他，为了探寻教师在表现的现代统治下工作的方式，上述工作非常之必要。表现的这种统治隐藏在教师和学生的普通经验背后，但却控制着他们。或许，最为重要的就在于它作为哲学终点的观念的外在形象，在这里，“终点”指代作为一种政治和哲学性教育的经验

哲学终结。这样一种说法实际上代表着来自文化的经验的总体抽象。如果教师在与理论和实践的较量中不能看到他们是如何被重构的,那么他们不仅注定只能重复文化的抽象,而且也掌握不了从这些难点中获得学习的方法。简单说,像否认他们的构建和重构一样否认教育的文化概念,就是否认他们自己是哲学思维的对象。诚如我们现在将看到的,由于对构建与重构关系的抑制能够或者正好为极权主义的形式留下了道路,这种否认的政治投资是非常高的。教师的哲学旨在寻回教师的文化,尤其是对教师工作越来越不关心政治的情况作出回应。

于是,下面的几节文字追溯了阿多诺、霍克海默和本雅明在20世纪上半叶关于表现和文化的争论,这就解释了他们对时代科技所抱有的偏见及其对文化的影响。不过,他们的工作仍然具有重要的意义,因为它验证了经验在现代性中及在现代性影响下得以形成的方式。他们围绕经验的结构所争论逻辑仍然是有效的,尤其是对于理解教学的文化(的缺乏)来说。

2.2 阿多诺和霍克海默

文化在现代意识中,或者也可以说,文化为了现代意识,已经从它的教育和变革属性中分离出来。这种观念在阿多诺与霍克海默的合作及阿多诺的个人著作中是一个主题。尽管如此,我还是将聚焦于1947年出版的《启蒙辩证法》和阿多诺在《辩证法》出版前后写的一些短论文。

在他们有关文化产业的论文中,阿多诺和霍克海默不仅论证了"启蒙向意识形态的衰退"(Adorno & Horkheimer,1979),而且还阐述了"技术理性何以成为其自身的统治理性"。他们观点中的辩证论述仅仅只在文化产业决定个人意识的颂歌中不被承认。当然,阿多诺和霍克海默数次反思了"文化产业集权体"下的整体固化(total refification)。比如他们指出:"整个世界为通过文化产业的过滤而生";"真正的生活正在电影中变得无可辨别";文化产业现已"将人类视为所有产品中一种永远可以复制的类型来铸造",并开创了"总体的和谐"。他们告诉我们,"没有任何独立的思维是必须从观众那儿期待的:这份产品已经描述了所有的反应"。

大体上说,他们指出了文化产业三个确定的结果,这三个结果既有助于技术理性思维的因循守旧,也有助于对认为这种遵循是对无可避免与无可逃避的观念的依从。首先,他们指出,思想和事物在基于分类的社会中的存在形式都被简化为遵循和等同。电影,或者更确切说是电影明星,可以展示成功,但在这种成功的典范下,作为大多数的观众却被一种无形和强力的方式告知:他们事实上是不能取得成功的。仅仅这一个例子就足以说明其他方面的情形了。"具有讽刺意味的是,人类作为众多物种中的一类,已经被文化产业变为了一种现实的事物。现在,任何人都

只代表一些类别，在这些类别下，他可以取代其他任何人——他是一个可以互换的复制品。作为个体，他完全是消费品，并且全然没有意义”。在这里，让一个人靠近他可以确认的明星，反而会让他极大地感觉到与明星的距离更远了。明星在定义上并没有代表那些没有成为明星的人。

其次，文化产业正在医源性地(itragenic)制造它伪装要超越的状况。被当作工作后的休息而出售的娱乐活动总体而言实际上是“工作的延伸”。阿多诺在他的论文《自由时间》(*Free Time*)中指出，在那些人们被引导认为自己是自由活动，也就是在自己的自由时间活动的地方，这些活动“被他们寻求的逃离没有工作的时间的同样力量形塑着”(Adorno，1991)。阿多诺和霍克海默强化了这一观点，他们认为：“机械化有这么一种在人的空闲时间和快乐之上的力量，它如此影响深远地决定着娱乐产品的制造，以至于人的经验成为了他自身工作程序的后像(after-image)。”(Adorno & Horkheimer，1979)在这里，他们清楚地阐明着个体思维的方法与文化控制表现的形式之间的关系：表现被导入到思想中，并且变为思想的形式和内容。此外，他们还主张，欢笑和娱乐而非快乐的供给，事实上通过“牺牲其他东西”败坏了它自己。在此，他们认为，观众早就准备好作为观众而发笑是“一种人文的荒谬模仿”，因为它代表着“抛开社会场景发生时的任何不安与顾虑”的笑声解放。这个笑声的背后不是快乐，而只是“一些无可逃避的事情的权力的回声”。娱乐产业的所有方面都是色情的，就像色情作品一样，他们拒绝满足自己涌起的欲望——“吃饭必须按照菜单来点菜”。

再次，阿多诺也注意到了遵循的虚假快乐在音乐里及被音乐表现的方式。“严肃”的音乐与“轻快”的音乐的划分是意识存在和智力活动从“现实生活”中分离的征兆。在所有情形下，后者从“整体的思路”为前者进行了开脱(1991)。颇为著名的是，阿多诺把他们的关系描述为“整体自由撕裂的半份”，“尽管他们并没有对其加总”(Adorno，1999)。在任何地方，他都强调“因而音乐两个半球的统一是一对尚未调和的矛盾”(1991)。

在这三种方式下，阿多诺与霍克海默通过平均(equivalence)、复制(reproduction)和遵循(conformity)阐明了思想是如何表现文化在思想中的表现方式的。很清楚，对于我们关于表现与文化之间关系的讨论来说，这些观念意义重大。它们等于是说，现代资产阶级社会的文化在其技术形式上已经由意识形式变得如此抽象，以至于它现在代表了文化的抽象化。如此一来，让批判性思维得以理解自身的意识的概念就被掠夺了，学习和重构的基本元素也被文化的概念(现代的、抽象的、工具的)宣告为脱离了它的教育意义。简单说，批判要具有意义已经是没门了。

这种看法的悲观早已是众所周知的了，尤其是在阿多诺的著作中。尽管如此，在阿多诺探讨音乐的表现时，这种悲观还是进一步加深了。他在这里从对拜物教(fetshism)出发，指出了一个发展趋势：为了实现与所有客体在交换价值方面的同质性，拜物主义在其原始的表达方式上需要对象的有形产品。考虑到这一点，文化商品如今似乎免于了交易的需求，并且从而也免于了其他任何客体本身的实际附属条件，表现在这也从其代表的客体中解放初出来。虽然没有一个具体对象，但所有的客体却都被表现着。这样就增强了文化作为遵循的力量，因为价值等同现在已经被承认是一种审美现实。当表现可以用感觉来替代对象的时候，整个世界都被远远抛置而不可认识。或者，如同阿多诺所说，大众文化作为完全具体实物化世界的表现，可以崇拜游戏的门票甚于游戏本身。这种交换价值的抽象即使是来自于对象，现在也只是纯粹交易的盲目崇拜，不是它自己和价值内部的交易，而是它的审美性通过客体和消费者二者的标准化使得这一切成为了可能。

对于教师，我们在这里可能要说，既然表现已经变成了所有的文化，那么所有可能认识重构内部及其本身的思维方式——换句话说即所有批判性思维——都成为不可能。既然所有的思想现在都是在“价值”上相同的表现，那么思维跟重构一样，作为文化的观念把自己重塑得没有任何关联。在缺乏关联的情况下，在表现自称为关联的地方，文化经验断裂的中间地带实际上是毫无意义的。它代表不了任何东西，并排除了教师的一种哲学，它就“相当于由于已经没有其他任何东西而喜欢上自己的牢房的囚徒的行为”。

这个观点在阿多诺对起着意识形态的意识形态作用的文化产业的批判中再次被提出。关于这一点有三个方面：

第一，意象(image)与现实的中间是辩证法的政治化。一方面，“现实通过它如实的复制产生的魔力变成了它自己的意识形态”；另一方面，“如果真实的东西在其特殊性的范围内变成一个意象，那么它也会像一台福特车对于其他同级别的汽车那样变成整体的等价物，并且，意象也会……转变成直接的现实”。意象与现实的这层关系消解了对错觉的认识，并成为当前每个都是其他的总体关系。表现在这是表象与真实状态之间无足轻重的东西或者“对其对立的清算”。

第二，这种清算既创造也维持着它的需要。每一个产品总已经是可观察的现实的需要或消费者不同的可观察的类别的一种表现。因此，早已注定的是，消费者“消化不了任何没有被事先消化的东西”。文化产业是“婴儿食品”的意识形态，亦即在试图满足那些需求的表象方面，它被引导朝向了它所制造的明确需求。意识形态的意识形态是虚无主义的辩证法，它只是永远无法被满足的被喂养欲望的一种感觉而已。由于它是从所有的终结、所有的对象中解放出来的，并且免去了重构

的自我实现与自我否认，这种虚无主义的辩证法不仅是自然的另一种技术统治，而且还是“自然的纯粹控制”。“对象软弱无能地走过”，“除此没有其他任何事情发生”。

第三，阿多诺同时也指出，“大众文化中矛盾的清算不仅仅是一个能随意操作的问题”。文化产业真正的美，甚至它对自己的操作的伟大超越就在于，它使得个体将普遍性对他们的遗弃和对相关事物的摧毁为乐，并以此为基础进行合作。“遵循已经取代意识”——不仅是在庸俗的过度决定的角度上而言，与此相反，大众变得“渴求被欺骗，尽管对他们来说这种欺骗是显而易见的”。大众不仅是带着由客观性而来的心烦意乱情绪在意识形态的意识形态中作意识形态的“抉择”，“他们甚至还坚信着奴役他们的意识形态”(Adorno & Horkheimer，1979)。“电影一开始，他们便很快明白……结局会是怎样的，谁将获得赞许，谁将被惩罚或者淡忘”。公式性取代了被要求真诚地以整体的态度体会与思考问题的思维方式。但是，没有对立面，也没有联系，正是“其内部整体与部分相像”的公式确切地将观众定义为大众中的成员。

在把我们的关注转向本雅明之前，清晰地说明表现及其文化移植在这里的政治隐含意义非常重要。对于阿多诺而言，正是这些表现的总体投射了最有影响意义的阴影。在批判性思维中，对应对象的一种关系可以实现这种关系的重构，与此相对的是，表现的整体作为技术的文化远离或者没有创造思维与存在之间的这种生产性鸿沟。不但文化已经变为遵循与等同的大众产品，甚至时间本身也被抑制了。由于缺乏与事件之间的联系，时间根本就不流动，因为没有任何东西以供变化、运动和发展(教育)反对以使它们可以被记录下来。阿多诺说，时间就像批判一样是停滞的，因为文化机器“在同一个圆点上打转转”。

基于这些观点，阿多诺总结：文化在其现代、抽象、技术和非辩证的形式上，即使不是法西斯主义自身的产品，那也必然是其发展非常重要的辅助。当批判性思维重构的可能性和在普遍与特殊之间建立起一种关系的可能性总体地被括入一种抽象性表现的文化时，控制表明了一般社会及其被思考与认识的可能性的特征。因而阿多诺总结，“新的拜神物就是这样一种具有完美功能的、金属光泽的器具。在这个机器里，所有的齿轮都衔接得如此完美，以至于都没有为整体的意义留下任何最轻微的裂洞”(Adorno，1991)。好奇心，也就是进行反抗的基石成为了意识形态的意识形态的牺牲品，并被信息的大量生产社会化。一方面，反抗的缺乏以其消极辅助了法西斯主义，另一方面，思维与现实达成了一致协议，并让其获得永生的途径以其积极辅助法西斯主义。

如果考虑阿多诺的政治经验是在 19 世纪 30、40 年代积累的，那么他对于法西

斯主义可能性情况的担忧就不足为怪了。不过，他的工作对于新世纪也有深远的意义，这一点在我们认为滑向法西斯形式的统治的危险和规律至少已成为问题的地方是显而易见的。用阿多诺的观点来说，这些(法西斯统治)形式正处在最有效、最不透明的时期。一位老师在提出某一主张后称，"这里没有什么问题"，她完全可能认识或了解不了如何去认识她所表达的观点的政治经验的隐含部分。

2.3 沃尔特·本雅明

本雅明对文化和表现的批判阐明在他最有名的两部著作之中，即1924年5月至1925年8月间写的《德国悲剧的起源》(1985)和1936年至1969年间写的短文《机器生产时代的艺术作品》(1992)。[2] 两份著作都于其他事物中对"表现"进行了批判，或者从康德哲学的角度对组织在概念的思维中形成和维持的方式进行了批判。它们都承认哲学批判"必须不断地勇敢面对表现的问题"(Benjamin，1985)。《巴洛克悲悼剧》是源于17世纪德国反宗教改革(像其他国家一样)的悲悼剧，乍看起来，书中哲学与表现的对抗是以一些貌似与今天无甚关联的理念和风格为中心的。罗斯在这里解释道，本雅明在文章中是说，根据"占主导地位的时代神话"，巴洛克悲悼剧代表着自然(Rose，1978)。罗斯说：

> 巴洛克悲悼剧即"忧郁"或"哀悼"剧，葬礼游行可能会少一些文字上的表演。神话包含了当时社会赋予自然意义的历史，并且，作为神话，它还提出意义是永恒的。在17世纪的德国戏剧中，历史事件是明显世俗的戏剧的主题。尽管如此，本雅明却告诉我们，当时的历史生活通过彼时的神学情势而得到呈现，并且，破坏的标记、文物遗址和死人头都具有寓言和宗教的意义。

下面，我们将马上揭示寓言表现的重要性。(本雅明著作的)文本与理解现代性的相关性和我们所探讨的表现与文化之间的关系一开始可能不会很清楚，不过，就像西蒙·贾维斯(Simon Jarvis)最近所说的那样，"本雅明的寓言批判完全就暗指对现代性自身的批判"。(Jarvis，1998)。贾维斯从阿多诺先前的研究中马上可以被认识到的说法出发，对这个观念进行了辩护。他说，在寓言中，信号物与信号的所指之间的关系是主观随意的。并且，他直接从《巴洛克悲悼剧》中援引本雅明的话，"任何人、任何客体、任何关系都能绝对地意味着其他任何事情"(同上；Benjamin，1985)。正是这个表现中等同的主题将本雅明的研究与上述阿多诺的研究直接联系起来。忧郁是阿多诺的，而表现的虚无主义是本雅明的。

我们现在必须尝试把我们自己对文化与表现之间关系进行批判所需的寓言意义从本雅明的《巴洛克悲悼剧》中提取出来。根据罗斯所说，反宗教改革在本雅明

的著作中代表了"新教徒澄悟和世界性禁欲主义不期而遇的精神和政治产物"(Rose,1993)。[3] 随着路德的教义将上帝的存在从伟大作品的偶像崇拜中移至个人原罪的苦难,这些"伟大作品不能为其辩护提供任何合理的理由"(Luther,1989),上帝的经验也是被遗弃的东西之一。[4] 这种经验的表现,即它的内容和形式,就是哀悼剧,在这出剧中,上帝的遗弃变成了世界的苦难的神话。本雅明说,这是"视觉的、巴洛克的、作为世界激情的历史的世俗解释的寓言方式的要点,其重要性唯一幸存于其衰败的站点中"(1985)。[5] 如此,通过新教主义和天主教的反宗教改革,灵魂拯救的内部忧虑与外部世界的废墟被连接了起来,以期制造内部的禁欲主义和外部的政治残酷。神学情势的这种分歧在人类的绝望和世界的腐蚀中得到体现。不过,正是在这儿,我们开始不将表现的角色视为这些事件形而上学的输入的再现,而是将其看作媒介转变为信息的方式。教育或重构可以在对象中获得实现,文化在被剥夺了它与这种对象之间的关系后,变成了经验本身形式和内容的替代品。"就因为没有任何事情是绝对的,任何事情都可以被迫来表示其他任何事情"(Jarvis,1998)。因而,文化在这就是没有启蒙的神话。

巴洛克寓言《巴洛克悲悼剧》代表着权力两个不同方面的神学危机——内部宗教事件的殉教者和外部利用紧急状况来展示他的政治残酷的阴谋者。正是在君主或亲王身上,被上帝遗弃的人类权利的顶点最清晰地展现了"他人性最卑微的状态"(Benjamin,1985)。事实上,"德国巴洛克哀悼剧全身心地投入到了尘世间的无助与绝望"。因而,巴洛克伦理不仅是沉沦的世界的表现,而且作为神化它自身也是人世与天堂或动物和人与神的救赎之间分隔的形式。寓言既展现了没有救赎的世界被美化的过程,也将这个经验在其自身内部封尘起来。其结果就是:贾维斯说,如果没有一个绝对事物美学表现之外的观点,"这些文本不能被解释"(1998)。用我们的话来说,对于教师的哲学而言,哲学性经验在这儿已不再具有教育性。因此,在将沉沦的自然描述为没有救赎的政治中(在这里我们可以开始看到与阿多诺对法西斯主义的忧虑的联系),寓言将自己引向了政治残酷与暴力。在巴洛克伦理的公民社会中,权力必须在神话中保护自己,以确保不会对还原它的批判辩证法进行揭露和启蒙。粉饰中普遍(性)的神化表现非但压抑了批判,更为重要的是,它既将世界确认为无需形而上学,又赋予自己紧急权力以便于重建普遍性。国家和宗教的这种表现是"法西斯主义的精神或法西斯主义的涵义"(Rose,1993),亦即破坏的美学。这样,"一种作为相对物捆绑到材料之上的"无神灵性",就只能通过罪恶来具体体验了"(Benjamin,1985)。

如果说巴洛克寓言是政治美学化的一种形式,那本雅明关于机械性表现技术的研究就是又一个更加大名鼎鼎的形式。像寓言一样,电影摄像机不仅对经验的

形式具有决定性的作用，而且表现了政治的美学化过程。或者说，其本身也是经验的一种形式。客体机械性的再现带来了这些客体与观察者之间亲切关系的丧失，本雅明称之为特殊气氛(aura)的丧失。考虑到所有的情况，作为表现的再生产在这里像其他表现一样，在政治上是非常重要的，这明显地与阿多诺关于表现可以指挥大众经验的方式的论证联系了起来。在到原始对象之间的距离(如一个神圣遗迹)提供独特经验之处，被对象的大众再生产变得成为可能的亲切关系的幻象破坏了特殊气氛。大众离对象的再生产越近，经验就越不亲切。与此相同，演员在摄像机面前表演得越多，他离观众就越疏远。在政治上意义非凡的是，特殊气氛的辩证法非常关注对象与观察者之间的距离和关系。不过，在电影中，距离被抛开了，演员的再生产也变成了“公共财产”(Benjamin，1992)。在表达普遍的辩证关系的丧失中，由于巴洛克寓言将法西斯主义精神置于了摇篮之中，所以现在再生产也在辩证关系的破坏中为法西斯精神服务。

本雅明说，电影产业对特殊气氛的这种“枯萎”的反应是双重的，它不仅包括了演员个性特征的商品化，而且也包括了摄像机造就的现实分裂。并且，它在“一种新的规则下”将这些碎片组合起来。摒除机械性的干扰，这种新的规则促使我们将注意力转向“行动新的和不曾预料的领地”。电影使我们越能接近地投身于自身文化生活的探险，特殊气氛也就被破坏得越严重；我们越能接近地从电影中剖解、分析和了解我们的生活、我们的邻里和我们的文化，我们通过距离与其他人、与传统、与规则和与普遍发生的联系也就被破坏得越严重。关系的幻象包含在个体与大众的关系和距离的表现之中。“个体关系”，本雅明说，“被他们想要制造的大众反应所决定着……在这些反应变得清晰明了的一瞬间，他们也彼此控制了对方”。简单说，我们的生活被越特别地表现着，我们也就变得越同质和同量，这就是法西斯主义的“普遍性”。美化地表现人和动物特质的寓言被美化地表现资产阶级社会关系的技术所代替。在两种情况下，与普遍的距离和关系被虚假的普遍性，也就是被以破坏为乐的表现所取代。正如本雅明所评论的那样，人类的“自我疏离已经到了如此的程度，乃至于它可以把它自己的破坏当作第一秩序的美学乐趣来体味。这就是法西斯主义美学化地演绎政治的情形”。巴洛克伦理和机械化的再生产、遗弃与心烦意乱就是普遍性及其美学化再生产机遇的丧失的表现——在《巴洛克哀悼剧》中是彻底的政治阴谋，而在机械化艺术中则如脱离政治和普遍一样是彻底的艺术享受。法西斯主义和表现在本雅明那里都是被剥夺了自身规则的一种辩证法的影响和结果。

本雅明的批判在这里的重要意义就在于，文化成了将自身隐藏于经验中的一种经验的再生产。文化变为联系对象、联系彼此和联系永恒与普遍的一种先决方

式，在这种方式下，文化掩饰其先决性。那些处在这种文化下的人们就会推测：文化就是他们的经验，是他们使得文化得以实现。他们没有被邀请来理解，他们的经验真正才是对文化如此的曲解，因而他们也更不能了解那些巩固他们的经验和文化的政治形式。如此一来，文化与经验之间的关系就只能根据构建经验的文化来体会了，唯一能够在自身形式和内容上包容这种矛盾的经验就只能是思辨或哲学经验了。

2.4　文化的终结

在评定对表现的形式及其与此处探讨的文化之间关系的理论和实践的启示之前，我想在文化认识论的范畴内提供一个关于文化的进一步分析。在如今关于以目的论帝国主义和整体观为特征的启蒙理性的平庸言论中，存在着表现与文化关系的另一种形式。这种形式与我们目前构建教师哲学的方法相关。在批判绝对就是教条的掩饰下，这里实际上有一种哲学关系的控制，我们可以称之为文化的终结——在此，"文化"被当作思想在其内部与为其自身的重构而被采用，这是基于我们正在使用它的意义而言的。"终结"有两个相关的涵义：首先，文化的终结意味着经验的再现及其社会、政治和哲学重构已经精疲力竭，它不再能够包含任何诸如批判性思维的投入。这不是描述整个具体化理论的不同方法，而是意识到了这么一种认识内部的苍白无力。随着思想和批判性思维不再与它们的被认知的状态存在关系，它们也就不再是教育或哲学的属性了。这样的文化终结必然意味着哲学的终结，因为经验从不被允许变为对象和物质。可以说，这种文化终结的另一种描述方式就是将其称为虚无主义的辩证法。[6] 其次，文化的终结意指它自己的终极目标，即在社会和政治关系一旦从经验中脱离的时候对其进行再现。放在一起，文化的终结代表着它不带哲学意义而超越哲学教育的抽象的胜利。因而，在这种文化的"终结"中，抽象分离的统一是带着（现代的、政治的）抽象经验从经验中而来的。文化的终结就是文化自己的终结，精疲力竭而达到终极目标。

在教育领域内，认为教育是非集权化的、多元的和无目的论的观点无处不在，在这些争辩中，文化的终结在其最不被关注之处将自己展露无遗。在强有力的断言中，教育必须"是开放的"。这种开放不仅指对新事物的学习或对新经验持开放态度，而且指"教育绝不能将自己封闭在任何定义或自身的系统知识内部"这样一种观念。教育开放性的观点可以在两个基础上来阐明：首先，它可以被当作可能的普遍性从认识论上来阐述。如果教育被认为禁锢了可能性，那它就会被视作不真实的。其次，从伦理上讲，如果教育被认为排除异己，那它也会被看作主宰统治和帝国主义。可能性和容忍被当作开放性的理论与实践来看待，不过，这种认识论和

伦理也压抑了开放的哲学个性。诚如我们在上文所看到的，卡尔和博布勒斯分别通过抽象地、不带文化概念地预设客观性和疑难来抑制哲学与教育不和关系或断裂中间的经验，他们都实践了教育与哲学抽象对立中的文化的终结。而诺丁斯则假定了一种照应关系来对抗它的形成与重构，或者对抗哲学本身，因此，她也把文化的终结作为精神的抑制加以践行。三种情形下，就像在许多其他教育哲学和教育原理中那样，这里都有对教育开放性的盲目崇拜。为了向自己宣告自由，经验从它的社会和政治决定解放出来。开放性在这里是从再现中解放出来的资产阶级自由的再现，它也正好就是它的盲目崇拜。然而，正是一种盲目的崇拜保证了理论与实践之间的静态平衡。

开放性这个概念反映了什么样的真实的表现，以及反映了意识与真理怎样的关系呢？现在又有多大的必要去辩护（断言）认识绝对事物的绝对不可能性呢？我想，答案就包含在表现为其自身设定掩盖知性文化或抽象理性的新形式和新内容的方法之中，表现的这种新形式即文化终结的形式和内容。换句话说，像它的主流和当前特点一样，表现有一种可以被称为“纯粹文化”的认识论形式。我想，这甚至可以与阿多诺、霍克海默和本雅明对技术性文化的批判区分开来。纯粹的文化表达了一种甚至连电影都无法达到的从文化中释放出来的自由，它与众不同的特点就在于作为哲学的（自我）决定对文化的总体拒绝（总体性的反对概念）。即：好像能够参与到它自己对自己思考的行动中去，或者好像能够像这项工作——它自己的文化的科学与学说一样呈现这些行动，抑或好像能够明白在这项工作中它开始不同地认识自己。简单地说，哲学了解自身的能力被从自己身上剥夺了去。事实本身被否认是文化，因为文化的概念已经在其工作中从这种参与中整体地抽离出去。在文化被否认自我决定之处，不仅哲学被演绎得像教育一样毫无价值，就是文化自身也在任何经验等同于其他任何经验中变成表现的最终形式了。

具有讽刺意味的是，哲学性教育科学的破坏通常在不同的名目下进行，而实际上这里一点差别也没有。描绘后基础主义和后启蒙主义思想的开放性的哲学像那些实用主义的、伦理的甚至道德客观性的论调一样，是阿多诺、霍克海默和本雅明强调的经验中文化的抽象的一种新的背信弃义形式。这种新的抽象性把握已经通过将文化的概念彻底分离出其具有重构性这样一种自身观念，而在重构文化的概念方面获得了成功。现在对于文化来说，假定在内容中有针对内容自身纯粹可能性的特性，那所有的内容都将被视为是不重要的。当重构或文化在没有被这种经验的冲突依次重构的情况下被重构，哲学和教育的绝对意义即被全面的规避了。文化的终结因此也就是哲学性教育的终结，尽管它文化的终结必须抑止的一个目标。

这可以用另一种方式来表达。理性已经作为其自身普遍性的形式变成了文化，它不是将自己再现为追求再现关系的艺术或宗教或哲学，而是将自己再现为作为缺乏关系的关系所再现的文化本身。因而，理性作为文化在此即满足于将幻象的理性变为其对自身进行复制的理性主义。[7] 不过，这种理性主义常常被称为“后”现代或“后”基础这一事实揭露了它自身形式的空虚。理性地说，追求理性事关理性但却一点也不理性。在此，表现断定，普遍主义的幻象——比如宏观叙事、帝国主义、殖民主义、歧视、强权政治，都在帝国形式外衣的掩饰下仅仅被当作地方偶发事件来认识了。实际上它们确确实实没有被正确认识。正是这种对幻象的构成性意义或理性必须如何自我教导自己曲解自我批判的方式的认识缺失，将文化定义为理性主义下空泛循环的怀疑论。理性主义是自己生命的坟墓，在自身的毁灭中绝望不已，但它还奸诈地庆贺着它的绝望，宣称它生命的坟墓预示着新的伦理关系和可能性。

因此，作为纯粹文化或理性主义的理性就是资产阶级产权关系的神化。这是关系对其他事物的胜利(这种关系凌驾于工作之上，视其与其他事物的关系为自身要义)。后基础主义的文化深刻而透彻地表达幻象说，防止突发事件被统一亦即保护理性免受自我决定关系的影响。事实上，这么一种文化就是被抢夺了意义的关系，或者说这种文化根本就没有什么坚固的关系，因而，它就是资产阶级自由的本质。

罗斯迎面遇到了这个挑战，也在其所有具有“后”色彩主张中对纯粹文化提供了最有力和最深刻的一种批判。在此方面的一个例子就是在谈到大屠杀或大浩劫的时候她在哲学上对纯粹文化的批判，她将这种批判看作是对表现的克服。为了反驳那些将大浩劫神秘化，认为这种神秘化是妙不可言和无可言传的人的所谓虔诚，罗斯提出了表现的法西斯主义和法西斯主义的表现的交错状态。同时，为了反映本雅明关于政治的美学化和美学的政治化的工作，罗斯也支持权力与其形式之间的辩证法。在法西斯主义表现的权力被消除，或它对主客体的调和与观众分享它“遭遇他们姿势的不雅”的时候——即关系和关系的经验被压抑的时候，法西斯主义的表现是法西斯性质的(Rose，1996)。她区分了《辛德勒的名单》作为能提供信息的电影的教育价值(在此层次上它是成功的)和它对处在危机中的观众的拒绝(这种危机是它在“外部”制造的)。

如此法西斯主义的表现是法西斯性质的这一说法应从两个相关角度来分析。第一，她说，情操生活(sentimentality)——在赞许“救人一命的人拯救整个世界”(Keneally，1983)的《塔木德经》犹太式法典的形式下——战胜了我们在这种“毫无礼貌的不道德”中矛盾心理的合谋(Rose，1996)。因而，第二，辛德勒的两难境地变

成了其道德的自我庆贺。并且，在此，观众从那些能将生命轮回视为隐秘刺探(voyeur)的“终极掠食者(ultimate predator)”的观点中一眼看到整个表现。在这种情况下，法西斯主义表现的法西斯主义不仅确保了到所描述事物的一段距离，也保证了对它们的一个气派的综览。任何情感的产生都是为了英雄的神话，而不是对整体状况的悲哀。这样，法西斯主义表现的法西斯主义就是我们自己的法西斯主义，即公民资产阶级的法西斯主义。公民资产阶级与普遍的关系不是在自己的相异性中，而是在商品中被发现。

在大浩劫的例子中，罗斯做出这样的批判，并不是为了说明法西斯主义的表现不可能，或者从某种角度而言，超越了我们的经验或思维的范围。相反，那些将现代形而上学诋毁为本体论的，将对“现代哲学主体的绝对权力和……普遍政治的错误承诺”的克服带入现代形而上学的人，“带着法西斯主义自身的内部趋向”会集在了一起。在一定程度上，罗斯称，“让我们制作一个让法西斯主义的表现与表现的法西斯主义交战的电影吧”，或者在这个地方，政治美学化和美学政治化的辩证关系没有受到抑制。换言之，罗斯正在为表现的辩证法进行辩论，在这种辩证法中，我们跟对象的分离因其被看作自身批判的可能性的条件而被认识。这在多大程度上具有变革性的这一问题将在下面被再次讨论。[8] 没有表现的辩证法，没有“对总是易犯错误和具有争议性的表现(这种表现向我们文化权利与礼节的法西斯主义中的相互暗示的认识开放了可能性)的坚持不懈”，就不会有启蒙的辩证法。没有它作为哲学的表现和它在普遍中的暗示，启蒙就不能“自我检查”(Adorno & Horkheimer, 1979)。在罗斯的说法中，承担“普遍利益的风险(比如政治)需要表现、表现的批判和表现的批判的批判”(1996)。

2.5 结论

这些想法提醒我们思考：哲学与表现为什么并如何持续挑战着文化的表现形式，致使教育工作失去其应有的意义。在阿多诺的那个规模化生产的时代，思想往往由信息决定。事实告诉我们这么一条规律：没有被确认的信息往往触及不到事物的本质，不能凝固为一种思想(1991)。他说，不让文化以这种形式再生的人不是白痴就可能是智者。但是他非常清楚，摒弃整体机械文化是必要的。其实，摒弃把认识论作为文化的终点也是非常必要而且有可能的。

放弃属于这种意识：“新的安全感的获得需要自主性思维的牺牲”，阿多诺认为，这样的行为就是放弃。不仅在残忍的压迫，甚至在享受快乐时光时所需要的自由的渴望面前，这种神话和启蒙辩证法甚至主导了人们的反抗欲望。这点我们有共识，也毫无疑问。相反，人类社会之所以会以这样一种毫不留情的方式对待人

类，都是因为人类自己。强加给他们的都是他们想要的，而他们想要的又再一次强加到了他们身上。同样，对于表现法与法西斯主义，阿多诺的结论是：法西斯式宣传的秘密可能很简单，就是让人们各为其用。这种方法只是满足了其自身存在的利己心态，而不需要对其诱导或者改变。然而，在一种文化体制内的教育是要抑制改变本身的。

那么，在教育有关的部门里，教师是怎么理解这些看似局部但又现代的问题的呢？如果对上述神话的、机械的、技术的和认识论的表现的批评是正确的话，那在某种意义上可以说，我们已经认为一种教育的终结是随着对世界认知的改变开始的。阿多诺通过放弃来演示这种情景。在阿多诺和霍克海默的《启蒙辩证法》一书中，有一段A和B之间简单的对话，其中B陈述了他不想当医生的理由。B说医生将不可避免地代表科层制的建立（Adorno & Horkheimer，1979），也就是说，他们会轮流充当生与死的管理者与控制者。A反驳B说他有些伪善。A说，毕竟B自己有时也离不开医生，而他却批评医生这个职业，不愿意当医生，说当医生太脏（Adorno，1991）。B同意医生和医院的存在比放任病人自生自灭要好。不过，B说如果他要努力去更好的理解医生的处境，就要更加清楚地理解大家今天所生活的这种糟糕的环境（Adorno & Horkheimer，1979），所以，他还是会坚持自己看似伪善的立场。当人们需要做某些事情的时候，认识到了自己的重要性，这个行为——不是这种思想——就是放弃（Adorno，1991）。与此相反，立场坚定的批判思想家，既不会盲从他的良心，也不会允许自己被胁迫做某事，他们才是永不放弃的人。研究这种批判性思维，他得出的结论是：矛盾是必要的（Adorno & Horkheimer，1979）。我们主张，理论和实践都是必要的。当然，我们在思考教与学的过程中已经遇到过这种理论与实践之间的冲突，而这种矛盾在卡尔、博布勒斯和诺丁斯的著作中已经阐述过了。我们现在要从阿多诺和霍克海默那里学的不是宿命论关于调和教育理论与教育实践的可能性，而是他们那种对教师该怎么做和在什么情况下该那样做的批判性思考与坚持不懈的研究。即使这些条件使这种思考非常困难，即使这种思想改变不了什么，但是，他们说，我们的思想本身要“自我反省”。

如果没有对可能性与必要性关系和概念的后基础主义思考，哲学教育本身能成功吗？答案已经在问题中了。这就是我想以此来说明教师哲学的教育哲学与哲学教育。第二部分，以一个不同的声音，至少针对潜在的不同受众，来论证本书前言中阐述的原因，这就涉及到教师遇到的所有矛盾与对立面和他们使情况复杂化的理论干预。这是一种将实习教师所关心的与该经历的困难问题的简单化。正如我一开始所说的，第二部分是在一个对所有材料都不熟悉的读者的参与下完成的。更多经常被提到的学术思想稍后会在第三部分里介绍。

注释：

1. 从经验中我得知，这些观点引起了一种批评：这除了是一种无声主义(quietism)之外，什么都不是！一位评论家将其成为“保守的诠释学(conservative hermeneutics)”。我们将在下面的第六章看到，黑格尔对他(的学说)被演绎的方式感到悲恸，同时也断言这种“命运”在现存社会关系下是无可避免的。

2. 这篇文章有三个版本，被翻译为《启示(录)》的是第三个版本，写于 1936 年春至 1939 年春之间。

3. 这篇文章于 1993 年收于罗斯的作品中。

4. 罗斯写下这个与犹太概念 agunah(丢弃)有关。她说她的意图是综合地处理本杰明的著作，这样它就将“不再反对他与犹太教关系的困难了”。对于罗斯来说，这意味着要对犹太教和现代性都进行深入浅出的阅读。

5. 罗斯的翻译稍作改动：“这是寓言性观点、巴洛克艺术、作为世界苦难故事的历史属地展览的核心，它仅仅在其腐朽的站点中是有意义的”。(Rose，1978)

6. 这是于 1984 年出版的罗斯一本书的书名。

7. 这里可以加一句：所有的主义都是文化的再现，不过，它们都缺少一个可以在现代文化自身范畴内阐述它们的形成和重构过程的文化的概念。

8. 也许我们应该保持留意阿多诺阐述的事实：不管文化变得多么不开化和缺乏普遍性，“在西方，至少一个人是允许这么说的”(Adorno，1973)。这代表了批判的商品化的矛盾心理。

第二部分

身为教师的经历

引　言

吉莉安·罗斯(Gillian Rose)[1] 是我的老师,1995 年因癌症去世了。在逝世之前,她出版了关于自己跟两位医生打交道的一段经历的小短篇。下面是她在短篇里所写的:

一年前,当我的癌细胞刚开始向胸膜部位扩散时,我的家庭医师推荐我去找格鲁夫医生。他说:"如果我处在你这种状况的话,我会去找他。"为了确保不会失去跟兰德医生——在子宫癌化学疗法方面处在国际研究前沿的专家——的联系,我专门给她打电话解释,说我目前准备去咨询格鲁夫医生,因为他就在考文垂的一家医院里,距离我工作的大学不远。

听我描述完我身体的最新状况后,兰德医生缓慢和审慎地说:"这意味着你的癌细胞很活跃;意味着你的病会越来越严重;意味着你需要更多的治疗。你打算还要继续工作多长时间?"

她以如此清晰、坚定的语气说出了自己的预测,这让我感到惊慌失措。恐惧和心烦意乱之下,我约见了格鲁夫医生,他邀请我等他出诊结束后过去。格鲁夫医生慢悠悠地把堆在他桌子上面的我的病情档案推到了一边。我坐在那里看着这位四十五岁的年轻人,他有着宽阔肩膀和一对充满笑意的、顽童一样的眼睛,而且我还发现,他走路像小鸭子那样的摇摆。

"告诉我,"他说话了,"你是谁,你的状况如何。"

我滔滔不绝地说了十分钟,告诉了他一个完整的故事:有一个医生是如何诊断说我的病情正在恶化,而他的一个同事则坚持认为我的病情是稳定的。

格鲁夫医生给我做了检查,然后说:"你很好;你并没有受这个病魔控制;我们能使你保持在这个平衡状态。有什么你想去做但是不能做的事情吗?"

兰德医生和格鲁夫医生在陈述风格上的不同之处是,一个有着死亡的气息,而另一个透着生的希望。(Rose,1999)

这个小短篇能给教师们很多启示。罗斯继续写道，通过这数次会面，医学就可以类推到哲学上去。不过，两位医生所引发的截然不同的教授法，或者医患关系，也显示了哲学如何给教育——确切来说，是为一种教师的哲学——提供相似的类比。罗斯评论说，格鲁夫医生能够承认，他不知道是什么导致了这种或那种症状，也不知道下一步会发生什么。他坦称“我不知道你将何时离开人世”。在这里，格鲁夫医生是医学的仆人(servant)——就像我们下面将会看到的苏格拉底是教育和学习的仆人一样。他们虽然身在不同的领域，但他们都认识到了自己的脆弱性(vulnerability)，承认自己在某些方面的无知。格鲁夫医生认识到，自己作为一名医生的独立性是完全视疾病的某些先前征兆而定，从这个意义上说，他既不是创世主也不是破坏者。在我们关于教师的哲学的研究中，我们将探究教师的工作，他们作为自己无力控制和主宰的过程的仆人，以一种同样的方式工作着，而这种过程让他们变得脆弱和易受伤害，暴露在危险和错误之下。

罗斯用一种同样的风格评论说，两位医生都能够处理他们权威本身的模糊性。兰德医生由于把脆弱性看作是一种缺陷，所以她感觉必须要通过用如此“坚定”的语气做诊断，来弥补自己“本质上有限的知识”，以解除对自己地位的威胁。她被疾病控制，继而视别人也为疾病所控。因此，她失去了伴随其脆弱性的教育意义上和哲学意义上的复杂性。正是因为兰德医生压制了自己身处医学之有限性的控制之中，和被这种有限性所控制，于是她也容易成为它的代言，成为凌驾于他人之上的主人(master)。在另一方面，格鲁夫医生知悉他的权威性是受其对境况的依赖而操控的，而他自身不能选择或控制这种境况。他认识到使自己强有力的因素也正是限制自己力量的因素。但这并不意味着，他只是说“我不知道”，或者用自嘲消解自己的无力。也不意味着他拒斥自己作为一名医生的权威和责任。相反，格鲁夫医生接受他在医学方面既是一个仆人也是一个主人的现实。他也认识到以这种双重角色来定义他与患者之间关系的特征时他的脆弱性。正是因为同时作主人和仆人，格鲁夫医生才能够给罗斯提供自由和自我决定的模糊性，甚至是在她疾病晚期的极限或者危机时刻。兰德作为一个主人，期望你——一个病人——成为一个仆人；格鲁夫作为一个主人和一个仆人，给予了病人可贵的礼物，那就是把不确定性和难预测性视为成长和自我发展的积极的、甚至是主导性的能动力量，尤其是在面对疾病晚期的绝对危机时刻。“格鲁夫医生”，罗斯说，“不允许你把你的权威转嫁给他，而且，自然的，又是吊诡的，你更加地信任他，因为信任是非强迫地和自由地赋予的”。距离死亡越近，她声称自己感觉越坦然。

罗斯关于医学工作者的哲学与下面即将谈到的教师的哲学是相通的。教师和医生都认识到，“你必须要在能够控制之物和不能被控制之物之间找到自己的道

路”。他们从来都不否认在“对控制的寻求和对缺乏控制的恐惧”上人的有限性。教师和医生都不会依据任何预设的所谓“科学地图”(scientific map)为指导，对自己的陈述或者权威做出预先判断。相反的，他们都像罗斯所称的：“承认没有什么解决之道，没有对这种慢性疾病的治疗方案，但也不是说一切都终结了；而且，没有什么必要去为本质上有限的知识寻找一个替代性预言。”

由于罗斯拒绝“把癌症视为普遍之物(generality)”，所以教师的哲学——正如接下来我们会看到的——也拒绝把学习看作是普遍性的。教育永远都是一种特殊的和真实的关系；它一直是它，但又永远不同。如果它不是这样，那它就不会成为我们的经历，也确实根本就不会是一种经历了。我们可以找回智慧的概念和有关教学这个行业的各种概念，但前提是，我们要认识到教学是一种关系，人在其中被重新创造，同时他们又在重新创造着关系。这种智慧不仅存在于认识到我们的脆弱性和我们的偶在性(contingency)中——亦即，我们作为仆人，也在于我们有勇气为此智慧去一次次的冒险——作为教师，或者作为主人。我们把这种双重性看作是教师的富有哲学色彩的经历。

注释：

1. 在成为华威大学社会和政治学教授之前，吉莉安·罗斯是英格兰萨赛克斯大学的讲师(1974—1989)。她出版的著作有：The Melancholy Science: an introduction to the work of Theodor W. Adorno(1978)；Hegel Contra Sociology(1981)；Dialectic of Nihilism(1995)；The Broken Middle(1992)；Judaism and Modernity(1993)；Loves Work(1995)；及其逝世后出版的Mourning Becomes the Law(1996)和Paradiso(1999)。

第3章　主　人

引　言

16世纪，马丁·路德(Martin Luther)写下了这样一段关于教师的话：

> 对于一个忠实地训练和教授那些男孩子……的勤奋而投入的学校教师来说，无论接受什么样的称赞和报偿都不为过，你所欠他们的是用金钱无法衡量的……但是我们却用轻视来对待他们，似乎他们没有什么价值而言……在这个世界上你在任何一个陌生人身上都看不到这种美德了——看护着你的孩子，给他们忠实的训练，而这种训练是为人父母者极少为之的，即使是对他们自己的孩子。(Monroe,1905)

让我们想象一下，首先，你正在考虑要做一名教师吗？如果是，那么你也许已经感受到了教师这份工作的高尚之处吧？也许有那么一位献身敬业的教师对你的生活带来了长远影响，你感觉受到鼓舞，想去尝试一下，也想成为这样一位能给别人带来影响的人？或者，你也已经考查了就业市场，看到在教学岗位上是没有真正高薪的，然而，你仍然感觉似乎被召唤着要投入到与人——尤其是年轻人——的发展息息相关的事业中去？再者，也许你只是将教师视为就那么一份职业而已，或者至少是你一份可能的职业？我们希望是这样。那么，你可能就已经被这本书吸引了，尤其是这一部分，因为你想要去思索成为一名教师意味着什么，可能是去发现它内在的价值和意义，并且反思它的重要性——在学生的生活世界中，也是在你自己这样一个教师的生活世界中的重要性。如果是这样的话，我们这本书就恰好是遵循这样一条思考路线——作为一名教师意味着什么，如此，我们即将开始——与路德一起——理解这份工作的高尚之处。

或者，让我们再假定有一位不同的读者。也许正在读路德那段话的你就是一位教师，你深知自己已经丧失了开始教师生涯时所满怀的对这份工作的乐观和信念？现在，你更对他那句“教师是被轻视和低估的”陈述感同身受。或者，你是这样

一位教师,正在为必须与政府保持步调一致和依附顺从之而感觉疲惫不堪。或者,你也许已经对自己能为学生的生活带来影响不抱什么希望了?我们知道教师的留任是一个很大的问题。我们必须问一下:为什么在接受这个职业训练的四年内(至少是在英格兰),会有大约三分之一和四分之一的新教师离开或者正寻求离开其岗位?为什么做一名教师的经历(experience)竟然会如此迅速和有效地破坏要成为教师的热望(desire)?

当然有很多原因,但是其中一个非常特殊,这正是本书致力于讨论的。尽管薪水、地位、境遇、健康、工作量和顺从(compliance)等等都在挫伤教师士气之中发挥着作用,一个更大的有着长远意义影响的因素是——教学失去了它的目的性(purpose)意义,它的终极目的(telos),确切地说,是它自己的灵魂。教学失去了其在世上作为一种活动的美德和高尚之义。直言不讳地说,教学已经失去了所有关于它对人类之贡献的意义。

我想尝试着阐述上面的这个观点。教学的意义是什么?教学为了什么?成为一名教师会得到什么?在这样一个倡导顺从的时代,致力于发现教学之超越世俗的价值和意义并且呼吁更高尚的理想,是否有可能?我想是有的,这也正是我现在努力尝试和要展示的。我的意图是,通过一系列各异的关于教师的观点,[1] 使我们朝向一种有趣的和有难度的结论——此处的困难不在于其可被理解的容易度,而是在于它能否不辜负所承载的期望。如果你现在被它吸引,从而去努力思考身为一名教师的某些矛盾(contradictions)之处,并想去从这些矛盾中获悉一些非同寻常的东西,那么我们可以一起来审视路德的这个论点,即:没有什么比教师这个职业更为高尚的了。

使用"教师的哲学"这个术语意味着什么,在本书的第一和第三部分里提供了更多的细节。不过,在这里可以说明的一点是:这样一种哲学当然不是许诺,我们有能够解决教师所面临的所有难题和挑战的一剂灵丹妙药。我承认,反反复复地拒绝提供可能的解决办法是多么令人沮丧。让我先叙述一些当我还是一个 PGCE 学生①时所听到的事情吧。

导师:(总结他的授课)好了,这就是那些可适用于理解教室里所发生事情的观点了。还有什么问题吗?

---

① PGCE 是 Postgraduate Certificate in Education 的缩写。PGCE 是一种师资培训课程,面向已取得学科专业学士学位、欲从事教学工作的本科毕业生而开设,主要为中学培养师资,学制一年。成功完成 PGCE 课程者即可获得研究生教育证书,拥有了教师地位的法定资格。

学生：我有一个问题。我正在教学实习中挣扎呢，进行不下去了，这些东西能够帮助我吗？

导师：那不是本节课的重点。

学生：没有什么问题了。[2]

如此来看，很明显的一点是，居于本书第二部分内容之核心的这种哲学是(有关)现象学的(phenomenological)。这意味着，它建基于教师们处理学生日常事务的真实经历之上，涉及到从基础教育到博士生教育的每一个阶段。现象学允许我们以一种教我们思考自身的方式来思考自身经验的结构和内容。这种方式的复杂性在于，现象学要求我们在经历一件事情的同时，也经历到它的反面或者对立面。乍看上去，同时思考两件事情似乎是不能相容的，而它是教师哲学的特征之一。按照常规，教师被期望做到的事情就是——同时处理一个以上的想法。当然，不论你是一位教师也好，不是教师也好，你并不须非去学习如何做现象学。它也只不过是一种方法，一种能够被用来理解我们已经拥有的经验的方法。

尤其需要这种分析的经验就是自由。教育上的自由不可避免地和权力纠缠在一起。的确，在教育领域，一提到某件事情与其对立面之间的辩证法或关系时，最频繁提及的就是师生关系了。也就是说，教师应该运用他们的权力和权威让学生学习吗？或者，学生应该被赋予自主发现的自由吗？在教育学著作和教育训练领域，这种困境经常被用来指涉说教式教师中心的教学法与经验主义学生中心的教学法之间的矛盾。不过，在实践中，这两种教法很少有如此严格的区分。

不管喜不喜欢，教师在他们实践中的所有方面，都被编织到各种权力关系之中。如此，教师不可避免地与自由纠缠在一起。他们所做的每一个决定都与自由、权力和权威以某种方式相关联。就像我下面将要显示的，正是自由本身所带来的困境和模棱两可充斥着教学过程。如果你经历了权力的所有含混之意，那么可以这么辩证地说，你所经历的权力，就是你不能控制的事情，是以令人惊恐的速度起起落落的事情。某一天跟一些学生在一起时你拥有了它；某一天，同样还是这些学生，你却失去了它。这些经历中的权力不是一个什么东西，而是一种关系的平衡。一位有能力的教师知道在不同的情境中怎么掌握这种平衡。但是所有的教师在某些时候都会在它变幻莫测的本性面前，感受到自己的脆弱。然而，正是通过冒自由本身所需求的险，教师服务于从他们学生中不断浮现的自由，他们通过成为他们自己的学生、通过哲学式思考做到这一点——也让我们在进行探究之初，先清楚陈述一下这个观点吧。

本书第二部分的结构非常简单，共分为三个章节。开头这个稍短的一章——第三章——考查教师运用权力以统治学生的几个例子。第四章探究一些试图与权

力反复交涉的教师的例子，他们尽力服务于(serve)学生发展及自由的需要。第五章则是聚焦于教育关系的三个精神(spiritual)模范，并且展示这些模范如何开始视教师为扮演着两种角色——主人和仆人。在第二部分的最后，我会重新回到最初提到的这些主题，并且询问关于教师个人和整个教育，我们已经了解了什么——如果有的话。这样，在第三部分里，我将再回到哲学层面，不是仅仅停留在黑格尔本人对关系的描述上，而是对它的再陈述，也包括尼采和克尔凯廓尔的哲学描述，追寻教师作为主人和仆人这对矛盾关系中的模糊性。如果你就是一位教师，你可能会对这部分所描述的日常决定、工作及关系之中的追求和困境产生共鸣，而这正是它所希望的；如果你正准备去教书，你也许会在下面论述的部分里寻找到你希望成为的教师的一些反思。

这部分的第一章考查了教师所使用的方法的数个案例，其中几个可能是有关教师滥用其作为学生主人的权力的例子。这需要一种相当宽泛和大跨度的历史扫描工作，但传递出来的信息是非常清晰的。西方的教育传统所持的一种观点是，教师在决定学生学什么和怎么去教这两个方面有着绝对的权威。大部分的教师都相信，他们运作于学生之上的权力绝对是为了学生的利益。在此种假定的核心，存在着有关"教育就是启蒙(enlightenment)"这个概念的多种版本。我们就以"教育是启蒙"这种传统模式开始本章的论述。

3.1 什么是教育

2400年前，柏拉图在古雅典写下了他著名的《理想国》。他在这本书里把教育描述为一种启蒙的过程。书中的洞穴隐喻也许是最著名的关于教育如何发生和为了什么的表述。柏拉图是这样描绘的：一群男女身处一个洞穴之中，他们手脚都被捆绑，身体也无法转动，只能背对着洞口，感受不到外面世界的光。他们面前有一堵墙，身后的洞口外燃烧着一堆火。在那面墙上，他们看到了自己的影子以及身后事物的影子，并且相信这些影子就是真实的东西。的确，他们就是靠判断各自所能记住的影子出现次序的程度，来衡量彼此的智力水平。事实上，这些影子是人们在火堆和囚徒间穿梭经过时所携带之物的投射，而这些事物是囚徒们所不知道的。

柏拉图说，其中有一个人挣脱了束缚其手脚的枷锁，"被迫站了起来，扭头向外，在洞穴的另一端看到了光"(Plato，1992)，他当然是被这强光刺痛了眼睛，而且无比的惊慌失措。"但逆着囚徒之所愿，也不管是多么疼痛"，柏拉图接着写道，这个囚徒继而被牵引着"沿陡峭不平之路"走向洞口，直到"他被牵引到洞穴之外的太阳光下"。做这种牵引(dragging)工作——"教学"——的人就是哲学家之王，他是统治国家的少数精英群体中的一个。上面的世界就代表了哲学思考和知识的

王国。

逃出洞穴的囚徒本来已经习惯了洞穴中的黑暗生活，所以起初会被外面世界的光刺痛眼睛，看不到任何东西。但是一段时日之后，他的眼睛就适应了这个全新的世界，逐渐获得了看的能力。在柏拉图看来，这个囚徒的经历正构成了启蒙的过程。刚开始，他在洞穴里看到的只是一些影子。但当转身向外后，他的世界也完全颠覆了，因为突然面对的那些事物是他之前从来没有想到的。他明白了那些影子是被制造出来的，当然也认识到了，他从来就没有质疑过它们是如何出现的。这一切使他意识到，洞穴中的真实其实都是虚幻。幻相之所以被保持是因为没有哪一个囚徒能够认识到，他们认为的真实之物实际上仅仅是别物的影子而已。同时，这个囚徒也看到了另一个世界——长久以来对其完全一无所知的世界。当他慢慢进入到这个外面的世界时，来自洞穴外太阳的光让他暂时失明，他看到的也还仅仅是一些影子……然后是影像，再是物体自身，最后是提供光线使所有得以可能的太阳。现在，他被启蒙了，因为他不仅知道了洞穴世界不过是无知的幻相，也了解到世界的真实根本不存在于洞穴，而是在上面的世界，在哲学的思考中。

我们在下面第二部分的结论处会再回到“洞穴”这个隐喻，进一步探究它。不过同样的教育过程还可以用更为人熟知的语言来理解。来看看下面的这个例子：[3] 按照 1944 年教育法案——二战后为选拔中学教育毕业生而创建——规定的学业程度标准，一位成年的大学肄业生开始了课程学习。她于 1970 年代进入现代中学学习，可她发现学校是如此的无趣，而且与自己所想象的和思考的完全不相关，继而在升学考试中“失败”了。她的家人以及她的老师都没有被鼓励考虑让她接受进一步的教育，更谈不上读大学了。所以，在离开学校之后，她从事了好几份工作，最后结了婚、生了孩子，看着他们成长、独立。现在，她感觉需要为自己的生活多做些事情，于是又重新接受教育，取得了入学资格并最终在大学获取了一个位置。当她接触到 1944 年教育法案并且思考它的哲学和意识形态基础时，她开始回顾自己的受教育史，确切地说，是她的整个人生。一切都变得不一样起来。现在看来，升学考试的确是有效地判决了她及一大批像她一样的学生不能进入高等学校。这意味着，她将永远不会期望去超越自己一生中劳动阶层的现状。她的老师们通过她未能进入理想的学校这一事实为她贴上了“失败”的标签。没有什么必要去敦促她或者提高她的期望，因为一切都已经提前决定了，她将会在十五或十六年级离开学校，然后不久成立家庭，开始平凡的生活，如此而已。

现在，第一次思考这件事情，这个学生开始明白了她的世界就是为她设计好的(designed)。她所接受的原以为就是自然而然的事实，现在看起来其实是偶然的——也就是说，它们都是其他人设计好的，目的是为了制造出一种特定的产品。

她理解自己的方式及理解自己生活的方式现在改变了。她本以为自己愚笨,并且就是一个教育的无希望者,但这其实是被人设计好的!她变得愤怒起来,因为原本认为真实的自我人生,仅仅是那些执掌权力之人所投射的影子而已,那些人在没有告知她之前就为她以及跟她一样的人做了决定。现在,"囚徒"转过身以后,发现了理解身前世界的另一种方式。现在的她看清了每一处的影子——看到了意识形态,看到了"欺骗"(spin)。现在,她开始为自己考虑,而不是简单接受被提供给自己的世界的版本。她已经从表象的世界转到了可理解的世界,一个为自己而思考的世界。她开始了一种洞穴之外的个人发现或者启蒙之旅。

但是对她本人和她的生活而言,这种质疑是让人不安的,甚至是危险的。就像柏拉图所说的,她会被新的光线刺痛、失明,不能清楚地看到任何东西。她那新发现的为了自己的独立思维,最有可能改变的是她对自我和人生的所思所想。它会影响她的关系圈和她的工作;它会改变她在生活中想要的、想谈论和想思考的;它会威胁到即存的关系,因为与新出现的人更搭调的一些新关系不断形成。总之,这种启蒙是痛苦的、困难的和破坏性的。所以,我们必然会质疑:这值得吗?或者,无知是福吗?是否就应该让她过着洞穴中的那种生活,相信那些幻影呢?或者相反的,向某人隐瞒某些事情,继而妨碍他们的自我决定和自由就是不道德的?

阿道斯·赫胥黎(Aldous Huxley)在他《美丽新世界》(*Brave New World*)一书中,对此种两难困境做出了绝妙的回应。在这本书中,他描绘了一个每到转折时期都会有一位精英人物所控制的世界,这个精英人物控制着大众以保持社会的安定。精英人物通过遗传、药物和用户至上主义(consumerism)让任何不愉快的事情都远离大众,因此,人们都非常快乐,从来不去想破坏现有的社会秩序。但是这种"快乐"是成问题的。它不是人们真正的快乐;它是被精英所操纵把持的快乐。到书的结尾处,当野蛮人[4]——一种更加自然和自治的生活方式的代表——遇到了统治者时,后者吹嘘到:

> 现在,世界是稳定的。人们是快乐的;他们得到了他们想要的,而且从来不想要他们得不到的;他们是富足的;他们是安全的;他们从来不生病;他们不惧怕死亡;他们没有激情,也不会衰老,是有福的。
>
> 你是如此的习惯,以至于你禁不住去做你想要做的。而且你想要做的从整体上来说是如此令人愉快……确实没有任何诱惑使你去抗拒它。(Huxley,1977)

野蛮人回应道:这些都是以自由为代价而获得的,所有事情都来的那么容易,通过苦楚而学习的经历被剥夺了。他对控制者说:"我不想要舒适。我想要上帝,我想要诗歌,我想要真正的危险,我想要自由,我想要美好,我想要罪过……我正在

宣称的是不快乐的权力”。“随你便”，控制者说。

这场谈话的核心在于，人们有为自己学习的权力，不需要自我指定的护卫者以为了他们好的名义保护他们，以避免不愉快或困难的事情。这使生活更加的充满变数，但是也确保生活是真实的，让我们每一个人自由地以我们自己的方式经历它。

教师的哲学就存在于这种两难困境的核心。如果教育是启蒙的、令人不安的和有潜在破坏性的，那么为此而教是正确的吗？为影子而教，或者为走出洞穴铺设道路是正确的吗？自由是妥协之物(compromised)，但故事却深思熟虑(considered)。如果你主张把人们留在洞穴里，你就否认了他们的自由。如果你强迫他们走出洞穴，那你就是强加了一种真理模式在他们身上，而这种真理是他们不能自由选择、甚至可能会拒绝的。许多人把柏拉图在《理想国》中的启蒙模式解释为西方最初的教师权力的例示，教师作为主人把权力施与学生的意愿、思想和身体之上。卡尔·波普尔(Karl Popper)的批判以其清晰和坚韧不懈而著名，他认为，“柏拉图的政治程序远远不是在道德上优越于极权主义，而是恰好就与它同根”(Popper，1962)。

有着相似洞察力的以赛亚·伯林(Isaiah Berlin)用教育的启蒙模式非常清晰地总结了这个问题。他问道，是不是内在于我的一个更高级的自我“只有通过一种教育或者理解过程才能到达，而这种过程只有通过那些比我自己更聪明的人才能掌控，只有他才能使我意识到我真正、真实和最深的自我？”(1999)。如此，一个人也许会经历身为压迫者的“教师”。“我也许会感觉被这些权威包围了——确切说是被挤压，但这是一种虚幻：当我长大成人并且达到完全成熟和获得‘真实’自我时，我就会理解，如果当初——当我还处在未开化状态时——我能和他们现在这么智慧的话，我就会做原本就该为自己所做的事情了”。他言简意赅地说，“他们是按照我的利益行事，是为了我的更高级自我而行动”。但是——并且是一种值得考虑的“但是”——他补充道，“世界上没有哪个专制君主不会运用这种为其最卑劣的压迫而辩论的方法”。我们可以从中得出的结论就是，这种为启蒙辩解的论点建立在下面的假定之上：

> 对所有问题而言，只有一个真正的答案：如果我知道这个答案，而你不知道，并且你还不同意我所说，那是因为你无知；如果你知道了真相，你当然必须相信我所相信的；如果你寻思着不服从我，那是因为你是错误的，因为真理还没有像它呈现于我那样的呈现于你，只能是也只有这样解释。人类历史上压迫和奴役的一些最可怕的形式就此成了正当合理的。

这就是教师的启蒙模式的“第22条军规”(The Catch 22)[①]。你可以为影子而教,但是那否认了自由;或者,你可以反其道而行之,但是那又强加了自由。如果你做了,你会受谴责;如果你不做,也会受谴责。在任何一种情况下,你都要承担起作为学生主人的身份,知道什么是对他们最好的,并为了他们的利益做事。

3.2 记忆的教育

1887年,哲学家弗里德里希·尼采(Friedrich Nietzsche)就残酷和道德的关系写下了一篇极其美妙、极具煽动性的哲学文章,名为《道德的谱系》(*On the Genealogy of Morals*)。我们在这里没有必要重述他全部的论点。不过,其中的一个方面与思考接下来的几个教师作为主人的例子相关。尼采提出,历史上的正确与错误是由强者决定的。换句话说,所谓“正确的”事情是那些有权力的人在其生活中能够和希望执行的!用教师或者父母的言论来表述,它就是“因为我说是这样”的学校道德。尼采所论述的道德的一种形式是犹太基督教的概念。他论述到,对人们来说,发展一种道德感被认为是正确的,这样他们就能够承担起自己行动的责任,克服施权力于他人的本能欲望。运作于自我之上的权力由此替代了对施与他人之上的权力的热望。促成这种道德的方式便是通过发展记忆力。这是因为,没有记忆力,道德就不能被视为可解释的。如果没有我们曾经许诺下什么、或者曾经承诺去做什么的记录,那么,因为没有完成我们的诺言而感到愧疚,就是不可能的了。

通过扩展尼采为教学而作的论辩,我们能够发现一些很有趣的事情。我们可以观察到这一讽刺现象,教师努力把某一种道德灌输给学生,以便克服学生们把权力施与他人的欲望——或者就像通常描述的那样,让学生学着以尊重的态度对待他人——可是教师们自己都是通过执掌权力、甚至是通过不可思议的苛刻与残酷的策略,把自己的权力加在学生身上。这在下面这个例子中非常明显,即:因为一个孩子威吓别人,他要接受惩罚,教师就义正词严地威吓这个孩子。“如果某件事情要存留在记忆里”,尼采评论说,“那它必须留下不可磨灭的印象:只有那些从来不曾停止刺痛身心的东西才会永远留在记忆之中”——这是现存最古老(很不幸,也是最持久的)的心理学的主要条目(Nietzsche,1968)。所以,对尼采来说,残酷和“道德教育”不可分割地纠缠在一起。这就以某种方式解释了为什么西方逝去的两

① 来自美国黑色幽默派作家约瑟夫·赫勒(Joseph Heller)于1961年所著的《第22条军规》。在当代英语中Catch-22作为一个独立的单词,使用频率是非常高的。它用来形容任何自相矛盾、不合逻辑的规定或条件所造成的无法脱身或左右为难的困境。

千多年的教育史读起来就像一部在默记和惩罚之间不断转换关系的历史。的确，掌控学生身体这方面的关系是西方教师历史上的最基本特征之一。

在过去的两千多年里，有许多这方面的显著例子。当下有关教学的明确提倡这种主人式专制的观点已经非常少见了，然而，对我们每一个人来说，回顾我们的受教育历程，总能在某些时候看到或者感受到它的影子。我们都有老师如暴君或独裁者一般行事的记忆。这种教师通常会为个人的学校经历——确实是教育本身的经历——留下永久的创伤。当这种经历破坏了个人关于自己能否获得学业成功的信心时，便是最持久的伤害了。这些创伤能够延续人的一生，并且的确让他们拒斥重新接受教育的机会——因为他们害怕再一次被那些喜欢羞辱学生的老师打造成看起来愚蠢的人。许多当年没有拿到合格证书就离开学校的学生，在成年之后，努力克服了那种已经被深深植入他们体内的对学习的恐惧，以及对学习的持存阴影——失败——的恐惧，最后勇敢地回到高等教育机构。考虑到他们的老师是那样地威吓和轻视他们，这些学生经常处于防御状态就不足为怪了。

17世纪的教育家和教师扬·阿姆斯·夸美纽斯(John Amos Comenius)提出了一个非常著名的训练和培养记忆力(mnemonics——记忆术)的例子，它展示了这样一种教学法的许多特征。其中，教师通过记诵和训练成为学生的主人。教师作为主人，完全控制着学生，学生就是教师的产品，他们就像一块白板，知识必须被以某种方式印刻在白板上，然后通过回忆重述出来。[5] 夸美纽斯这样描写他的新方法：

> 印刷的艺术包括特定的材料和步骤。材料有纸张、活字、墨水和印刷机；步骤包括纸张的预备、活字的排版、大样的改正和副本的印刷与曝干。这一切都应当按照一定的规则去执行，遵守规则就准可以获得成功。
>
> 在教授术(didachography)上，也有同样的因素。代替纸张的，是我们那些心灵尚待印上知识符号的学生；代替活字的，是我们的教科书和便利教学工作的其他工具；墨水则由教师的声音来代替，因为把书上的知识送到学生心灵的是教师的声音；印刷机就是学校的纪律，它使学生赶上课业，并且强迫他们去学习。(Comenius，1910)

对我们现代人来说，这种不人道的机械化，把学生简单看作等待被压制成统一形状的物品，是让人讨厌的。[6] 它不留意学生的特别需要，不注重学生中心的活动或者学生的创造性和想象力，却偏爱需要一致和服从的整齐划一的程序。而且，它明确宣称一种教师中心的观点——主人就是控制整个过程的。他站在学生的立场上，知道学生必须学什么和如何去学。再就是，他把学生看作白板一块，知识必须被印刻在其上，因为只有知识被铭记后，才能说它被理解了，也只有这样，才能说学

生是道德上负责任的。要是学生以某种方式拒绝教师的权威,教师也能够以达到此目的为由来规训他。夸美纽斯指出,学生必须被持续地监督才行,因为在兢兢业业地对待学业这方面,他们是不能被信任的。如果他们"离开受敲打这条道",就必须被谴责。

现在让我介绍历史上别的一些例子吧——相当极端的例子!它们都是关于西方传统中教师作为主人的。

3.3 教育和惩罚

从古希腊起,西方的课程就在传递着以确保残酷(cruelty)和记忆之间持续性关系为特征的学习方式,而这种方式也一直是主导性的。一个受过教育的人——确切地说,是一个有道德的人——熟知拉丁文和希腊语。因此在这些语言方面的训练,就成为记忆有关语法和诗法的训练。只要存在着(过)语法学校,教育和记忆术之间的关系就会(一直)持续下去。昆体良(Quintilian,公元 35—95)——一位卓越、进步的罗马教育家——认为学习应该是愉快的,然而他却主张,判断儿童的能力和个性的最可靠标示"是他的记忆能力"(Quintilian,1921)。文学训练"就纯粹是一个记忆力的问题,记忆力不仅存在于儿童时期,而且儿童时期的记忆甚至更加牢固"。的确,昆体良如是说,"在我们所谈论的那个娇弱的年岁里……记忆几乎是唯一能被教师发展促进的才能"。[7] 于是主人的工作变成了在修辞艺术方面训练学生,这随之需要学生通过模仿或重复来记忆。教师的工作变成了确保这种记忆和重复。如果需要苛刻的惩罚以保证学生继续他的学习任务,那这种惩罚也是为了学生的长远利益着想。因此,主人就有了确保最严格的记忆和重复所需之环境条件的责任——也就是说,长时间的练习由对那些松懈之人的威慑力而支撑着。

从苏格拉底和普罗塔哥拉的对话中我们了解到,古雅典的父母和教师们决定了对他们的学生而言,什么是正确的、光荣的和神圣的。于是,普罗塔哥拉说:

> 如果他是顺从的,就大好特好了。如果不顺从,那他们就会像对付一块歪曲卷翘的木板一样,运用威胁和鞭打把他变直。稍后,他们把孩子送到学校,那里对主人的指示也是更强调良好的行为,而不是书信或者音乐。(Plato,1956)

让我们先记住这个事实——教育的目的是记忆和重复——及其与残酷的关系。接下来适宜的工作就是,简短地考查一下,在过去的两千年西方传统中的几个例子,其中的教师就是以这种方式进行工作的。尽管下面的例子都是经过挑选的,但很显然,西方教育在很大程度上维持了教师作为学生身体的主人的思想,因为只有这样,学生的心智才会正确地形成和发展。带有希腊教育和罗马教育特色的散

文和诗歌的复述,通过大教堂学校被传递到中世纪的欧洲。例如,我们发现了这样一些记载,在12世纪的大教堂学校里,阅读、写作和诗文方面的练习必须能在没有书本的情况下被吟唱出来。一个现存的12世纪大教堂学校的生活记录这样写道:

> 既然记忆力通过练习得以加强,智力通过模仿所听到的而变得敏锐,(主人)通过警告、鞭策和惩罚来督促某些学生(持续进行记忆和模仿的练习)。他们每个人都需要在接下来的某天再现前天所听到的某些部分。(Binder,1970)

语法是在晚上练习,学生"每天都是一遍遍地抄写散文和诗歌"。

有很多人反对学习(重复与模仿)和惩罚之间的这种联系。比如,伊拉斯谟斯(Erasmus,1467—1536)宣称:"我可不能容忍那些水平一般的语法教师的愚蠢行为,宝贵的时光都被浪费在把规则敲打进儿童的头脑上"(Binder,1970)。1580年,蒙田(Montaigne,1533—1592)将学校控诉为:

> 通过在做出某些错误的事情之前施与惩罚而达到避免那些被监禁的年轻人失去规矩的目标。如果你去参观这些学校中的一所,恰逢学校功课正在进行时,可是你却听不到任何声音,除了儿童被鞭打的哭喊声和教员们醉酒的忿忿声。(1958)

不过,尽管有这些抗议,学习和惩罚之间的联系却毫发无损地持续下来。在16世纪的伊顿,"拉丁文几乎是唯一的学习科目……学程较低一些的男孩子必须学会字词的变格和连缀,较大一些的孩子则必须重复用以说明那些被称作拉丁短语的构成的语法规则,并把它们死记下来"(Binder,1970)。大约两百年后,我们知道了从1809年到1834年任这所学校校长的开特博士——当时最著名的"鞭挞者"(flogger)。据说"在60岁的时候,他仍然有力气一天内鞭打80个男孩子"(Evans,1975)。不过,这比起1750年代一所拉丁语法学校的那位德国校长来说,黯然失色多了。请看下面的记载:

> 在身为教师的51年零7个月里……据保守计算,他打学生的方式和次数如下:用藤条911527次,用棒子124010次,用戒尺20989次,用手136715次,而用嘴巴大叫大嚷10235次,用圣经提醒留神① 7905次……他让男孩子们跪在豌豆上777次,跪在三角木板上613次,有3001次让他们戴上"蠢驴"标志,1707次举着棍棒罚站,更别提那些他在突发时刻突然想起来而使用的各种各样非同一般的惩罚方法了。(Cubberley,1920)

---

① 原文是"notabenes",乃拉丁语,"留心、注意"的意思。

谁知道这其中有多少是真的呢？其意义在于，它们往我们有关教师作为主人的画面里添加了更多的东西，主人就是把学习看作从外部对内部强加的训练。鞭打学生是为了他们好，棍棒就是有它的优点，因为它有助于把学生的生活指往正确的方向，并使他们变得有道德。

这种惩罚——作为确保道德生活的一种方式——的益处，并不总是被限制在那些进入语法学校学习的精英群体内。1789 年法国革命发生之后，整个欧洲的统治阶层都恐慌起来，他们害怕群众会暴动和推翻现存的秩序。国民兵们有可能会卷入到不受欢迎的认识中，这可的确是种危险，统治阶层们为了保护自己，更加有效的措施便是“教育”这些群众，以使其不受任何造反的鼓动。于是他们专门为那些下等阶层人士建立起了学校，在那里，这些人士可被教育的有道德、忠实于上帝、努力学习和劳作，最重要的是，对他们的有天赋权威的主人保持顺从和尊敬。亚当·史密斯(Adam Smith)评论说，在教育这笔交易中，人们从公共的钱袋里拿出的可不是个小数目，因为国家“从他们的教导中得到的不是琐屑的一点好处。他们被教导的越多，就越少服从于热情和迷信的错觉，而这些错觉在无知的民族和国家内，通常是最可怕的带来无序的时机”(Smith，1958)。

不过，这种把教师视为主人代表因而他必须首先往下等阶层人身上灌输对主人的尊敬的看法，通过英格兰的小学教育系统更清楚地表达了出来。从亨廷顿椭圆地小学(Kennington Oval Elementary School)我们了解到：

> 大自然造物的目标……是，训练幼稚的穷苦人养成善良和守规矩的习惯，早早地往他们的心灵里灌输一种文明和虔诚的知识，尽最大可能保护他们免于邪恶的诱惑，为他们提供成为良善基督徒——同时也是有用和勤勉的社会分子之一员——的方法。(Siver and Siver，1974)

还有一个不那么著名的例子：1867 年，教育部长罗伯特·洛厄尔(Robert Lowe)告诉爱丁堡哲学所说，“下等阶层应该被教育去履行那些被施与的义务，他们也应该被教育当遇到更高的文明时，要感恩和依从”(Sylvester，1974)。所以，在语法学校里的教师或主人，为了维持达到启发目的所必须的纪律而惩罚学生，在小学里作为主人的教师执行规训以便让学生尊敬别人的教导启蒙，并学会在接受时“鞠躬与顺从”。但是，尽管这些惩罚的方法在灵活性上得到了提高，惩罚和学习之间的联系却依然持续不间断。现在，下层学生的身体必须接受外来的控制，以便它学会顺从，而顺从本身就是一种和道德价值浸润不可分的品质。这就很清楚了，实施惩罚的学校主人运用他的权威，不是去引领学生们走出洞穴，而是去控制他们在洞穴的生活中可能会产生的任何不满因素。主人用各种规训引领学生过美好的

"洞穴生活",做一位顺从的"洞穴公民",而不会去寻求对洞穴里的结构和等级做任何改变,也不会质疑里面的那些幻影。

查尔斯·狄更斯(Charles Dickens)在他的著作《艰难时世》(*Hard Times*)中,描绘了一幅关于把人变得愚笨的教育的生动画面。当其他资料都在记录学校主人们任意实施的惩罚的时候,狄更斯则描绘了那些学校所实施的教育形式:在早期的导生制学校①里,其创始人之一,罗伯特·兰卡斯特……

> 设计出一套奖赏和惩罚的精妙方法,其中有一种"圆木"——一块重大约四到六英镑的木头,哪个孩子如果只是在言谈方面犯了错误就会戴上它,而它也被制作的正好可以戴在小孩子的脖子上……更严重的犯错者则会得到相匹配的惩罚措施。戴手铐,蹲马步,上颈枷和手脚枷,还有"吊笼子"。后者是把严重犯错者装在麻布袋或筐子里悬挂在天花板下。(Craig,1969)

就像狄更斯自己所言,即使在希腊和罗马语法学校两千年之后,教师作为主人的精髓,也还存在于模仿、重复和记忆之类的学习模式中。《艰难时世》里面有一个著名的例子,值得在这里说一说。托马斯·格雷更老师,"是一个信奉事实和计算的男人"(Dickens,1969)。"你只有从事实中才能形成理性动物的思想",学生必须由定义带领着去认识这些事实。班里的 20 号女生,茜茜·朱坡不能给出马的定义,尽管(或者是因为)有这样一个事实——她的父亲以饲马为业。相反的,比泽,这个学生确切知道和理解马是什么:

> "(它是一种)四足动物、以草谷为食。有 40 颗牙齿,即,24 颗磨牙,4 颗犬牙,12 颗切牙。春天褪毛;如果在湿软地界蹄子也会褪落。"
>
> "那么,20 号女同学",格雷更先生说,"你知道马是什么了吧"。

现在,欧洲法律作了改变,规定教师打学生是非法的。掌权者通过身体暴力规训学生的自由已经被刈除了。不过,米歇尔·福柯(Michel Foucault,1926—1984)向我们展示了控制身体的方式,依此,虽然没有了外在的身体强制的惩罚措施,但对学生的规训还持续着。

福柯在他早期的著作中指出,从 18 世纪末启蒙开始意指"光明之途"(Foucault,1973)。在医院、学校及其他地方,教育实践都开始围绕这个新的话语而推行。特别是,需要观察那些指向光明之物,并让他们可见从而有助于被凝视

① Monitorial School。18 世纪 90 年代,教会人士贝尔在印度,兰卡斯特在伦敦分别创立了"导生制"学校,也称"相互教学制"。"导生制"学校的基本方法是先将学生编成小组,每组 10 人,再制定一个年龄较大且成绩突出者为"导生",教师先教"导生","导生"再对小组进行教学。由于"导生制"学校教学内容过于简单,教学方法过于机械,19 世纪中期以后为正规初等学校所取代。

(gaze)。但是,福柯认为,可见之物不再处于掌权者的控制之下。他区分了前启蒙时代和后启蒙时代。前启蒙时代下,权力能被一个至高无上的个体拥有,而后启蒙时代里,权力变成了一种关系网络,没有哪个个体能够按照他的意愿控制万物。这个关系网络就是他所说的话语(discourse)。[8] 因此,他辩解道,决定权力如何被运用的不再是人类主体,而是权力在教育中被分配的方式,它决定了人类主体是否显现和如何显现。这是一个极富冲击力的论点,与我们的惯常思维方式相去甚远。我们倾向于认为,人类存在是无可置疑的事实,福柯却要求我们相信,人类存在仅仅是特定话语体系下权力安排的运作。权力因此不再是被拥有的,它是"被行使的"(Foucault,1977)。这从根本上改变了我们对教师与其施与学生之上的权力之间关系的理解。福柯说:

> 没有人再能拥有这种权力——完全掌控在凌驾于他人之上的个人手中,并被其独自行使。权力是一种机制,每个人都被它捕捉,那些人与凌驾于他们之上的人一起行使着权力……权力不再是被看作由哪个人天生就拥有或行使的;而是变成一种不为任何人拥有的机制。(1980)[9]

在《规训与惩罚》这本极有影响力的书里,福柯展示了学校的形成和组织过程中这种权力是如何被运用的。再也没有教师行使凌驾于学生之上的权力的那种例子。他说,有一种新的权力在塑造着教师和学生之间的关系——规训化权力。权力不再被哪个人所拥有;现在它通过参与者的身体而被行使。因此,教师和学生仅仅是权力的效应(effects)与连接的要素(the element of articulation),由权力构成的个体同时也是它的媒介(Foucault,1980)。

与启蒙话语相符,现在,规训需要可视的、能被"凝视"的身体。因此,教室被设计得使每一个人都能够被看到;时间表被规划好,以便随时了解学校一天中的某一刻每个人在哪儿;测验(testing)采用考试(examination)的形式,以便每一个人都能被观察、判断和测量,然后被划归到特定的级别中。如果把惩罚考虑进来的话,最有意思的改变是,现在对一个教师来说,不可能也没有必要挥舞权力的大棒了。规训(discipline)就是意味着一个学生——或者他的身体——能够管制他自身。被规训(to be disciplined)则意味着获得了对某人行为的控制,以使他们与在"教育"的话语下执行的期望保持一致。坦率地说,因为要保持可视的状态,所以学生和教师一直都处在被监视之下,进而,规训化权力变成了学校里唯一的控制性因素。教育学(pedagogy)现在容纳进了身体被安排的方式,而非它们之间由于权力的不平等性而产生的对抗。由此,对福柯来说,惩罚不再是教师的个人特权。它更是学校自身——教育学——的一种结构和机制。

3.4　自然

不过，就此提出西方教育的历史仅仅建基于通过规训和惩罚使教师作为主人和学习作为记忆的思想之上，不是绝对可靠的。18世纪的欧洲思想也有在教师和学生之间的关系方面做根本性改变的努力，尤其是脱离教师作为主人的思想。例如，把儿童比喻成一棵年幼的树，为了树生长得径直和正常，需要一个园丁，他能够在任何时间介入以确保严格和可预测的进步。这种思想受到越来越多的批判。人们开始争论，实际上就是在学生发展过程中的介入使他的生长变得没有效果。于是有了这样的论点：每一个人都自有其发展道路，如果任其自然的话，每一个儿童和每一个学生都是会顺利成长发展的。试图去改善自然逐渐被视为一种违逆自然的罪行。

让·雅各·卢梭（Jean Jacques Rousseau，1712—1778）也许是其中最著名的一个思想家的例子，他把自然发展法则综合成一种解释充分的教育哲学。对卢梭来说，欧洲社会面临的最有价值的问题是它对自己已被文明化了的感觉。一切都被社会习俗变得如此具支配性——这么做就是对的，那样说话是错误的，服装的正确样式，地位的重要性，等等。人类的真实和原始的自然本性已经被完全丢掉了。因此，卢梭说，在文明（化）的社会里，人们所关心的是外表上看起来如何，而不是他们真正所是的样子。结果便是，人们过着一种欺骗性的生活，没有人敢于显示出他们真正所知和所是，而宁愿选择另一种生活——总是戴着可被社会接受的面具。教育就其本身而言是一种欺骗的和为了这种欺骗的训练。卢梭哀叹道，“诚挚的友谊、真正的尊敬和完美的自信，都被驱逐出境了。嫉妒、怀疑、恐惧、冷酷、保留、憎恶和欺骗，总是隐藏在礼貌的极具欺诈性的面具之下”（Rousseau，1973）。

所以，到了呼吁一种不同的教育的时候了，以释放深陷于这种社会表象之下的人。当然，更好的是产生一种新的教育，以在第一时间阻止他陷进去。要达到这一点，只有通过一种教育——人在其中不会受文明社会的伪善和面具所压制，从而他的真实本性能够浮现并繁茂发展。在某种方式上，这和前面所提到的《美丽新世界》有些相似。卢梭所争论的是这样一种教育——自然是主人，教师仅仅是服务于这个主人，从来不会支配或者干扰它。在其名著《爱弥儿》中，卢梭一开始就描述了这样一种自然的教育：

> 出自造物主之手的东西，都是好的；而一到了人的手里，就全变坏了……他扰乱一切，毁坏一切东西的本来面目；他喜爱丑陋和奇形怪状的东西；他不愿意事物天然的那个样子，甚至对人也是如此，必须把人像练马场的马匹那样加以训练；必须把人像花园中的树木那样，按照他喜爱的样子弄得歪歪扭扭。（Rousseau，1993）

因为《美丽新世界》中的野蛮人不要求那种为赦免人生之邪恶和困难的保护，所以，卢梭推荐这才是为所有儿童的自然生活，并以他虚构出的学生——爱弥儿做例示。任其自然就是对儿童的教育。卢梭的教师哲学是不做任何事情。一个教师能够做的最重要的事情是，阻止做任何会以某种方式妨碍自然本身的计划的事情。的确，他对教师说，“逆转惯常的做法，你几乎就是样样正确了”。这样的方式给我们带来了一个野孩子的画面，这个孩子的成长不受限制，没有人控制他。卢梭意识到，这个学生更可能会伤害他自己，因为这位老师“非但不会小心翼翼地阻止爱弥儿伤害他自己；反而远离他”：

> 不但不让他呆在空气污浊的屋子里，反而每天都把他带到草地上去。在那里，让他跑，让他玩，让他每天跌倒一百次，这样反而好些——他可以更快地学会自己爬起来。从自由中得到的益处可以补偿许多的小伤。(Rousseau，1993)

这里有一位教师(teacher)，但不是导师(tutor)，那就是儿童自己的天然能力。卢梭的自然教育的全部秘密不是孩子成长的野性、无控制和无限制。相反的，他通过从疼痛和失败中得到的艰苦自然教训，学会调适他对自己能力的期望。他会学着把欲望控制在通过自己的努力可以获得满足的范围之内。卢梭说，这种人是真正自由的，“他期望他所能够做到的，做他所期望的”，他通过他自己的自然教育保持两者间的平衡。自然是这儿的主人，导师只是它身边侍奉的仆人。

卢梭的教师哲学影响非常大，尤其是在欧洲。它给众多所谓的强调让学生自由发展的儿童中心教育带来生机。这类哲学对抗了上文所提到的记忆术教育，也的确逆转了这种思维。现在不需要什么武力了，因为没有了迫使学生全力服从的提前决定的计划。没有什么人先天注定要成为主人，并因此拥有“道德”权威而对那些“良善”被破坏的孩子实施惩罚。这种进步的教育以许多不同的方式呈现出来，我们在裴斯泰洛齐(Pestalozzi，1966)、蒙台梭利(Montessori，1964、1965)、尼尔(A. S. Neill，1962)、卡尔·罗杰斯(Carl Rogers，1969)等人做的教育工作中都可以看到。1967 年，《爱弥儿》中的一些思想被复制在儿童中心的普鲁顿报告(Plowden Report)中，这个报告所依据的，正是关于英国 1960 年代和 1970 年代以进步主义为特征的教育辩论中的诸多论点——这并不是夸大其词。确实，我们可以辩解，就是这种进步主义的冲击直接导致了国家课程(National Curriculum)(的产生)并在 1988 年教育改革方案中实施。[10]

但是，这种教师作为主人可以被自然作为主人而替代的思想有一个问题。卢梭本人是理解这个问题的。他认识到了这个从好的角度来说是悖论、从坏的角度来说是欺骗的问题，并承认为了达到让教师不介入和让学生自发学习的目的，教学

的艺术仍然“存在于控制事物之中”(Rousseau,1993)。学生必须相信他是自发学习的,但是教师需要非常仔细地安排这种自然的经历。卢梭言简意赅地说,“让他一直认为他自己是主人,而你才是真正的主人”。[11] 卢梭所洞察到的这一点清楚表明了,尽管儿童中心的教育学试图推翻教师作为主人之角色的统治,但看起来只有他们自己作为主人时才能做到这一点。教师的进步主义哲学追求学生为自己而学的自治,以替代洞穴阴影,但这种矛盾却一直幽灵般如影随形。不可避免地,拥护洞穴隐喻和它的幻相也好,反对洞穴隐喻和它的幻相也好,教师都不得不宣称,学生应该学习某些东西。就像上文柏林(Berlin)指出的,似乎所有如何启蒙别人的意向,都是由一种按照教师认为何为对学生好与何为正确的道德价值观掌控着。这对那些视自己为上帝或自然的仆人的教师来说,构成了一个矛盾。为了做仆人,他必须也同时是一个主人。这是一种我们仍然没有完全理解的矛盾,不过我们会再回过头来谈论它。[12]

3.5 康德与解除监护

为什么那些有关强迫、惩罚、记诵等的故事总是让我们感觉不舒服,或者是愤怒和厌恶呢?人们很容易回答说,教师不具有辱骂虐待学生的权力(法律也禁止这个),但是,作为教师或者是未来的教师,我们能否清楚和坚定地这样辩护:我们为什么不能为了他们的利益而解释世界呢?从政治角度来说,我们为了学生的个人权利可以这么做;从教育角度来看,我们也许会感觉,学生的学习是来自其内部的事情,不能从外部强加之;从哲学视角看,这样对待学生又触犯了我们有关平等、自治、自我决定和自由的概念。

有一位思想家能够帮助我们更好地理解这种反对教师作为主人的思想,那就是康德(Kant,1724—1804)。康德是塑造我们对自由概念之现代理解的哲学家之一。他提出自由不能与个人的意愿相分离。如果一个行动完全由你决定,那它就能被称为是自由的。它必须是不受任何外力——包括教师——所强制,必须建立在你自己的推理和思考之上。因此自由需要我们自己做决定。由教师让我们决定去做什么事情,这对康德来说,不是自由。在把启蒙的思想与自由联系起来时,康德写道:

> 启蒙是一个人从他自我招致的监护中解放出来。监护是一个人的无力——没有别人指引便无力利用这种理解。自我招致是指这样一种监护,它的原因不在于缺乏理性,而是因为缺乏在没有别人指引的情况下运用理性的决心和勇气。“拿出运用你自己的理性的勇气”——这便是启蒙的箴言。(Kant,1990)

身为主人的教师明确地反对这种启蒙的意向和概念，因为他要保证学生不为他们自己思考。主人享有着监护的权力。他阻止学生自主地思考和行动。他要求他们学习他想要他们学的东西。的确，学生自由或独立思考的思想经常被看作是对教师权力和权威的威胁。这样一种主人控制了学生，使其臣服于他的意志。因此，与自主行动相反，学生被强迫他律(heteronomously)地行动，即总是遵从别人的意愿而从不按照自己的意愿行事。这种学生是不自由的，他的学习也是不自由的。不如说他是学习变得依赖别人，按照康德所言，这永远不能达到普遍平等和自由，而只是实现了一种不平等关系的永存。

我们从其中可以汲取的一点是，按照康德的说法，自由从根本上说是一种教育的考虑。作为主人的教师多半反对自由，反对启蒙，反对运用自己的理性，反对按照个人的意愿行事，最终是反对把学生培育成这样一个人——足够勇敢和足够理性，以知悉自由需要他为自己的决定而承担责任。有时候，主人会为他的专制辩护，说学生的意愿必须被打破，这对学生是必需的，因为如果他要成为社会的一员，他必须学会与他人合作和压制他自己的私愿。事实也许是这样，但如果关于自我和他人之间关系的教育是通过他人的意志强迫实施的——肉体或精神的，那么，这种教育所产生的关系就已经是被破坏了的。对别人的尊重必须是自由给与的，否则便是不自由的。

于是，对康德来说，教育必须是对每一个个体的启蒙，必须严肃对待这种思想、这个天命(the vocation)——造就为自己自由、自主思考的负责任之人和文明的公民。因害怕而生的尊重不是对自我的尊重，而是由缺乏自我尊重沦落为虐待性的关系。正如康德主张的，只有我们信任自由之冒险才能够打破受虐的循环往复。这便是为何我们上面所看到的那种作为主人的教师多半失去了市场，康德所定义的现代自由(Modern freedom)，需要一种不同的教师，去尊重所有个体生长和发展成自主之人的自由，让他们能够为自己思考。

在第四章里我们会探讨这种新式教师所呈现出的一些形式。我们会看到，信仰自由的教师既非主宰学生的主人，亦非顶上帝或自然之名义的代理主人。而且，批判性(critical)的教师意在服务于把学生从各种监护——自我招致的或外部强加的——中解放出来，服务于他们的自由和非强迫性发展。我们现在要离开按照预先规划好的发展模式塑造学生的洞穴中的那些教师，转向这种不仅批判洞穴之幻相而且寻求把学生从笼罩他们的阴影中解放出来的教师。

注释：

1. 这就需要第二部分所用到的一种独特方法。我所考虑的是，仅在对理解这些经历的哲学意义之范围内使用理论家的教育观点。我确信，这会冒犯一些读者，因为他们发现我有点过于片面地对待这些教育观点和理论家。在这里我对这些观点或理论家的各种不同解释不感兴趣——有很多书这么做了，而且比我所能做的好很多——我感兴趣的是，他们对这本书所呈现的哲学经历的更宏大画面做贡献的方式。当然，一些对这些资料感到陌生的读者，可以自己去寻找这些观点的其他替代概念和解释。

2. 当然，有时候教师很难去思考和期望有能在教室里"起作用"的技术——和有那么一些有用的东西可以说给新教师听以便能帮助他们，是很自然的事情。不过，即使这些技术也依赖于教师与他们的学生建立起良好的工作关系。回答挑战和困难的愿望直接来自于教师的这种感觉——脆弱和暴露于不予以配合或者合作的学生之前。有时这些脆弱面会让教师沿着学校的等级把"问题孩子"往上推，所依照的原则就是："你要对付他们，你得到的回报比我多"。对脆弱的另一个普遍反应是，谴责学校管理者不够严格："他们太软弱了，那些小孩们都知道这个"。我不是暗示不该责备学校领导者。但是，教师的哲学要求我们，以不同方式思考和理解教师在与学生的关系中所感受到的脆弱性。可以把这种脆弱看作积极的东西——确切来说，是对教师而言有教育性的东西。可以在其中发现一种意义——平静但有力地发出呼吁，教师能够理解他们对自由的持续教育和他们在与学生关系之力度方面所拥有的权威。后面我会再谈到这一点。

3. 这个例子来自教育学业中的一门课程，但是在高等教育的所有领域都能很容易地发现相似的例子。

4. 这个现在带有文化负载之意的词语即使在赫胥黎时代也未被承认。

5. 在教育中更常见的是把术语"白板"与约翰·洛克(John Locke，1632—1704)联系起来。在其著作《论人类的理解力》中，洛克声称，我们能够假定思维"就像白纸，没有任何特征，没有任何思想"。

6. 不过，我们应该理解这种机械化对当时人们所产生的刺激，以及他们是如何在新的程序中发现了一种使教育快速和有效的拓展性机会。

7. 昆体良要求教师必须具有良善的性格，因为他将通过他严格的训练——不是严酷、暴怒、讽刺的，或者"最重要的是没有辱骂行为"的训练——来控制学生的行为。

8. 他说，话语是"一组属于某种构成系统的陈述"(1972)。

9. 福柯，1980。我们会在第四章再来讨论这种非主体(non-subject)的思想。

10. 例如：在追溯1988教育改革法案的意识源头时，丹尼斯·劳顿辩称，"儿童中心教学法"在"标准"上被指责为一种下降。他说"保守党的补偿方案就是给父母更多的权力……但是仅在这个法案中，建立起一种国家课程以执行标准"(Lawton，1992)。

11. 参见汉森(Hansen，2001)。

12. 当然，我已经在某种程度上呈现了某些思想家的一种相当片面的画面。许多支持教师作为主人的教育哲学家基于宗教为主人在教室中的行为辩护。正如我们已经看到的，对一些人来说，通过强迫性训练启蒙年轻人的灵魂，以便他们会逐渐学会自我规训，这是一种道德使命。

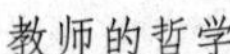

对另一些人来说，为了挽救那些被世俗的诱惑扭曲了灵魂的人，掌控是必须的。夸美纽斯便是其中一个例子。引用其著名的关于教学实践类似于印刷术的段落，构造一幅生动但传达学生的创造性和独立性欠缺的画面，都是很容易的。但是在这之后，夸美纽斯并不是仅把自己视为主人，更重要的是，作为上帝的一个仆人。的确，夸美纽斯不止可被看作是上帝的仆人，而且，就像卢梭一样，也是自然的仆人。即使夸美纽斯把儿童的心智看作一块需要被书写的白板，他并不信奉记忆术高于直接经验。只有儿童自己看过和经历过的事情，才能说他已经真的学会了它们。墨菲说，“人们必须经历从感官经验（身体知识）到通过推理揭露知识的过程”（Murphy，1995）。他反对那种儿童能够从被告知中学习的学术概念，支持学生自己的发现。“学校没有教它们的学生像幼苗一样从根部始发展他们的心智，相反，它们用从别的树上掰下的枝条修饰学生，并且像伊索寓言中的乌鸦（Aesop's crow）一样，用别的鸟儿的羽毛装饰自己”（Comenius，1910）。有些片面的描绘被证明是正当的了，因为可以帮助我们阐明和规整需要呈现的更广义的故事。

第4章　仆　人

引　言

我们已经看到了，在启蒙模式下教师被困在控制的两难中。一方面，如果他教自己的学生说，影子就是真理，他就是让他们继续留在黑暗中，保持他们的无知和非自治。另一方面，如果他迫使他们走出洞穴，必然会带来疼痛和困惑，那他就在他们身上强加了自由和启蒙。任何一种方式中，他的介入都与人必须为自己思考和学习的思想相矛盾。

不过，仍有另一种可能性。这种方式下，教师能够意识到自己的两难，然而他做的是为学生自由发展的一名仆人。这种教师把自己定位在服务于社会、政治和历史性偶在(contingency)的感觉上。简单来说，这意味着教师不是仅仅在洞穴内教学。现在，他教的可能是“关于”(about)洞穴的东西。为了更好地理解，我们首先需要把握“偶在”这个概念的意义及它对教育和教师的社会学意义和政治意义。

从最根本意义上说，偶在的经历源自个体对生活于其中的社会的依赖(dependence)。社会学把这种经历视为身处社会的准则、价值观和习俗之中并被其塑造和定型。个体被社会化，进入社会的语言、风尚和思想之中。当这些因素被个体完全吸收内化后，它们看起来就仅仅是一些约定俗成的事情了，构成了普遍意义。一般说来，我们所是的和我们所想的，即使是我们最富批判性的思想，都是系于使它们成为可能的社会境况而定义。没有哪个人能说自己是独一无二的，因为没有什么不是被社会环境所决定。因此，从哲学意义上说，偶在提出了有关我们身份认同之意义的问题。也许没有什么个体的本质，没有独立的“我”，没有能够被称为是一个人自己特有的或者独一无二的特性。或许我们相信自己所是的任何事物最多只是一种社会建构？

偶在对教育也是具有极高的意义。我们可以说，洞穴隐喻带上了一种前面所探讨的主人视角下的教育发展标志。主人从来不会质疑支撑其行为的启蒙模式，

质疑此模式是否本身就是另一种装扮为真理的影像。这种对整体性和偶在性的意识带来两种严肃和基本的含义。第一，任何事物都是一种影像，即使是能够看穿洞穴（或社会）的幻相并且克服它们的知识，也不例外。如果即使连对影像的批判也仅仅是另一种影像的话，那教师要教授什么呢？第二，洞穴中的一些人从那些相信幻相的人那里受益。如果大众都被蒙蔽在黑暗中，对他们所处境况的真实本质毫不知情，这自然便会对那些保持这种无知状况的人有利。把这两层含义结合起来看，你会得到一幅非常消极的画面：一个被幻相统治的社会，它为那些凌驾于多数人之上的人的利益而服务，但是这种幻相却不能被克服。的确，如同我们后面会看到的，也许教师越相信他们能够克服这些幻相，他们自己的幻相却越来越大！因此，启蒙模式不仅被视为具有不可避免的政治性，也是教师的工作。

这种有关偶在的视角，为那些想要教关于洞穴之事或者关于其生活和工作于其中的社会的教师，展示了一种新型甚至是更复杂的两难困境。这一点毫不奇怪。一方面，被教导意识到影子的虚幻本质的学生开始意识到，他的教师也就是固化永存那些幻相的结构中的一份子。在这里，教授权力关系的不平等性就可以被看作对这些关系的再生产。囚犯——洞穴中被启蒙的人——因此就一直作为他的教师的囚犯。于是，一种新的教育目的向激进的教师暗示：通过使囚犯能够看到复制的政治功能，把他从复制中解放出来，而且在那里给他增能，去改变洞穴中的权力关系。但是对这种教师来说，如果她①本人不想成为这种复制的一部分，她必须找到一种与发生在启蒙模式中的关系相异的师生关系。她必须寻找一种是教育但不是控制的教导方式。我们现在就来探讨这样的一些方式，其中，批判性的教师作为仆人，为解放学生而服务，根本不带有一丝主人的影子。这种新型的教师理解，她的教学与它本身的偶在妥协，因此她也理解自己的身份，理解这种教学内容本身是有问题的。因为事实就是：它们是被设计出来以便教师比照着进行教学的。有时这种教师不得不在揭露自身在权力复制中所扮演角色的同时，教授政治的偶在这个事实。

我们在第三章里看到了，作为主人的教师为何不能够采纳这种自我批判性的视角。不过在最近几年的社会理论和哲学中，发展出了一些有关这种偶在之新的、更具自我批判性的观点。正如我们将要看到的，教师的工作是教授关于世界的事实——似乎它们都是真实的，或者就像它们本身并非政治的、历史的和社会的偶在——已经不再被普遍接受了。批判性教师要做的就是向学生揭露，他们生而就相信的有关世界的观点如何和为何仅仅乃"真理是什么"的一种特别版本。还有别

① 原英文中用来指教师的人称代词一般都是她(she)。

的理解世界的方式，只是还没有被教授而已。甚至存在为什么他们被教授相信某些事情是真实的和不可改变的理由。的确，即使真理思想本身都可以被看作和它基于某些社会和政治前提的偶在相妥协。也许，能够证明教师身为主人的先验道德和宗教真理之思想本身仅仅是一种洞穴幻相，或一种社会建构而已？

意识到对这种主人的批判性的新式教师，现在开始服务于作为一个社会性和政治性教育本身所具有的偶在经历，服务于偶在之下的权力和暗示。为了有一个开始，他必须暴露自己的主宰乃是一种政治事实，因此也是另一种影子。这个教师开始不仅服务于提高学生对他们依附于社会之上的批判意识，而且在做这个的同时不再以主人的方式。这个教师，作为学生偶在体验的仆人，再也不能够证明，他按照那些主宰并阻止学生为自己思考的道德和宗教意象所行的事为正当的。一切变得清楚起来，相对于整个启蒙教育模式及其给予教师以主人的角色而言，看待教师的这种新视角不容易与之共存，甚至反对它们。

有两组完整的有关教师的理论观点，其下的教育旨在让学生不仅意识到偶在本身，也意识到教师本身特别的偶在性。我们将探讨这两种含义广泛的视角。第一组来自教育中的批判理论，主张教师有能力把学生从学校正规系统传输得来的错误思想中解放出来。这种教师为学生的批判性和解放式思维服务，以使他们能够逐渐理解进而改变他们的世界。第二组观点相对较新，它们看待教师的视角可以用“后启蒙”(post-enlightenment)或者“后现代”(postmodern)之类术语松散地归类。教师的工作不是服务于任何有关学生发展之类的思想，而是倾听和鼓励教室里所包含的关于世界的各种不同观点。这些“解构”(deconstructing)的教师是差异和多元的仆人，而非具有下面任何一种视界的主人：像一切为真的一样看待应该如何做教育或者必须学什么和必须教什么。我们现在将依次讨论上面提到的两种观点。

4.1　批判教育学

卡尔·马克思

卡尔·马克思(Karl Marx，1818－1883)的思想在今天看来可能已经过时了，当然也不会出现在高校培训教师的多数课程之中。然而仍存在这样一些看待教师的视角，某种程度上是基于马克思和马克思理论关于特殊政治关系之偶在性的洞察之上。

19世纪中期马克思在写作的时候，欧洲正处于工业革命的阵痛之中。农业者们为了在工厂寻找工作纷纷移居到大的市区和城镇。对马克思来说，这意味着富人和穷人之间永恒关系的一种新的变迁。在之前的时代里，工作在田间的劳动者

至少能够维持自己的生存,即使仅是贫瘠糊口的程度。不过现在,这种移民劳动力除了通过受雇佣所得之外没有其他维持自身生存的方式。工人开始变成了工资奴隶(wage slaves),这反过来给了资本的拥有者巨大的权力。后者——资本家,掌握着主动权。前者——无产者,仅仅是听任命运的安排交出自己的双手。在考查这种新的奴隶时马克思做了几个富洞察力的评论。他指出,法律赋予每一个人财产所有权,形式上看似平等,在法律面前,人人拥有平等的所有权。但在实践中,既然穷人一无所有,他们在法律下的权利就没有任何意义。比这更糟糕的是,对财产的法定保护使拥有者凌驾于没有者之上的特权制度化。

马克思也指出,资本家使文明社会和国家都以此种方式运作以保护他们自己的利益。国家使用的主要武器就是"意识形态"。资本主义的意识形态确保了构成普遍意义和理所当然之现实的思想和价值观,是那些能够复制有利于资本家境遇的思想和价值观。其中一个最著名的例子就是宗教。如果无产者能够学着接受不应该在此生期待报酬而是期待来世的思想,那么他们就会进一步接受恶劣的工作条件,以及更少可能要求改善。相似的,新教工作道德(the Protestant Work Ethic)把懒惰看作与邪恶胞连,因此工人被鼓励视辛苦工作和长劳动日为一种可能的通往救赎的道路。

所以,对马克思来说,意识形态是确保资本家对无产者之统治的关键武器。当饥饿和生存的需要战胜了他们的物质需要时,意识形态便主宰了他们的心灵和思想。工人理解了他们必须出卖自己为工厂主工作,也理解了他们做这个是道德上正确的。

自马克思逝世以来,理论家们已经扩展了这些思想,特别是关于教师在传递这些意识形态给一代又一代的工人所扮演的角色上。这是教师工作中非常重要和富争议的一个方面,尤其对任何已经是教师或者计划成为一名教师的人而言。教师作为国家的侍从,教育学生按照国家要求行事,应该到什么程度?教师在决定什么是对他们学生最合适的教育上是自由的吗?或者,他们仅仅是被动的依从别人指令的传声筒而已?许多人争论说,不管是有意识的还是无意识的,教师总是站在资本家一方反对无产者。下文即为一个用一种赤裸裸和戏剧性的方式阐明这一点的例子。

路易·阿尔都塞

法国马克思主义者路易·阿尔都塞(Louis Althusser,1918—1990)在1970年出版了一篇有影响力的文章,名为《意识形态和意识形态国家机器》(Ideology and Ideological State Apparatuses)。他在其中概述了学校和教师作为国家工具之运作方式的理论。与运用暴力压制那些威胁到政权利益的公民的镇压型国家机器相

反，意识形态国家机器则施展比较微妙和隐蔽的方式达到同样的结果。阿尔都塞讨论到，因为他们在国家中的角色，教师除了“身处意识形态之中和被意识形态决定”(Althusser，1984)之外，没有其他事情可做。这种意识形态功能需要教师能够区别那些未来是去生产的学生和那些未来是管理生产的学生。所有的学生都被教导一系列有用的“对各种工作生产有直接效用”的技术。但是，教师要额外在学生之中再生资本主义价值观系统和资本家道德。因此，他说：

(学生学习)良好的行为规范，也就是，每个当事人在分工中根据他们天生注定要从事的工作所应遵循的规范：道德规范、公民良心和职业良知。它们其实就是关于尊重社会—技术劳动分工的规范，说到底，就是由统治阶级所建立的秩序的规范。

这种意识形态复制的真正微妙之处在于，学校从表面上看乃是政治中立的机构。阿尔都塞描述它们的意识形态功能为只演奏一种曲调的音乐会，“尽管很少有人愿意听它——它是如此沉闷”。

不过，对教师来说还有比复制资产阶级意识形态更糟糕的。其中最残酷的讽刺是，教师在激发“困难”学生更加刻苦用功学习方面做得越好，那他就越发成功地吸收这些学生进入到压制他们的系统之中。教师越认真，他的意识形态功能就越有效果。阿尔都塞在一个呈现教师意识形态之角色的段落里，这样陈述道：

我请求那些教师的原谅，他们在严酷的条件下，努力操作他们在历史上所能发现的新的武器，学习着去“教导”反对他们深陷其中的意识形态、系统和实践。他们是英雄。但是，他们人数很少。有多少人(大多数)甚至都没有怀疑过(比他们所处的要大得多并挤压他们的)系统强迫他们去做的工作。或者，更糟的是，还把他们所有的心思和智慧都放进用最先进的意识(著名的新式方法!)执行之中!他们如此不疑，以致于把自己的精力都贡献给了维持和滋养学校这种意识形态的表征，这又使得今天的学校对我们同时代的人来说，是“自然的”、非常有用的、甚至是有益的，就像教堂对我们的祖先一样。

于是，阿尔都塞必须说的一件最富戏剧性的事情是，不管教师如何努力不这么做，他们都不得不代表了反对工人的主人的利益。更糟糕的是，即使非常有独创性和爱心的教师，他们尽力把那些可能让学生感觉生疏的学校和学习变得更加怡人，仍然仅仅是在复制最终压迫那些学生的系统。这描述了一幅非常阴郁的画面——教学是一种不可避免地服务于权力者需要的政治行为。教师的工作是缓慢地向学生灌输：去接受工作伦理，服从他人，尊重权威，献身于一种雇佣劳动力的生活。对资产阶级而言，还能有比这更重要的工作吗？对阿尔都塞来说，教师总是资本主义

的代理人，总是为资本主义的利益而工作。

很多理论家和教师在分享阿尔都塞的某些分析的同时，并不接受教师在阶级关系系统里乃是一个无能的傻子的思想，这一点毫不足怪。有许多关于教师角色的观点努力显示，教师是如何反对这种灌输系统的，也的确运用教育去进行解放而非维持压迫。下面我会讨论几个如此思考教师角色的例子。在普遍被称作“批判教育学”的视野中，教师的工作不仅仅是帮助学生克服意识形态对他们生活现实的扭曲，还帮助他们创造新的现实。

实践(Praxis)①

我们前面提到了，在与学生的关系上，批判性教师需要一种不同于仅仅作为主人的角色。如果此刻我们要理解这种新型关系的话，“实践”便是我们必须探讨的思想。[1] 认识到了偶在的重要性，马克思这样主张：人类的思想并不创造它自己的世界；相反，社会世界创造、形成和赋予人类思想以内容。表面上看，这个主张似乎支持教师作为主人的观点，毕竟它需要的教育是教师能够用世界填充学生的头脑——甚至可能如同我们更早看到的，通过“把它放在那里”反对学生不顺从的思想。不过，这并没有传达出马克思思想的微妙之处。他还指出，我们的活动和社会世界是分离的，或者是互相疏离的。换句话说，在我们与我们所工作的世界之间有道鸿沟。这里有两个层面的意思：首先，工人和他所生产的东西是分离的。不可让渡(Unalienated)的工作则不会有这种分离。工人会通过他的工作来表达自己，在人类活动和物质世界之间创造一个整体。这种类型的工作就是“实践”，它把世界视为通过人类有意识的活动而生成的。

第二个层面也许更有意义些。不仅物理世界使我们疏离了外在客观世界，同样还有精神世界亦是如此。我们能够思考世界，但是我们不能立即把我们的思考转化为实践。描述这两种疏离的术语便是客观化(Objectification)。把工作看作生产意味着我们的活动——应该是“实践”，或者是有意识和出于意愿的活动与现实结合形成的整体——被分割了。工作开始分裂为我的活动和一个外在于我自身的目标，即使它包括了我的工作。我们的工作呈现为一种客体的形式；它已经变得客体化了，我们丢失了自己的一部分。(稍后我会再来谈这个问题)在工作和思考的关系方面，如果我能够整合我们的思想与我们的行为，或者我们的思想与我们在世界上的工作，那这就是“实践”。例如，我会提出一个理论化的世界，没有私人财产，没有富人和穷人，没有疏离和压迫，一个我在其中是我所是、想我所想和做我所

① 原文中的“praxis”和“practice”均译为“实践”。由“praxis”译出的“实践”加引号；由“practice”译出的“实践”不加引号。

做的世界，一个与他人一体和不分彼此的世界。但是，如果我试图把我高尚的普遍与合乎规范的想法在真实世界——似乎那就是一个整体——中实施的话，我很可能会碰到问题。关于我应该做之类的想法不能容易地转化为我的行动，因为我不能选择我所行动于其中的环境。发生的一切看起来似乎是，我所说的是一回事，做的却是另一回事。我恰恰是重复了我想克服的理论和实践之间的分离。

然而，如果工作/思考和世界能够与理论和实践结合的话，那么这必定就是"实践"。如此，"实践"变成了激进的教师借以改变世界的关键思想。如果激进的教师能够发现某种不使她与她的学生疏离和分割的工作与思考的方式，并且如此她也能够使学生的思想和行为得以整合，那么两者的疏离就会被克服了。现在我们能够理解，马克思所说的是社会世界创造了我们的意识，意味着什么了。当社会世界以疏离为特征时，我们的工作和我们的思想已经与工作者和目标分离了。但是当社会世界被"实践"定义时，我们自己的工作和我们的思想就与世界整合为一体了。实现"实践"仍然是靠我们自己的，但对马克思来说，当我们工作的时候，世界就是我们的家园。而且，我们居住其中并被其"决定"的世界，也是我们作为人而自我决定的。

这些是很困难的想法，尤其是因为客观化是如此的强有力，使得理论与实践的重新协调显得不可能。然而，在审视"实践"的思想是如何变成一项作为教师的激进榜样的议案之前，我们可以用一个更简单些的方式，把这些疏离和客观化的思想与课堂(classroom)联系起来。教师们都知道激发学生去工作(work)通常有一定难度的。但是这个例子中的"工作"与上面描述的"工作"具有相同的特征和问题。当教师要求(告诉)学生去做一份工作的时候，学生在执行指令的时候便已经历了疏离。这里的工作就是学习。对那些努力实现"实践"的人而言，学习应该是一种在思考和世界之间的和谐关系，并且是(或者应该是)学生借以发展和成长的最重要的方式。学生应该去了解世界，并为了世界而工作，当他们这么做的时候，他们和他们的世界应该发生改变。但是当工作被另外的人施加的时候，它便不是这种自我决定的或者是"实践"的了。的确，学生通常把学校工作(学习)经历为完全与自己疏离的。他们被要求去做什么，何时做和为何做都不在他们控制之内。他们制作或书写的不是他们自己的，实际上大都是被用来评定他们的。因此，他们的工作以一种客观化的形式产出，又以一种客观化的形式回报给他们，像记号，或者在某些时候甚至是惩罚。即使工作得到了表扬，学生仍然不是把他们的工作、他们的学习理解为"实践"——本身即为目的，有价值的和值得做的——而是一种到达目的的手段。也许是为了得到表扬，或者是为了避免遭遇失败或者惩罚的尴尬。对工人来说，他们的工作不是为了自身而做，而是仅仅作为达到其他目的的手段。对学生也一样，他们以这种方式跟自身的学习疏离开来。

批判教育者们致力于直接谈论这种学生的疏离。通过这么做,他们为教师实践提供了一种服务于而不是主宰学生的解放的激进榜样。服务于学生之“实践”的激进的教师,也在政治上献身于反对和克服这种疏离之源。你不能为了“实践”而工作又期望置学生或者世界于不管不顾的状态。如果你为了“实践”工作,你必须在工作的同时,也反对那种直接从物质和精神工作的客观化中受益的人。

保罗·弗莱雷

也许对批判教育学的激进模型做出最有意义的贡献的,仍然是巴西教育家弗莱雷(Paulo Freire,1921—1997)。他在1968年写下了至今也是其最有影响力的著作《被压迫者教育学》(*Pedagogy of the Oppressed*,1972)。他关于教师的激进视角在此书的第二章清晰展现。这里花一点时间审视一下他的观点是值得的。在弗莱雷看来,学生与她的学习的疏离以及她缺乏在世的“实践”,根植于复制主仆关系的师生交互方式。他说,在这种方式下,教师主动而学生被动,教师以世界是个固定不变和永恒之物来教授它,学生只要简单收集这种信息就好了。教师致力于用“与现实分离的,与其产生于其中的整体割裂的内容去填充学生”(Freire,1972)。他把这种师生关系称为“储蓄式教育方法”。这里,“教育因此变成一种存储的行为,学生是保管人,教师是储户”。它把学生变成了“必须由教师填充的容器”。谁往容器里填充得越多,谁就越是一个好教师。容器越是柔顺以允许自我被填充,就越是一个好学生。

不难看出,弗莱雷的描述与上面提到的思想形态非常相似。教师变成向学生传递“世界是如何”之意识画面的代理人,学生就不得不去证明他们所学的。不仅如此。这里没有实践,因为学习总是与学生自己所经历的现实割裂的,课程也从来没有给任何没有得到它认可的知识以合法性。这不是一种创造性的探究或者独立的学习;相反,它只是知识货物的“接受、填充和储存”,学生就是放置这些知识货物的容器。

弗莱雷把这些视为与“实践”和疏离有关的问题,并寻求改变我们理解学校内的工作和工作关系之本质的方式。教学的“银行系统”压制了学生可能希望从事的任何创造性或者改变。弗莱雷宣称,它以这种方式压制了学生基本的人性,而这只有通过“实践”才能充分发挥出来,如此工作与世界才能整合为一而不是被其客体化。当然,这种方式意味着,教育是直接服务于那些从疏离之工作中受益的人的利益。他们对看到学生批判地意识到他们的疏离或者“实践”的概念不感兴趣,因为这样的话,学生可能会反对世界之目前所是的状态,并为激进的世界改造而努力。

这恰恰就是弗莱雷所主张的。教师不是去增加学生的轻信,而是应该致力于增加他们的不轻信,提高他们对于所发生之事的警觉。换句话说,教师的工作不是

压制而是鼓励批判质疑。但是这反过来对此种教师模式提出了一个基本问题:你如何做到呢?你要把批判性质疑作为另一种储存物去"教"吗?弗莱雷非常清楚这一点:"你不能通过疏离而解放人类。自然的解放——人化(humanisation)的过程——不是对人的另一种储蓄。解放是一种'实践',是人类为了改变世界而施与世界的行动和反思"。他为促进学习而不是储蓄的教育性实践或者"实践"造了一个术语——"问题提出(problem-posing)"。与后一种把储蓄作为问题——学生自己不会问到的问题——的答案不同,问题提出以这样的方式开始:世界对意义协商保持开放。它始于问题,而不是答案,因此不以学生的名义预先判断世界。

这种观点对激进和解放型的教师模式有两个相连但同样非常重要的含义。首先,它挑战已然建立的教师和学生之间的交流模式,或者在本质上挑战了教学的整个结构。弗莱雷说,问题提出"抛弃公告(communique),容纳交流(communication)"。因此,它建立了一种对话关系而非主人对仆人的关系。双方都是关于世界的对话的参与者,这个世界是他们能够按照自己的感知和经历影响的世界;不过,他们都是平等地参与对话,没有任何人在对话中掌握完全控制权。

这带来了第二层含义。问题提出的教育从根本上挑战和改变了师生关系的整个基础。弗莱雷用一段艰涩的文字试图解释这一点。对话教育能够克服既定的教师统治学生的等级制。如果教师和学生一样,对从这场对话中学习是开放的——如果她想施展问题而提出真正精髓的话,她必须这样做——那么,弗莱雷说,"通过对话,学生的教师(the teacher-of-the-students)和教师的学生(the students-of-the-teacher)就停止存在,一个新的术语诞生了:教师学生(teacher-students)和学生教师(students-teacher)"。角色不再与每一个人分离或者对立;现在,它们整合了。学习不再与学习者疏离,每个人都变成了自己的学习者,同样也是别人的教师。在这种不同的对话的实践中,真正的教学关系本身被改变了。世界被质疑和批判,这种批判产生了一个不同的世界,一个教师和学生不再是对立双方的世界。因此,在教育的这种激进模式下,问题提出和对话教育被看作"实践",并潜在地能够释放和解放所有实践它的人。

在审视批判教育学自弗莱雷以来如何发展之前,讨论一个教师或者未来的教师心里现在可能出现的问题是必要的。弗莱雷的建议不是真正破坏了教师的权威吗?在真实的世界里,进入教室寻求对话,尤其是如果学生由于种种原因已经疏离和对立了的话,如何可能?他们不会简单的把这种方法看作软弱和作为一种机会,从而利用悬置其权威的教师吗?1993年,弗莱雷在伦敦做了这样一段评论。他说他的批判教育学不是:

> 主张教师应该丢掉她或他的权威……教师的权威不是去削弱学生的自由。

> 一个人必须通过与其他人的论争而成长起来。换句话说，没有不要权威的自由，也没有脱离自由的权威……我所说的正是，教师和学生都必须是教育过程的主体。(Freire，1995)

批判教育学自从《被压迫者教育学》出版以来得到了重要的发展。尤其是关于储蓄式教师的批判，已经延伸到包含了少数民族或被压制的声音在文化活动场所中缺席的支配性意识形态。弗莱雷的“实践”动摇了传统的教师身份，因此，学生便从被教育领域延伸到文化领域。

例如，亨利・吉鲁(Henry Giroux)①运用了“文化工作者”(Giroux，1992)的术语，来包含所有在复制意识形态和社会实践之中工作的人。吉鲁说，这个对批判教育学的延展，“试图把教育推向为了大众生活的更广泛的战斗中去，在那里，对话、远见和同情一直都是批判地留意着，把日常生活各个方面组织起来的解放性和统治性的关系”。如此，批判教育学从教室推进到作为一个整体的社会关系，现在的工作是为了各个领域的社会正义。彼得・麦克拉伦(Peter McLaren)指出，“弗莱雷的独特力量在于，他发展了一种批判性语言，能够帮助我们用可以挑战意识形态表征的方式解释(translate)别人的经历和他自己的经历”(McLaren，1997)。用麦克拉伦的话解释，批判教育学与所有解放斗争有关，解放穷人，解放女人，解放有色人种，解放同性恋和土著居民。对那些为了社会正义而斗争、虽被一种主人式话语捕获但是反抗它的人来说，批判教育学“为无声和边缘的人、为被边缘化和驱逐的人代言”。它提出一种“希望空间”，批判教育家可以在其中“为了人类生命的神圣，为了集体的庄严，为了逝去的不幸亡灵，为了生活在和平与和谐之中的权力，开展斗争”。在这里，激进教师的模型变成了这样一些人的实践，他们的工作把自己和下层社会的人联系在一起，在动摇主人的身份的同时，他们准备让自己服务于对话性“实践”这个概念，朝向“一种拯救的‘实践’”而努力，但这种工作是在“不能被预先认为想当然的”空间内进行。

标准化教育

工人劳动所创造之物的价值要大于创造他们自身所需劳动力的价值，这一点批判理论家们已经给予了特别重视。前面讨论过的客体化便提到了人力的价值被转移为商品的价值之中。人类的劳动被客体化，或者仅仅以客体的形式存在于世。马克思称之为商品拜物教(commodity fetishism)，意指人类工作的价值不是存在于劳动者的活动之中，而是存在于他们制造的物品之中。

---

① 美国当代著名的教育理论家、激进(或激进主义)教育学派的重要代表。

但是批判理论家们把这种评论推进了一步。现在，他们说工人自己被客体化了。他没有了作为一个人的价值，仅仅是市场中的一个物品，在那里，作为消费者是这种客体化的最有力的形式。这个人被视为一种潜在收益的来源，被媒体、广告商和娱乐产业——总的来说，是文化产业——导向了把我们的生命耗费在追求个人愉悦上，而不是朝向这种客体化本身是否是它的真我的问题。[2]

批判教育家伊兰・古尔一泽弗(Ilan Gur-Ze'ev)最近的提议是，批判教育学必须把自己看作给在文化产业内的客体化的“我”提供一种“反教育”。他把这种为客体化服务的教育称为“标准化教育”，意指它的工作使得我们接受了娱乐和市场经济看我们所是的那个“我”。伊兰・古尔一泽弗说，这是一种“非人化”(dehumanisation)(Ilan Gur-Ze'ev，2003)，它在决定我们理解我们是谁和我们所是方面如此有力，它阻止我们“发现、质疑和挑战建构了它们并决定(我们的)视域的机构暴力”。[3]

面对自身以及学生的客体化，批判性教师的任务便是努力用看穿这些思想的批判教育来对抗那种标准化教育。古尔一泽弗最重要的论点是，教师所寻求的是这样一种教育：“我”通过批判性质疑，变成一个自身的他者，这样也就可以认识到其他人的“他性”(otherness)。教师必须与那种标准化教育做斗争，以防止它把每一个人都同化到“享乐、犬儒主义(和)实用主义”的市场位置上。如此，这种反向教育(counter-education)通过它的教师……

> 不可避免地和统治权力起了冲突，它拒绝把既成事实接受为评价现实的最后和最终的标杆，并且致力于自我质疑和自我超越。为了被遗忘的和未得到补偿的沉默声音，为了未充分发挥的潜力，它质疑不证自明和追溯不在场者。

这里真正的挑战是，教育者必须避免受到客体化自我的瞬间满意的引诱，拒绝任何对标准化教育权力的轻易的或者某种确定的解决方案。对古尔一泽弗来说，没有什么积极的理想境界。因为它一方面把教师变成主人，另一方面又服务于“我”被客体化、被熟知和被满足的过程，并把这个过程不断推向前进。这意味着，教师必须为了对古尔一泽弗所称的“消极乌托邦”——一个以不在场方式呈现的理想境界——存留希望和可能而教。古尔一泽弗写道：为了达到这个目的，教师必须反对那种创造“作为操纵对象的主体”(Gur-Ze'ev，2003)的教育，以促生“作为反身性中心的我”的目标而工作。最终，他的批判解放教育模式要求反向教育者做以下两种相关的事情。首先，她要认识到所有人，包括她的学生们在内，都“不止是系统所赋予他们的那样”(Gur-Ze'ev，2003)，而且作为主体的人，他们都拥有“抵抗标准化过程(和)成长为区别于所期望的样子的潜力”。其次，如果教师要以同样方式认识到自

己,那她必须认可她的"无家可归"(homelessness),即她同样不属于那个千方百计使它自己貌似标准和普遍化的世界。在保持自己的可能性的同时,她也能够从这种无家可归出发为了他者的无家可归而教。古尔—泽弗说,这不能……

> 克服无意义性,但是能够为否定既成事实和欢愉提供一种新的准备性和激发起责任。和他者一起并为了他者,反向教育者拒绝放弃她自己精神上的无家可归。这是爱的一种形式,这种爱仍然具有反向教育的可能。是的,爱。是的,在没有上帝的世界里,把你的手伸向他者,这仍然是一种开放的可能性。(Gur-Ze'ev, 2003)

总　结

因此,在多种不同的外观下,批判教育学都是基于这样一种意识:在任何既定社会里,教育要做什么,完全系于决定它的政治关系,并复制这种关系。教师不可避免地卷入其中,而且最糟糕的是,还作为复制的代理人。但是对这种偶在的意识——我们可以称作政治意识或者政治觉悟——是改革这些关系的可能性的开始。批判性教师为了这种意识而教。他们教学生理解正规教育系统是如何被设计的——仅仅释放某些特定的知识,以及只是有利于某些特定阶级或者文化。他们教学生认识到,在这个努力使其教育看起来中立和自然的世界中,他们自己是有决定权的。他们教学生逐渐意识到,维持现状之既定利益的景观背后,有什么样的权力在运作。

总之,批判性教师为了创造可能性——学生把自我从作为洞穴中的囚徒解放出来的可能性——而工作。这种批判性教师认识到,他们关于社会和政治偶在的知识并不能使他们成为学生的主人。相反,正是这种知识号召教师为了学生的解放需要而服务。

4.2　后启蒙教育学

引　言

最近出现了一种不同的批判教育启蒙模式的观点。早先描述的柏拉图的洞穴隐喻制造了一系列教育的预先假定,施加在教师角色之上。总起来看,它是一种等级模式,明智和受过启蒙的教师拥有答案,而他的学徒需要跟随同样的道路接受同样的启蒙。最近,法国哲学家吉尔·德勒兹(Gilles Deleuze)评论道,按照这种"幼稚的偏见,主人提出一个问题,我们的任务便是去解决它,而且其结果由一个强有力的权威认定为正确或者错误。它也是一种社会偏见,其旨趣就在于把我们维持在一种幼稚的状态之中"(Deleuze,1994)。[4] 在柏拉图的模式里,甚至都明确提到了

这种等级。他说，囚徒可能需要逆着他自己的意愿被拖出洞穴。这里的教师就是要强迫学生接受引导，并被预先假定为拥有凌驾于学生之上的权力，这种权力乃是为了学生的利益而行使的。多数人都能回想起某位教师所说的“我这么做都是为了你好……以后你会为了这个感激我的”之类的话。我们从上面看到了，这种教师作为主人——作为其权威来自其拥有的更多智慧和启蒙的主人——的模式，有时会以一种仁慈的形式、有时则不是这么仁慈而是以威吓和支配的形式显现。有些人提出，即使是批判理论者也站在了主人的位置上，因为他们仍然精通于学生如何被启蒙和解放。因此，不仅仅是教师作为主人的思想，而且教育作为启蒙的整个概念和与之相关的解放概念都应该被批判。这就是我下面将要讨论的观点，还有这种批判所产生的基于教师角色之上的一些不同视角。

教学——一项计划

这里对启蒙教育的主要批判来自后启蒙哲学，其中有关于教师的，并对教师有深远的意义。它涉及到把教什么、如何教和谁来教的启蒙模式合法化的方式。让一弗朗索瓦·利奥塔(Jean-Francois Lyotard)是其中最显著的一个理论家。在他看来，宏大叙事使世界上某些种类的知识和行为合法化，并压制或扭曲了其他，这是启蒙模式背后的真正驱动因素。宏大叙事是对世界的“完整”(total)解释，一次和同时识别问题并解决问题。所以，举例来说，柏拉图的启蒙模式便是为终结雅典民主政体之腐化而设计的计划的一部分。晚近的欧洲历史上，启蒙计划(或者现代性计划)通过科学、技术和艺术的发展，寻求“把整个人类从无知、贫穷、落后(和)专制中解放出来”(Lyotard，1992)。这种计划被希望“不仅能够产生快乐的人，而且由于教育的存在……(将)产生有教养的公民，他们是自己命运的主人”。计划的合法性不存在于过去，而是“在即将被带出的未来”。利奥塔说，这“给了现代性以独特方式——计划(project)，也就是导向一个目标的意愿”。

这样，从利奥塔的视角来看，教育就变成了梦想者和社会改革者的工具，他们对于教师应该做什么才能达到目标有个蓝图。服务于此梦想的知识和行为被视为合法的；那些与此相悖的知识及行为便成了不合法的。因此，合法的教师就是那些为了这个计划工作的人。我们已经从上面所论述的看清了这一点。教师给予的惩罚是合法的，因为它服务于拯救的计划；儿童中心是合法的，因为它服务于自然的计划；批判教育学是合法的，因为它服务于解放的计划。虽然你不会把所有的这些称作“现代”，但是它们共有一个相同的结构——目的使手段合法。和欧洲历史上大多在争论何种目的与何种手段相反，后启蒙思想现在质疑的是这个目的本身。也许我们已经实现了启蒙思想的目的和它作为一个计划的形式。也许我们已经完成了计划本身(per se)？如果是这样的话，这对于教师有巨大的含义，我们很快会

谈到这一点。

利奥塔对于“计划”概念的担心有三个层面。

首先，任何为了预想目的的启蒙计划都是基于一种意在证实其自身的超验假定。这意味着，所有的计划都需要预先假定某几种超越一般领域知识的真理，它们不能以任何普通的方式了解或检验。要检验这种超验假定的真实，只能是计划的实现，只有这个才能证明计划背后的假定是正确的。超验假定的例子也许是这样一些计划，它们不得不假定上帝的存在，或者是认定人性自善，甚至是那些构想人类的潜力会超越现今可能的愿景。在证据缺失的情况下，计划可能必须要依赖于那些关于他们为何是正确的而别人为何是错误的武断宣称。

第二，利奥塔认为，启蒙模式之下，自由是理性的，并通过每个人为了自身的自主思考而达到。现代性计划就是建立在这种模式之上，其目的是为了人类更加美好。但是，这样的计划已经戏剧般地彻底失败了。利奥塔说，“至少两个世纪的现代化都在教我们追求政治自由、科学、艺术和技术的扩展。它教我们使这种追求合法化，因为它说这种进步会把人类从专制、无知、野蛮和贫穷中解放出来”。但是，他评论道，“这种许诺并没有持续。它崩溃了，不是因为它被遗忘了，而是因为它自身的发展使得它不可能维持下去”。利奥塔说这些是什么意思呢？他指的是，那种被假定能够解决问题的东西，实际上让问题更加复杂。

> 新文盲，第三世界和南部的穷人，失业者……观点的专制和偏见，都在媒体上回响着，反映到把成就作为善的衡量尺度的法律之中——所有这些不是因为缺乏发展，而是因为发展自身。这便是为什么我们不再梦想着称呼它为进步。

但是，关于作为计划的启蒙的本质，还有更让人震惊的例子——利奥塔的第三个观点——它已经被滥用了。这指的是二战中的大屠杀(Holocaust)，它有时以“奥斯威辛”(Auschwitz)一词被提及。利奥塔追问道，一种“为了全人类的完满”的名义是怎么样做到大规模地消灭一个种族的呢？不仅仅是那些有权力的人能够站在他们自己的利益之上定义人类，也是人类作为一个要被实现的计划的思想使得他们能够这么做。难怪利奥塔把后启蒙(或后现代)态度定义为与启蒙计划相反的“不轻信元叙事”(Lyotard，1984)。[5] 利奥塔进一步提供了一些有关这种不轻信如何能够塑造教师工作的想法(他讨论的是哲学教师，但是我们可以依此推断)。问题正如同他所看到的这样。依照计划证明自己为合法的教师，或者说处在教育的启蒙模式之中的教师，变成了问题的一部分，而不是答案。这些教师的真正问题是，他们认为自己提前知道了他们必须教的东西，以及他们为了什么而教。在这么做的时候，他们也许是在冒险，把教育的可能性只局限在被计划合法化的那个范围之

内。他们压制了其他计划，而且最糟糕的是，他们承认教育需要计划。对后启蒙批判家来说，这种意愿经常是导致专制的。

与这种启蒙者和接受启蒙者的预先判断相反，利奥塔视后启蒙教师为拒绝“正确形式的慰藉”(Lyotard，1984)和学着“没有规则”地工作。他说，我们已经为存在一种普遍透明(transparent)和易于传达(communicable)的经历的这种怀旧式梦想，付出了高昂的代价，现在是发起“对总体性的战争”的时候了，是接受不是所有事情都能被呈现为理性知识的时候了。对教师来说，这需要一种认识，即他深陷总体性悖论之中。作为主人的教师代表了封闭和终结。他的权威便是这样一种观点：“这是必须要学习的，因为它正是以前被学过的。它是我所知道的，你作为一个学生，也必须要知道它”。利奥塔对于主人的批判是，“你不能在自己都还没有对一个问题敞开时而去开启它”。接受这一点意味着教师必须接受要重新“与童年的季节、与心灵的可能性联结”，而不是使他的思想在他到达教室之前就已经“被制造好了”。这对教师来说是个相当大的挑战——不是去做足功夫(over-prepare)，不是去预先判断必须学习什么，而是对未被预期的可能性保持开放性。稍后我们还会再来谈这个话题。

由启蒙计划所建构的另一个相似的批判教育思想来自齐格蒙特·鲍曼(Zygmunt Bauman)。[6] 他认为，通过启蒙获取解放和自由的现代计划，实际上仅仅是“自恢复人类秩序之中浮现出来的，是脆弱的、偶在的和缺乏可靠基础的”(Bauman，1992)。为了给这个社会建立可靠的基础，因此便需要一个完整的解释。启蒙思想相信，理性所许诺的就是这种基础，但是其代价——和任何总体性宣称相伴随的代价——是那些不符合这种解释的东西、那些与其不同(different)的东西必须被控制和查禁。因此，教育计划有两个层面：建立秩序和识别建立秩序过程中的道德合理性。这就使教师作为主人合法化，并也成为了教师的权威。更可怕的是，再一次的，这种计划——对威胁到计划的事物的控制——变成了大屠杀。

鲍曼的论点是，除了把大屠杀看作是为了一个大一统人类目标计划的畸变之外，我们还应该了解“现代性对大屠杀有贡献”(Bauman，1989)。它通过两种关键的途径达到这一点。首先，它为纳粹主义计划提供了一种模式。现代性和纳粹主义都相信，他们的目的证明了他们手段的合法性。对两者而言，“目的本身是一个更好和完全不同的社会的宏大图景”。就像所有的启蒙计划一样，“现代种族屠杀是社会工程的一个元素，此工程乃是为了产出与完美社会的设计相符合的社会秩序”。当然，我们会想说，根除欧洲犹太民族(和其他人)的行为和试图为了一个更美好的世界而教育之间，并没有什么共性。但是，鲍曼激发我们去思考作为两者基础的同一个概念——为了进步而教育。这样，人类正处于危机时刻(尽管的确是这

样)的图景,与为达到每个图景的手段和目的的共享模式,两者之间就没有什么区别了。

鲍曼把现代理性视为暗含于大屠杀之中,这就是他提出的第二种途径:现代性提供了一种计算达到计划的最灵验和最有效之方式的独立方法。纵观整个历史,一直有大规模的屠杀。但是执行的效率给予了大屠杀显著的现代性和理性特征。理性计划意味着手段能够从对目的的道德质疑中脱离出来,如何杀害和处理六百万犹太人仅仅变成了问题解决过程中的执行作业。“就像以现代性——理性的、有计划的、科学武装的、专业的、高效管理的、合作的——方式所做的其他所有事情一样,大屠杀所遗留下的情况是,它通过比较,把那些被断言为前现代的对等物暴露在原始、浪费和无效之下,使得它们无地自容”。鲍曼评论道,更令人发指的是,犹太人在纯粹的雅利安种族世界图景中,是不能被成功整合、同化或者控制的“他者”。“就像种子一样,他们的本性是不能改变的。他们不能被提升或者再教育。他们必须被灭绝”。身为教师,我们可能会再一次地想让自己远离这些旨意:要么在教学中把手段和目的分开,要么我们建立自己的准则,把某些学生从计划中排除出去。但是,我们也知道,这两种意涵在某种程度上都是真实的。教师通常会教授关于如何在缺乏对目的的讨论时解决问题。当然,也有很多可以把学生从各个水平上的教育中排除出去的准则。鲍曼再一次挑战我们去看透启蒙模式中教的本质,不管我们的目标是如何值得称赞,我们正在运用的达到它们的方法,也许就变成了问题的一部分而非解决方案。

为了把这场讨论引向结束,我要引用当年开始我的师资培训课程时读过的一个文本。在这本有关个人和社会的教育的书中,一开篇,理查德·普瑞(Richard Pring)就介绍了一位美国高中校长在开学第一天致所有老师们的一封信。信的内容如下:

> 亲爱的老师:
>
> 我是一名集中营的生还者,我亲眼看到人类所不应该见到的情景:
>
> 毒气室由学有专长的工程师建造;儿童由学识渊博的工程师毒死;妇女和幼儿被受过大学教育的人们枪杀。
>
> 看到这一切,我疑惑了:教育究竟是为了什么?
>
> 所以,我的请求是:请你帮助学生成为具有人性的人。不要让你的努力生产出知识渊博的怪物,技术高超的精神病人,受过教育的艾希曼们(Eichmanns)。①

---

① 阿道夫·艾希曼(Adolf Eichmann, 1906—1962),德国党卫军军官,在二战期间对欧洲犹太人进行的大屠杀中扮演了主要角色。

因为,只有我们的孩子具有人性的情况下,读写算的能力才有价值。

于是我们清楚看到,后启蒙思想对教师角色和身份的思考显著地增加了这里的筹码。现在,激进教师——任何拥有教育如何能够为创造一个更加美好世界做出贡献之愿景的教师——可以说都在运用着同样的教育和教学模式,它允许启蒙者凌驾于学徒之上的专制。在这一点上,罗宾·厄什(Robin Usher)和理查德·爱德华兹(Richard Edwards)评论道:

> 后现代教育的一个主要特征是终结把教育的目的构想为一个计划,一种实现现代人计划的工具。计划的终结意味着,教育不能再被理解为或者理解其自身为独立于历史和特殊文化境脉的事业。它不能再被用来——以各种方式——达到普遍适用的、被宏大叙事提前定义的目标:真理、解放、民主、启蒙、赋权。(Usher & Edwards,1994)

那么,在这里,后启蒙或者后现代关于教师的视角能够帮助我们吗?事实上有很多的视角,我们接下来仅仅提到几个而已。不过,从本质上,它们都共享利奥塔秉持的观点:我们应该像婴孩一样,向可能性和差异性开放,而不是闭塞自我。

后启蒙教学

伊丽莎白·埃尔斯沃思(Elizabeth Ellsworth)为我们提供了一个关于后启蒙教师的极好描述。她说,我们应该接受"教学是不可决定的(undecideable)"(1997)思想。她的意思是,即使教师进入教室时已经决定了她将努力达到的目标,在"演说和反应"之间总还是有鸿沟的。在教师努力做的和她实际上达到的之间有着"不完美的符合"。埃尔斯沃思和弗洛伊德一致,她认为教学是一种"不可能的职业",因为没有哪个人能够预先确定自己将要得到的结果。因此,教学在定义上是不可决定的。

这种不可决定性也许是早先讨论过的主人之暴行的一个理由。主人的残酷是对逐渐增加的挫败感或害怕的反应,这种挫败或恐惧源于教学不再奏效,因此,失败变成了把为获取成功而实施更加严格的方法合法化的理由。也可以这么说:现在,意在解放的批判教育学必须认识到,教育作为计划永远不会成功,因为教育不能被控制。当然,还有它的不可决定性,挑战了所有被产出和可测量目标引导的教育模式。

即使埃尔斯沃思把教学看作是不可决定的,她并没有主张我们不应该教学。情况通常是,当某个人基于某些事情不能硬性地提前做计划,而采取了赞同不可决定性的立场时,他得到的回应要么是"那将会是一片混乱",要么是"既然我们什么事情都做不了,那干脆就不要自找麻烦"。不过埃尔斯沃思认为,由"教育的不可决

定性和不确定性”所创造的空间里，的确存在着教育的真实但不可预期的可能性。她说，面对这种不可决定性……

> 我没有看到任何无能力或者虚无主义的威胁……没有必要惊慌失措或者绝望万分。当我发现作为一名教师的自己绝望时，并不是这份职业的悖论(paradoxes)把我压垮的。通常情况下，让我感觉无望的是，教学文化设法忽视、拒绝或者压制它的过去和它自己的讽刺性与不可能性的方式。

相反地，埃尔斯沃思说，在不可决定性中存在着“教学的沃土”。而且，被要求回应那些不可能性，“赋权给我也判责我”继续教学，但是这次卷入到了关于“要重视哪些意义和为什么”的争论中。这种对教师的后启蒙批判懂得教师是“被赋权去参与的，而永远不要作为一个拥有‘正确’故事的人”，结果就是，她“能够永远不完全知道、理解或者控制”。

这种关于教师的后启蒙视角听起来令人兴奋，充满了冒险和可能性。当然，对那些如鲍曼所提到的追求规则和可预测性的人来说，“后现代看上去似乎谴责一切事情，又没有提出任何事情”(1992)。这就是为何后现代的挑战看起来动摇了教学所代表的一切事物的基础。厄什和爱德华兹(Usher & Edwards，1994)评论道：

> 让教育去契合后现代时刻，不是一件容易的事，因为教育理论和实践是建立在现代主义基础上的。教育就是启蒙的一个尽职恭顺的孩子，而且由于此，倾向于毫不批判地接受出自启蒙思想的一系列假定。

寻求教师的一种后启蒙或者后现代的权威性哲学很显然是自我矛盾的。“没有均一、整合的后现代话语教育”，这正是它如何与为何能够对不可预见的教育可能性保持开放，以及如何与为何能够抵抗这样的教条，即预先对总体做出判断，或者为终结而行动。

司徒华·帕克(Stuart Parker)提供了一个后现代教育的宣言，为后现代教师将成为反讽(ironic)教师而论争。他所指出的后现代教师，把世界看作是以并不总是对一般民众透明的方式而塑形和架构的。教师的角色就是解构这个世界，以便让学生可以看穿它的表层，一直深入到使其聚为一体的内部机制。他把这种后现代教育家称作“教师解构者”(the teacher-deconstructor)(Parker，1997)。这种教师将世界理解成在特定语类和特定风格的边界内书写的一个文本，这些边界明确地使某些结构和阅读合法化，并把其他的结构和阅读宣告为非法或者将其边缘化。后现代教育因此变成了学习“强调被边缘、被隐瞒和被压制的主题与假定的文本……以达致其效力”的方式。后现代视点的挑战性本质再一次变得鲜明起来。教师和学生会“带着制造麻烦的意图”故意误读文本。功课很可能是一种不会放之四

海而皆准的阅读,因为每一个文本都是偶在的,对文本的每一次阅读都是偶在的。我们不会发现并仰仗其引导我们去正确阅读的任何基础。帕克说,所有的教学,所有的教育,都应该揭露世界上的万物是如何"没有终极的和强迫性的正当理由"。

教师如何能做到真诚地教导"世上并没有任何真理"这个问题呢?帕克所说的反讽教师必须找到一种生活在没有基础的生活中的途径,而这看起来又似乎是以一种奉献(committed)的方式而做到的。他写道:

> 教师和学生要被鼓励在使他们的信念和投入——为他人奉献——的无基础状态与创造、发展和保护自身的渴望之间谐调一致时,变得具有反讽性。拥有反讽态度——这种解构和定位、或者反应力和创造性的不稳定、动态摇曳的反诘力量——是后现代声音的标志,是后现代解放的一种核心特征。

罗纳尔德·巴内特(Ronald Barnett)关于后启蒙的高等教育教师的论述具有相似主题,但是他的方法有少许不同。他认为现代性"就像次序井然的、(精心)衡量的、能够完全计算的、整齐划一和由规则控制的事物一般……但是,后现代将不能反推入这种瓶颈之中——精灵现在逃逸了。有多重标准、多重目的、多重知识和多重消费者"(Barnett,2000)。高等教育教师现在身处的这种"多重框架",巴内特所称其为"超复杂性"(supercomplexity)。

他问道,是什么"需要在(那些)激进的不确定性境况下接受教育",以使得超复杂性成为这种后现代世界的特征?他的回应是,如果学生不把自己暴露在超复杂世界的易变特征之下的话,教师就不为他们服务。为了学会在这种急剧变化的世界中生存,学生需要学着丢掉确定性和可预期性的迷思。为了变得对变化富有弹性,他们必须在教育中被暴露于变化之中,然后被协助去"与这种易变不居和平共处"。这种高等教育需要一种新的教育学,与一种新的导师。巴内特的观点是,正式讲座仅仅是一种"虚弱心灵的避难所",它所激发的任何变动仅仅是"只到达皮肤的深度而已"。在课堂上,"学生继续做偷窥者",观察着讲师的行为,但是从来不被要求真正投入其中。他评论道:

> 在超复杂性的纠结纷乱境况之下,讲课会转而依靠能提供一种在教育关系之中看上去安全和可预知的教学方法。的确,学生自己在面临超复杂教育学的相应挑战时,很可能也会去求助于一种更次序井然和能提前预知的教育环境。他们会选择倚靠。简而言之,当这种课程方法应该被作为另一种时代的教育学而抛弃时,在课堂和学生之间生长着一种对安全的渴望。

相反的,新时代的教育学需要教师"在一定程度上退出",或者甚至是"我们必须放弃这种教的概念"。如果学生要变化,教师不能扮演一种可倚靠的稳定力量。

她不能每当学生被时代“激进的不确定性”伤害的时候，都提供第一时间的帮助。这意味着，这样一些教育形式与师生关系的形式必须被根除——因为它们的运作是促进必然和稳定性模式的。如果教师不能改进超复杂性的效果的话，学生只能够自己体验它了。只有这时，学生才不仅习得了弹性化，而且从那些迷惑时刻中获得愉悦。后启蒙教师使学生从必须学习如何把经验或者世界历史以一种普遍意义联结在一起的方法中脱离出来。为所有看上去是异类(disparate)和异规(heteronomous)的事物提供内在一致性的宏大叙事思想终结了。现在，对厄什和爱德华兹来说，经验变成目的本身，而且不再为“一种根本的和超验的理性与价值等级制度”服务(1994)。现在，不再像高级文化所要求的那样，要求我们必须把它们理解为一个整体并且“合适地”理解它们，没有了这样的专制，从一个经验移动到另一个经验是一种快乐，甚至是一种热望。

要结束对后现代态度的介绍了，让我来引用支持教师的后启蒙哲学多种不同说法的两段评论。厄什和爱德华兹写道：

> 所以，后现代描述了这样一个世界，其中，人们必须在没有固定指示物和传统抛锚点的情况下奋力前行。这个世界在急剧改变着，充满了令人迷惑的不确定性，在那里，知识是不断变化的，意味着一种‘飘移物’，它抛弃了符合基本知识和对不可避免的人类进步之信念的传统目的论。但意味深长的是，在后现代的不确定性之中，缺乏一个中心和意义的飘移，是被理解为要庆祝而非悲叹的现象。

接下来的一段评论来自鲍曼，可以补充在这里：

> 在可以预见的将来……我们注定要与偶在共处。如果我们想让这个未来也成为一种长久的……所需要的是……真正认识他者差异的切合性与有效性，这通过一种出于意愿而参与的对话表达出来。(1992)

小　结

很显然，在刚提到的教师的解放模式和后启蒙模式之间存在相似性和差异性，但是我并没有把它们提出来讨论。替代性的，我想用追问一个与此处探讨的所有教师模式有关的问题结束本章节。这个问题如下：不管教师是否信仰服务本质、“实践”(praxis)或者多样性和差异性，他们并不都面临同样的问题——即，他们提前知道是什么构成了为学生的教育吗？当他们希望为教师的某个特别思想、为教育发展的某个特别思想服务而工作时，他们会不会又再一次成为学生的主人呢？当师生关系总是被一种关于教育为了什么的思想或者有偏见的观点调解时，教师会有可能丝毫不受其左右地服务于学生吗？即使后启蒙教学的不可决定性也朝这些问题敞开了——因为它预先判断了计划是寻求完成的。的确，甚至反讽都能作

为最有力的统治形式。

在前面的第三章里我们看到了，卢梭认识到了这个问题——他承认教育的艺术“存在于控制事物之中”(Rousseau，1973)，它是这样一种方式，学生没有意识到他被控制：“当你(教师)其实是主人时，让他想他是主人”。麦克拉伦也认识到了，甚至在以“实践”为基础的批判教育学中，也存在着重复主人－仆人控制性关系的危险。他说，后者能够变成“危险的闭关自守(domesticated)”(McLaren，1997)，因为教师可以把它作为一种职业爬升的手段来执行。这种教师“希望享受表面激进的快感，并不去直面那些会威胁个人的工作或者职位可能性的困难决定”。厄什和爱德华兹也评论到，解放型教师可以轻易转变成另一种主人。他们说，教育者“发现和接受这一点是困难的——他们的解放意图和去启蒙的渴望，会与权力意愿纠结在一起，因此，可能会带来压制性后果”(Usher & Edwards，1994)。他们认为，后现代教师“总是需要去质疑任何话语实践中的解放/压制形态，不管它们是如何的温和”。他们对自己书中“主人的声音”的回应，是在最后宣称：承认在被迫使用语言时，他们自己的主宰已经是折中了的，因此他们的文本“可以被解构”。更早一些，在第一章里我们也看到博布勒斯(N. C. Burbules)如何总结这个悖论，在这里值得重复一下。他评论道：

> 权威内在于任何教一学关系之中；权威即便在有人想最大限度削弱其重要性时也无法被废除或者否定。但是权威有一定代价：权威可以促生依赖性；权威包含着立场的一定权利，这些权利干涉着社会平等主义约定；权威在学生和教师眼中都易于被视作理所当然。鼓励学生质疑权威、甚至对某人自身作为教师的权威主动提出挑战，可以造就极具价值的学习，但是只有权威人士才可以做到这一点。在一定意义上，在教学领域权威的目的正是使其最终变的冗余(因为学生本身变成了独立的学习者和知识创造者)。平衡这种紧张情况是一种良好的教学技巧。但是成功的各个方面却并非完全在某人控制之内。制度习俗对与我们轻松掌控权威的企图起冲突的教师冒称有多重特权……从更深层面上讲，我们这些已经将教学选择为职业的人必须在我们自身之中承认推动我们的欲望。不管我们努力变得多么谦虚，随着权威的影响以及(有时)看到我们计划和意图结出硕果而产生的骄傲感都会引诱我们、将我们拉回行使职权的诱惑之中——当然，虽然只是对于“最好”的目的。(Burbules，1997)

让我们尝试总结一下。在这一章里，我们审视了两种特殊的教师概念，每一个都服务于教育之潜在力量的思想，并描述了为有效实现这种服务的教育学图景。但是在每一种情况下，伴随着“实践”和差异，教师的经历也许比这些视角下的许多观点所预期的要复杂的多，甚至是问题重重。教师良好的意图在现实中或许会产

出与其所欲相反的结果。为了解放的教育也不能逃脱，变成监护的教育；为了差异的教育也不能逃脱，成为追求一致的教育。这本书的一开始，我们回忆了马克思·韦伯的担心，他是“最终要被这个事实动摇：在实践中，一种思想总是和处处以与它最初意义相反的方式运作，因此破坏了它自身”(Bottomore & Nisbet，1978)。这里，也许未曾预想的教学结果是，被设计来服务于解放或者差异事业的教学，是那种不可避免地置教师于主人位置上的教学。每一个教师都在某种名义下而教，通过做这个而承担起主人的角色，即使他们并不想这样——即使他们拒绝“教师”的称号，而宁愿要比如“促进者”之类的称呼。

存在于师生关系之核心的这种相矛盾的体验，可以很严肃地考虑，或者仅取其字面之意。当然，把它解释为“显而易见的”非常容易——就像人们经常说的，“你当然必须代表他们做决定；你必须教他们某些东西”，除了这个自明之理以外没有什么真正含义了。但是，教育理论和哲学可悲地忽略了这种仆人教师的经历。这种自由和权威的矛盾体验对于师生关系而言是绝对基础性的，对理论—实践分离所不断再生的悖论而言也是如此。的确，在一个更宏大的范围内，这是现代工具理性下的控制问题，因为它是围绕社会批判的矛盾。没有任何替代性图景能够避免变得抽象和客观化为一统模式，结果就是，它们——被认为代表了人们的真理——与人相分离，因此也统治了那些人。就像本研究所展示的，教师的哲学以这种矛盾——教师从学生中间抽离出来的师生双方的体验——为工作的实质。我们现在会看到，如何把这种矛盾和对立作为哲学本质来考虑，主体性如何给教师提供重新评价他们对自己所做和为何做的理解的机会，并且恢复蕴含在其成功与失败之间艰难关系中的意义。简而言之，它揭露了隐藏于师生关系之模棱两可性中的哲学深意。

不过，在结束这个主题之前，简单考查一下两千年前的一位教师——他甚至更严肃地对待了在对他者教育中身为仆人的思想——苏格拉底，是个明智的做法。把他放在本章的最后有许多理由，但是，这一点是最突出的：苏格拉底不仅经历了作为他希望能够自主思考的那些人的主人的两难处境，也独一无二地将自己的这种两难经历转变成为一种教育方法，于是成了一名“否定”(negative)教师。

4.3 苏格拉底

苏格拉底(Socrates，公元前469—前399)意识到，当他质疑人们关于他们说他们知道的东西时，距离他们对那种知道的“不坚持”(inconsistencies)就已经不远了。如果他们是诚实的，他们会最终不得不承认自己所知的确切性是相当脆弱的，怀疑实际上已经取代了他们的确信。从苏格拉底这里，他们知道了自己其实并不

知道他们认为自己所知道的。这是和柏拉图为洞穴中的囚徒所构想的教育一样——他们会质问和怀疑由洞穴复制的虚幻的真实。苏格拉底区别于柏拉图的地方在于，当柏拉图准备为启蒙和启蒙教师辩护时，苏格拉底拒绝支持这种确定性。决定性的一点是，苏格拉底知道——他知道的唯一一件事情——作为教师，他根本不知道任何事情。因此，这是他唯一能够教人的一件事情。他对这种自我承认无知的著名的回应是，不是去试图教给学生某些特定的内容，而是仅为了否定、怀疑和质问他们现存的知识而教。就像我们所看到的，既然教师身为凌驾于学生之上的主人的这个问题，总是包括某些关于什么构成了他们的教育的预先判断，苏格拉底为此两难问题提供的解决办法就是，根本不教他们任何东西。

对那些在教育中试图服务于学生的教师而言，这是处理他们所面临困难的一个非常有趣的方法。苏格拉底服务于特尔斐的神谕(Delphic Oracle)，神谕告诉他没有哪个人比他更智慧了。因为上帝不能说谎，但是同样的，因为苏格拉底不能理解这一点何以为真，所以，他把自己的生命献给了努力学习神谕的真理。他知道唯一为真的经历是，他从来没有真正确切地知道任何事情，他质问周围的人越多，他就越意识到这对他们来说也是真实的。因此，作为一名教师，他不能承担知识主人的身份，只能够承担起服务于不断质疑知识或者说是否定知识的仆人。他毕生都在做这件事情。在接受审判时，他说，如果以放弃这个毕生的真理为代价而逃脱死刑的话，他是不会接受的。苏格拉底非常清楚地声明，他相信为真理献身对教师意味着什么。他宣告，只要自己还活着，他就会继续服务于神谕的真理——他唯一的智慧在于，知道自己无知。对苏格拉底来说，利益攸关的是教师的诚实(integrity)。如果他教他所不知道的东西，那他就是对自己不忠，这会损毁他的灵魂。在陪审团面前提出这个议题时，他质问他们："你们把所有的注意力都放在了获得更可能多的钱财上，同样，还有获得更可能多的声望与名誉上，但是从来不注意或者思考一下真理、理解和完善你们的灵魂，你们难道不感到羞愧吗？"(Plato，1969)

那么，苏格拉底是如何真正实践这种"否定"的教师哲学的呢？在从来没有让自己成为像往常一样主人意义上的教师、或者知道要把什么东西以学生的名义教给学生的教师的情况下，他怎样做到服务于一无所知的真理？苏格拉底以好几种方式给予回应。首先，他使自己远离身为一名教师的思想。在接受审判时，他指出，有些受人尊敬的教师为他们的服务收费，但是，既然他从来没有在同样服务的情况下收取任何钱财，他便不是这种教师——"我从来不作为任何人的教师"。的确，苏格拉底尝试定义适用于自己的教师哲学时，是这么一种非常特殊的教师——一个助产婆。他说，他的技巧和那些助产婆的一样，除了他从事的是监管思想的劳

作,而不是身体的。就像助产婆通常不是给自己的孩子接生一样,苏格拉底也说他自己毫无智慧,正是这种缺乏智慧才使得他为了检验别人的思想而质疑他们的知识,这样就能审视它们"是仍在发育还是等待生产"(Plato,1987)。

此后的两千年里,苏格拉底的"产婆术"一直是备受争议的对象。一方的观点是,产婆术要求教师把自己放在学生的仆人而非主人的位置。任何时候他都没有肯定的东西能够教给任何人。他所能做的,就是献身于神谕,接受理解自己缺乏智慧这一真理的任务,在服务于这一真理时,他能间接地"教"别人:他的真理也可以成为他们的真理。但他不能直接告诉他们这个,因为这样就是知晓某些事情了。他仅能和他们一起努力,直到他们通过自己的怀疑和质问看透这个真理。如果他的否定教育是成功的,那么,除了通过自己和依靠自己以外,他们并没有被教给任何东西。但是,从另一方的观点来看,产婆术说明了苏格拉底是个伪君子。毕竟,他知道自己不知道任何东西,这仍然还是知道某些东西。或者,他甚至可以被看成一个破坏者,暗中破坏那些不属于自己的信念。

或者,苏格拉底接近于一个圣人(near-saint),他以极大的个人代价维护自我的真理,献身于教育,拒绝通过折中自己的诚实和假装知道他不知道的事情而让自己的生活变得容易些。或者,他是一个骗子(rogue),他言辞之激烈足以揭露其他任何人知识中的自相矛盾,但是从来没有拿他自己的知识冒这个险。的确,他的一无所知的宣称几乎没有什么可信性,充其量是种反讽,并不打算被完全接受。这使得他成为一个欺骗的实践者。关于苏格拉底的这种评判,很大程度上有赖于一个人对他真正避免抽象(因此也是对学生的控制)的感知的程度,或者对他隐藏在不作为教师之虚饰背后的感知的程度。

苏格拉底通过把一个富吸引力的挑战置于我们面前,结束了本章的讨论。如果你打算献身于这样一种核心在于避免灌输的教育理想,然后反其道而工作,为了学生自身的质问和怀疑思想的自由发展,那么,仍然把你放在主人的位置上还是必须的吗?那条走出洞穴之路仍不可避免地总是已经被教师提前铺平了吗?或者相反的,和苏格拉底一致:如果教师认识到,她的角色本质上是否定性的,她本身一无所知,并从学生那里引出他们对自身知识的否定,那做学生教育的仆人比她做主人时会更加成功吗?是否定教学而不是解放教学或者后启蒙教学才真正衬托出了主人吗?否定教育最终成功克服了使我们的理论家们困惑不已的控制和抽象了吗?如果是的话,我们就产生了这样令人困惑的想法:成功地为学生的自由和批判思想工作的教师,拥有一种难以逃脱自相矛盾的身份。她必须为了教给学生为自身思考的自由而不教任何事情,而且,她必须承认,除质疑者本人以外没有任何别的权威。卡尔·马克思含蓄地指出这种观点的逻辑:"当我努力教时……我对结果感到

震惊……因为有时候的教看起来成功了。当这个发生的时候，我发现结果是破坏性的。似乎导致了个体不信任他自己的经验和窒息了有意义的学习”(Rogers，1969)。

即使一个人承认，苏格拉底完成了一种否定教育，并且不是一位作为主人而是仆人的教师，但是，弄明白这种否定教育学如何被现代教师运用，不是件容易的事情。从整体上来说，他们不是放任自由地不教任何东西，不是仅仅提问问题；更经常的是，他们为他们必须教而感到满意。虽然苏格拉底认真思考了存在于师生关系中的权威问题，我们也必须还要认真对待这个两难问题，但是要以其他方式理解它。很生硬的，现代教师设置了挑战，去寻找解决他们的抽象和控制的方法，这使得他们能够在服务于学生批判思维的发展的同时，仍然教给学生一些东西。这里，师生关系的矛盾便呈现出它的哲学形式。教师如何能够既是主人又是仆人？答案就在教师的哲学里，在于矛盾和两难经历的意义和重要性的哲学思考——在理论与实践的困境中有更多、更深刻的东西需要学习。

正是朝向这种思考，我们现在开始进入第五章，不过在后面的第三部分里会给出更多的细节。接下来的章节我们会考查看待教师的三个例子，这三种视角在那些两难和对立物中、在教师与学生之间来回重复的未预期结果中，发现了一种精神(spiritual)意义。这将会开启朝向对师生关系的更深刻分析。更富深意的是，对教学精神意义的思考与使命、服务甚至自我牺牲有关联。我们会在下一章看到，这种精神教育学如何带着一种卓越感或者褪去任何卓越感前进。

注释：

1. 这是“实践”的一个版本，即革命性“实践”。“实践”的另一种类型是亚里士多德在《尼格马可伦理学》中提到的。

2. 例如，这种客体化看我(I)时把我变成一个消费快乐、趣味和娱乐的物体。西奥多·阿多诺和马克斯·霍克海默(Theodor Adorno & Max Horkheimer)写了一篇赫赫有名的文章，是关于被他们称为“文化工业”的。他们讨论道，文化工业提供的娱乐仅仅是“延长了(机械)工作而已”(Adorno & Horkheimer，1979)。娱乐是被工人作为对逃离乏味工作的追求而制造的，但是实际上，它仅仅贡献于把“沮丧的每日生活”交付给他们必须归还之物。阿多诺和霍克海默认为，甚至笑声本身也变成个体客观化过程中的一种意识形态武器。他们评论说，文化产业里的快乐和笑声已经变成“某种无法逃脱的权力的回响”。快乐，“是一种药浴。娱乐产业从来没有停止开这个药方。它使笑声成为得到快乐虚假疗效的工具”。它使笑声“作为一种攻击快乐的疾病，并把它拉入自己毫无价值的统一性中”从而达到不朽。他们总结道，“一个发笑的观众是对人性的讽刺(parody)”。亦可参见前文第二章。

3. 这和阿多诺和霍克海默步调一致，他们争辩道，从(电影)观众那里得不到什么独立的思

考(1979)。

4. 在后面的第三部分我会再来谈更多的细节。

5. 不仅仅是后启蒙思想者把注意力放到教育和大屠杀之间的关系上。西奥多·阿多诺,批判理论的一个主要人物,在1966年开通了一个在线广播,提出"所有教育的首要要求是奥斯威辛不要再发生……每一场关于教育思想的辩论与这一个简单思想比起来都是微不足道的和无意义的:再也不要奥斯威辛。所有教育都要致力于反对的是——野蛮"(Adorno,2003)。

6. 和第二部分里的其他理论家和观点一样,我在这里非批判性地展示鲍曼的思想。第二部分总的目的是,把握当这些不同的教育解释以相互关联的形式出现在我们的经历中时所呈现出的整体。

第5章 精神之师

引 言

从第三章至第四章，我们的行程至此困难重重。这一路的指导在各个不同的层面上，都尝试为我们解答教育学中关于权威和自由的基本问题。目前为止，我们通晓的理念是：教师既可以是学生的主人，也可以是学生的仆人。不过，我们还没有探讨如下思想：教师既非单纯的主人也非单纯的仆人，而是把自己置身于一种不同类型的关系情境之中，在这种情境下，主人和仆人的关系具有精神意义。尽忠于学生自由的教师能够体验到理论和实践的诸多迷阵(aporia)，正如前面几章所显示的。迷阵是一个看似无法寻到出路的困境。而这里理论和实践之间的迷阵在于，教师似乎无法将自由理论成功地付诸于实践，其结果往往是教师的所作所为与之前的指示和意图背道而驰。一个为了学生自主学习的自由而执教的教师会发现自己必须实施权威才能达到此目的。她必须成为学生的主人才能够更好地迎合他们的教育需求。她必须提前通晓学生务必知道的东西以及知道的方式。因此，无论是通过批判性教学法还是后启蒙教学法，她对于学生自主的目标，都陷于自身无法摆脱的矛盾纠结之中，从而必须无奈地做出让步。

因此，第四章所审查分析的两种办法只能促使一位思考型的教师朝向哲学型的教师前进，却也只是如此而已。它们之所以能够为哲学教育学做出贡献是因为它们认可了作为教师命运中的依赖性与偶在性。但是，在关于(about)偶在性的教学之中——确切说是为了(for)偶在性的教学——批判性教学法和后启蒙教学法都没有把教学作为(as)偶在性来传递知识。二者都没有成功地觉察出，偶在性经历中各种不可避免的矛盾就是它们自身的另一种存在，和另外一种不同的教育体验。

但这并不代表批判性教育学和后启蒙教育学不重要。它们对于消解现代性思维、现代教育理论和实践的各种幻象扮演着举足轻重的角色。教师的许多矛盾性

(负面性)的体验都是在这两个宽泛的视角下产生的。问题在于,这两个视角无法为一个需要深入理解这些矛盾(负面性)体验的思考型教师提供任何帮助。这是基于它们无法给予教师她们工作中矛盾体验所应有的和实质性的认可。它们的失败之处在于:无法给予真实教育中的教育主人优先的实质。("敬畏耶和华是智慧的开端",Hegel,1977)的确,后启蒙教育学教师带有反讽地声称自己缺乏身份或权威,并没有真正意识到反讽的真实性。反讽要求教师必须同时看起来既如其所是又不如其所是。一个教师如果错失了前者,则放弃了自己作为教师的一切权力。更糟糕的是,如果利用自己身为教师的事实来假装自己不是而做某事的话,她就成为了一个伪君子。

针对以上的难点,有下面一些回应。譬如,教师可以在这样一种非常确定但绝望的认知下彻底地放弃教学:即使她付出最大的努力,制度、机构及自有其一套测评和结果认定系统的教学方法,总是占上风。同样的,她可以被动地接受她自己持反对意见的难题,并且采取一种"打不倒他们,就与他们为伍"的态度。这两种反应着实体现了听天由命的宿命论。前者在教学中屈服,而后者向教学屈服。但是,从哲学的内源来看,教师所面临的矛盾还可以有另一种理解方式。它不是这些难题的另一种替代品,而是从难题中学习的不同方式。这种视角承认这些难题,并且将其作为教师向实践和理论学习的机会。在这一章,我们将审视三位理论家如何以不同的方式,发现了这些难题在理论和实践问题方面本质上的精神意义(尤其是针对受害于这些难题的教师)。在某种意义上,这三位思想家可以被视为非常看重阿多诺和霍克海默的嘉奖——即便是当各种条件使得思考变得非常困难,甚至是当思考发生时看上去也并不能改变任何东西——尽管如此,他们还是会说,我们的思想"必须审视思想自身"(Theodor Adorno & Max Horkheimer,1979)。从这方面来看,这便是我们现在要做的事情,探讨马丁·布伯、西蒙娜·薇依与马丁·海德格尔三人各自觉察的在不对称师生关系中输入(import)精神意义的方式。对于布伯、薇依和海德格尔,他们虽以不同的方式来诠释,但是都认为理论和实践的迷阵式体验是一种师生关系间的经历,其中个体或者个体认同以某些方式迷失在他们的相遇中,并在相遇中重新形成。这种重构可以被称作精神(spirical),因为它看似超越了每一个个体,并且有超越任何一个个体的意义。这种"超越"可以被认为是——至少开始被认为是——一种整体之于分离之上的经历。布伯和薇依的精神本质上是宗教性的,而海德格尔德更多的是民族主义和政治性的。

5.1 马丁·布伯

我们首先要探讨的精神哲学的教师源自于一个近代犹太思想家——马丁·布

伯(Martin Buber,1878—1965)。对于宗教见解如何提供日常人际关系的知识,布伯在他的著作中表述得非常详尽。但是,除此之外,他的著作中有许多与教育学息息相关、互相参见之处。此外,他最著名的思想——“我与你”(I-Thou)的关系,可以被应用到教育学的许多方面,以及师生之间的关系。这里要注意的是,布伯以及其他被我们挑选出来的哲学家,所提供的不只是对于追求启蒙计划或者批判启蒙计划的教师的理解,也不只是一种教师身为主人或仆人的哲学,而是双方在真实境遇中相遇的精神哲学。布伯有关教师的哲学有助于让我们理解关于教师身份和工作的精神意义。

在某种意义上,布伯视教育为一种对于世上人性以不同形式自我隔阂的抗争。对于布伯来说,真正的人际关系必须是从“对话”中,或者如他所说的“我与你”的关系中寻求。但与“我与你”的关系相反,布伯在世界中发现了“我与它”(I-It)的关系。在现今世界里,后者处于主导地位。“我与它”的关系在某些地方和第三章所涉及的“客体化”概念有相似之处。对于马克思来说,客体化成功地把人当作事物来看待,并且将劳动的客体转化为商品。这样一来,工作的价值,也就是说人类的精髓,已经被投资到商品之中。因为客体化而失去的以及败给客体化的是真实的人际关系,以及人和自然界的关系。

这点和布伯对于“我与它”的关系的批评是相似的(尽管布伯没有任何关于客体化的经济学理论)。根据布伯的想法,他认为“我与它”的关系能够促使信息的积累(Buber,1987)。这个信息积累介于两个人之间,他们的关系被归纳为客体之间的关系。因此,这些人只是“被大量‘内容’包围”在“我与它”的关系中,一个人“知足地依凭他体验到和利用的东西……他除了客体,一无所有。”布伯由此提出,把生活过程降至事物或事实层面是现代生活的强势性特征:这是我们命运中崇高的悲哀,即在这个世上所有的“你”(Thou)必须成为“它”(It)……这个关系一旦发挥了作用,这个“你”将成为客体中的客体……在外形上便固定下来……生活……才能重新被描述、零碎化、以及被归纳……”任何“我与它”之间(即我与客体之间,或我与信息之间,抑或我与另一个被作为客体对待的人之间)的沟通“仅仅是受客观理解的需要驱使”(Buber,1947)。他认为这是“现代生存不可剥夺的标准品质”。在“我与它”关系的反衬下,布伯看到了在“我与你”的真实人际关系中,你和我体验着我们彼此,任何一方都不可能变得固定不变、被归纳或被客体化。“我与你”的关系是“相互的”(1987)。“我的‘你’影响我,就像‘我’影响着它”,因此他宣称“所有真实的生活都是一种相遇”。

此外,这个“我与你”的关系是具有精神性的,因为“精神不存在于我,而存在于‘我’和‘你’之间……人类活在精神中的前提是他能够对他的‘你’作出反应。如果

他能够让他的身心进入这种关系，他便能做到这一点”。在“我与你”这个关系中，不存在客体，只有关系，而从这个关系中我们能找到我们的精神生活。

有鉴于此，布伯争辩这个“我与你”的关系的存在方式是作为一种对话，而这个对话中有“一个从沟通(communication)到共享(communion)的真实改变”(Buber,1947)。[1] 这个对话不涵盖在对于“什么”是客体形式的话语中。“我与你”产生于“我私人生活中的某个接受性时刻，一个人与我相遇而说了一些东西给我听”。这些东西都是我自己完全无法掌握的。他“说了一些走进我生命里的东西”。因此，在这个“我与你”的关系中，有人通过“内部的”话语与我们对话。

如果举例说明可能更详细一些。布伯描述了1914年的一个会议：一群从不同欧洲国家来的男人因为战争的爆发而相聚一堂。即便是从一开始，也因为形势的严重性，“交流的话语都是毫无顾忌的，其实质性和丰富性都是我从未深刻地体验过的”。当讨论的主旨引向谁应该代表这些国家的时候，布伯回忆当时“一个对博爱带着专注热情和公断力的男人提出这样的一个顾虑：由于太多犹太人被提名出来，有几个国家就会因为他们国家中的犹太人被不合比例地推举出来”。布伯在内心里满怀对那位演讲者的怜悯之情，同时也是外在地反对前一个牧师如下论点的不公道：犹太人之所以接近了犹太教是因为耶稣以某种方式否认异教徒。“他站起来，我也站了起来，我们相互盯着对方。”“一切结束了”，他说道，“在众人面前，我们相互给了对方代表兄弟情谊的吻”。布伯对此的理解是：“犹太人和基督徒之间境况的讨论已经转化为基督徒和犹太人之间的联合。在转化的过程中对话得以完成。观点已不复存在，事实以一种身体化的方式实现了。”

布伯还提供了另外两个例子：

> 在一个受到攻击的防空洞里，两个陌生人惊恐的眼神突然有了短短一秒的交集，但这种交互是没有任何联系的。当“一切安全”的警声响起之后，这一切被遗忘。但是它却发生了，在一个只能存在于那一时刻的境界。
>
> 在一个漆黑的剧院，有两个相互不认识的观众，以同样纯洁的心灵和对音乐的热爱去聆听着莫扎特的音乐。这样的一种关系几乎不被察觉到，但却是一场根本意义上的对话，这场对话在灯光亮起时便长久地消失了。

的确，在这样一个真实对话中的参与者并不需要和对方有任何言语交谈。这是因为在“我与你”的关系中，“无论是言说的或沉默的……每一个参与者心里已然知道有另一个人或其他人与他们正同时在场。他们转向彼此，并且有意识地构建一种活生生的交互关系”。布伯也区分了另外两种对话：技术对话，即“仅仅是为了客观理解的需求而被驱使”；独白，即“被装饰为对白……两个或两个以上的人……和自己以种种怪异、迂回的方式自己跟自己对话”。

这个当然也只是布伯的“我与你”和“我与它”概念的简略梗概。尽管如此，我们现在需要做的是尝试引出“我与你”的关系对于教育的总体影响，以及对于师生关系之间的精神意义。

我们可以重点探讨两点：首先，“我与你”的关系是一种教育关系；其次，被视为教育的“我与你”的关系，在教室里的教师和学生之间呈现出一种特殊形式。在以上两种情况中，“我与你”的关系以其人与人之间真实的关系与参与者被客体化背道而驰。

首先，“我与你”在本源上怎么会是一种教育关系？这是因为在“我与你”的关系中，我必须重新学习我是谁、你是谁，并且认可或“开始意识到”我们每一个人现在不仅仅作为一个孤立的个体，而是一种交互关系。这样的一个学习过程可以被视为：意识到自己作为个体是依托于另一个人的关系而存在的。在这个过程中，我也逐渐意识到这个充满事实和客体化之物的世界的虚幻。此外，这是一个让教师学习自己身份的教育——如果他作为一名教师仅仅是因为与学生相连而存在，那么他的确定性、自主性以及掌控性都会被全盘否定。因此，这个“我与你”的关系隐含着一种我们对自我和他人视为理所当然的假设的一种批判或再教育。布伯的言论为“我与你”的关系输入一种教育性意义。当我们真正处在关系之中时，我们“进入了一个合法观点不存在的境界”，而且我们必须同时重新开始了解自我和他人。

但是，与此同时，布伯警告说，我们的生活已经逐渐越来越不接受这些带有教育性质的时刻——只有在这种时刻里，“我与它”世界中的事实性内容才会丢失在“我与你”的相互对话中。他说，“我们每一个人都被一个盔甲束缚着，不久就因为熟悉感很快地不再留意。真正深入搅动我们灵魂的也只有一些时刻……因为很多时候我们都是关起了我们的接收器”。有鉴于此，经过反思批判性理论家的以上观点，我们可以得出以下结论：很多时候，我们宁可选择答案、事实、确定性、客体、产权的安全性，甚至是娱乐，也不会选择不稳定却带有教育性的“我与你”关系。

其次，那么这个对教师又有什么含义呢？“我与你”的相互性对发展一种精神教育意味着什么？布伯在教室里找到了“我与你”，但不是以它单纯的“相互”形式。同时，他也没有在本书之前探讨的两个教育传统（主人的启发式教育学或仆人的批判教育学）中找到精神教育学的根基。布伯也没有在它们的综合中找到相互的“我与你”关系。在另一篇关于“国民教育”的文章中，他对两种理论视角做了总结，一种是主导了教育理论的视角，一种是我们前面提到的以主人和仆人的关系为特征的视角。布伯说：

有两种针对教育和教育者任务的基本途径。根据第一种途径，“进行教育”指的是从孩子身上引导出他内在的东西；不是从外部影响孩子，而只是克服任何干

> 扰因素，排除那些妨碍他自由发展的障碍——让孩子成为“他自己”。
>
> 根据第二种途径，教育指的是将孩子塑造成一个教育家自己首先构思好的形态，这样就可以引导他的工作了。他不依凭孩子自身先天的禀赋，而是建立一种相反的模式来决定如何操控这样一种禀赋。

后者作为相对比较陈旧的途径，是我们之前所遇到的主人的途径，它建立在教师不可置疑的权威之上。布伯将其和雕塑家相比：“就像米开朗基罗，他（主人）有时能看到隐藏在粗糙大理石内的形状……这种形状是他通过自己的双手支配而希望在材料（学生）中实现的。”

那个更新、更进步些的途径的特征是：教师寻求以不同的方式服务于学生的自由和自然发展。他将其比喻为园艺和园丁。这个教师“为泥土施肥和浇水，精心陪植幼苗，并且拔掉周围的杂草……（然后）他就将一切交付给种子固有的自然生长”。他总结出园丁的教育“显示了对于灵魂塑造的关怀，这样才能让自然发展过程达到圆满”，而雕塑家的教育“意味着按照教育家自己认为正确的行为去施加影响，从而发展一个灵魂”。

布伯对于这两个途径都不满，因为二者都不足以表现“我与你”的关系。园丁采取的途径更为谦虚：他坚信人的“性本善”，但是它却“更被动”。雕塑家采取的途径“表现出更大的主动性，但是却承载着更严重的责任”。布伯总结出雕塑家对于自身和学生的关系有过多的信心。他，作为一个主人，懂得太多。另一方面，那个园丁对于自身和学生的关系有不足的信心，做得太少。

丹尼尔·莫菲（Daniel Murphy）在他的著作《马丁·布伯的教育哲学》（*Martin Buber's Philosophy of Education*）中评论说：即使布伯对于传统和进步途径的教育和学习持有不满，但他并“没有尝试解决传统教育家和进步教育家之间相互对立的观点”（Murphy，1988）。相反的是，“他写了关于识知、情爱、信任和其他那些日常生活中关系的真理，也就是通过关系而不是客观主义标准所揭示的真理”。

用在教室里进行的教育的术语，尤其针对师生关系的术语，莫菲争辩说布伯的观点没有建立在任何基于“客观有效”的真理之上。相反的是，莫菲声称：布伯把真正的教育看作“驻扎于关系中的完整性和真实性，在这种关系中，教师通过他的话语和例示，与学生彼此投入”。接下来我们会看到，像莫菲所提议的那样，对布伯来说，这种教室里关系的本质并不是那么清晰或对称的相互关系。

布伯在一篇1925年发表的论文中更深入地解释了他对教育的思考。[2] 这篇文章以一种二重论形式或者园丁与雕塑家的对立论为开始。这一次的二重性是落在刚出生的婴儿必须顺应历史真实与每个孩子都有自己的特质之间。仅仅“释放”每

个孩子的独特力量的园丁论，和通过复制历史与孩子身上以培育之的雕塑家，都是对这个二重性的单方面解决途径。布伯认为"自由"在现代教育理论中被误解，就如权威在旧教育理论中被误解一样。在"我与你"的精神中，布伯对于师生关系有着不同的理解。在实践"包容"（inclusion）的前提下，教师可以将对话（即"我与你"）带进教室，也就是说，她可以"从他人的角度"来生活和工作。（Buber，1947）这不是一种同理心（empathy），因为同理心仍旧是把另一个人作为可理解的客体来看待。包容指的是有意识地"体验另一方"的同时，也是体验自我。布伯说，一个实践包容的教师：

> 她第一次进入学校房间，看见他们俯卧在书桌上，不分青红皂白地聚集在一起，体形匀称和不匀称的，粗野的面孔、空虚的面孔、以及高贵的面孔，没有任何分别地混杂着，就像新创造出来的宇宙一样；教育家的眼神接受和接纳了他们的一切。

如果教师强势支配学生或者干涉他们的生活，那这种"我与你"的包容关系和纯粹对话将变为一种"我与它"的关系。这种干涉是误解了"我与你"。它把学生的生活作为客体来看待，这导致学生也将教师作为客体看待，作为一种只能尊从或反叛的关系。运用绘画课作为例子，布伯区分了思想的"强制"学派和"自由"学派。前者从规则着手；后者避开这些规则。然而，布伯从两者间关系中找到了表达教师专业实践的第三种术语——"被隐藏的潜在影响"。我们从前面第一部分知道，这个"第三种术语"可以用来指涉一种双重的思考或体验。这里的双重性处在绘画规则和没有这些规则之间。布伯谈到关于"我"和"你"相遇的"中间地带"的思想，并且把它叫做"一道狭窄山脊"（a narrow ridge），用这个词标示出个人主义和集体主义之间存在的"真实的第三条道路"。

干涉和影响之间的差别就体现在教师作为主人或仆人与精神教师之间。如果绘画班的学生被告知他们必须顺从各种规则，那么，绘画中学生个性化投入所带来的风险将非常低。反之，如果学生被允许"自由"绘画客体，毋庸置疑，每一幅画都会不一样。但是，每一丁点的付出也都不会不受到"价值观尺度"的权衡辅导，也不会不受到任何有助于推进工作的标准和裁决的影响。布伯认为正是在此处，教师和学生承担了自由所冒的险，而"微妙的，近乎潜移默化却又重要的影响开始了——批判与教导"。从教师实施的影响来看，她身为主人的地方在于，她必须选择世界的某些方面呈现给孩子以作为绘画可能的条件。但与此同时，她所带来的影响依赖于组成教室之"创造性宇宙"的每一种元素。在选择世界的同时，教师并不篡夺世界，她只是世界的"被隐藏的潜在影响"。那么，在强制派绘画学校，"最基

本的宣称所带来的只是服从或者叛逆”。但是,当教师能够以身作则,带着“价值观尺度”去接近学生,让学生从中将自己的工作与批判和教导相连,最终“当他沿着自己的成就之路冒险时,他的心也一直会敬仰(某种)形式(form),从而得到教育”。

唯有通过对权威和自由之间教师精神性的理解才能够实践这种关系。布伯认为,这样的体验是教师用“近乎潜移默化、最微妙的方式”去教育,以一种如“轻举手指,或者带有询问的眼神”那么微小的方式。在这个层次上,布伯理解教师的矛盾体验——即必须教导却不能从中支配学生的思维。这就是教师同时作为主人和仆人的经历,也就是以‘影响’为实践的师生之间的精神关系。根据布伯的陈述:

> 如果当代的教育家必须有意识地做事,那么他必须“犹如他无意识”地做事。那轻举手指,那带有询问的眼神,都是他真实的活动。通过他,学生能够有效地选择世界。他如果在其间有任何干涉姿态,那么他就辜负了接收者……他的“干涉”会将他所关怀的灵魂划分为服从和叛逆两个部分。但是从他的完整性中散发出的潜在影响自有着一种整合力量。

因此,这样一个教师看上去就仅仅是学生世界中的另一种影响力。这样一来,布伯可以通过教师、学生和世界的关系来给教育下定义:“我们用来表示教育的,有意识的和带有一定意愿的,就是人类对于有效世界的一种选择;这意味着给选择世界以决定性的有效权力,这种权力聚集和表现在教育家的身上”。教师有选择地呈现给学生世界的不同组成成分,但是这种选择体现为教师自身的生命,她自身的范例。其结果便是:她就像世界一样影响着孩子,但也和世界一样不干涉孩子。布伯总结道:“孩子建设自我所需要的力量必须是通过教育家选择的,然后将其吸纳到他自己的体内……教育家要教育自己成为这些孩子的媒介(vehicle)。”布伯相信在教师的精神关系中,也就是对学生教育的主人和仆人的这个意义上,他可以找到他寻求的精神复兴。[3] 另外,异于其他寻求这种复兴的近现代倾向,布伯坚决反对那些认为仅仅具有利己主义(egoistic)和吸引力(charismatic)特性之人才能成功担任教师的观点。相反的,布伯对于教师通过工作给予学生潜在、安静的影响高度赞赏。他说:

> 在一个即将失去形式(form)的时代里,那些被高度赞赏的“人物”,是那些深谙如何服务于时代的虚假形式的,并且以他们的名字称霸时代。对于时代发生之时的真相,他们懂得的并不比那些悲叹于过去时代的真实形式并勤于恢复它们的人来得多。那些真知的人,虽然名气不大,是真正对于活脱脱灵魂的再续做出回应并担负责任的人,他们在各自的工作领域里沉静地活跃着。

但是,尽管教师们都可能采取布伯的精神哲学,在教室情景中再生“我与你”的

关系，布伯自己也注意到，教师个体的影响必然是以教师和学生之间的单方面关系为特征的。当她反省自由和强制的二元论时，她发现自由并不是强制的对立面。“我与你”关系相互性的灵魂在于，强制的对立面是“共融”。自由其实就是共融的可能性，而共融本身就是想要和其他人“共享和盟约”的自由愿望，就是“我与你”的关系。因此：

> 教育自由就是共融的可能性；它不能被免除也不能被其本身利用；没有了它什么都无法成功，但是仅仅倚靠它也什么都做不成；这是跳跃前的助跑、小提琴的微调、那永远无法开始实现的原始和强大潜能的确认。

布伯所谓的共融中的原始潜能就是责任。这不只包含教师去影响却不支配的责任，也包括全人类之间彼此共生的责任。在教育的“我与你”关系中此责任体现为包容性，并以对话形式实践出来。但是布伯也认同教师的特殊责任，一种既确定却也同时超越了苏格拉底对于教师必要的、负面角色的思想。由于教师必须要代学生选择世界上的要素，因此“我与你”之间的关系永远都无法是相互的。如果说教师的精神哲学需要教师和学生成为对方的主人或仆人，那未免过于简单。但这不是布伯阐述的教师的哲学。相反的，布伯指出：教育中“我与你”相互关系的失败和不可能性，及其对于教师同时作为主人和仆人的影响，是教师的主要经历和教育。[4]

布伯注意到人与人之间的包容在于一个人“从另一个人的角度真正地体验同一件事情”。这样我们就能“认同”我们之间活生生的真相。不过，他很清楚地注意到这种相互性、这种纯正的包容不可能在教育中付诸实践。尽管“教育者对学生真正的关系是建立在包容的基础上”，而且正如我们在上文提到的，教师必须将面对他的全体学生都包容进来，但是“教育中的关系是建立在一种具体却带有单边经验的包容”。[5] 特别是：

> 尽管教师对于学生的给予和获取的相互性有多么强烈，这种包容都不可能是相互的。她体验到学生被教育的过程，但是学生却不能体验教育者被教育的过程。教育者是站在同一个情况的两端，但是学生只是站在一端。当学生一旦将自己抛向另一端并且体验另一端，那这种教育性的关系便会四分五裂，或者变化为友谊。

我们从上述看出布伯的观点：精神存在于“我与你”的关系中。那么，在这个单方面包容的教育中，哪里可以找到精神呢？这必须从教师经历的“我”与“你”中寻得。既然学生无法成为教师（“你”），那么只能让教师独自一人得到相互性的体验。很明显地，这种经验是矛盾的。教师不可能只自己体验到相互性。但是，也正是这种关系构成了教师作为主人和仆人双重身份的脆弱性、危险性、否定性和真实性。这并不代表它成为彼此毫不相干的体验。相反的，它与教育者从学生角度教育自

己的另一种体验相关联。教师的经历重复了“我与你”的关系，却在这里体验为两种参与者——另一方的教育者，和从另一个角度看到教育的(缺乏)相互性的被教育者。

> 一个人的感召如果是为了影响可以被决定的人，那他必须从另一端重新体验他的这个行为(即使该行为是以非行动的形式表现出来)。在不以任何方式削弱自己的精神行为的前提下，他必须同时站到另一端有待影响的精神上行动……唯有他“从另一端”接洽到自己，并且感受到它如何影响另一个精神、如何影响这另一个人，他才能够认清真正的限度，将他的自我意志在现实中洗礼，并且让它成为真正的意志，恢复那自相矛盾的合法性。

概括地说，布伯称“自我教育”为：选择呈现给学生的世界的一种责任，以及教师对把自身作为这种呈现的自相矛盾之媒介的包容性。

我们现在可以看到，这种自我教育包括两种引导我们目前对于教师研究的要素。教师之所以是主人，是因为她选择那些要被教导的世界的要素。她同时也是学生学习的仆人，因为她冒权威之险来对选择世界，同时也冒此险通过学生的眼睛看自己做出选择。当教师接受“以教育来影响”这单边而又带有双重性责任之时，正是她置身于被否定和怀疑中的最脆弱之时。反抗这种脆弱性就是等于采取干涉的立场。这种教师能够选择世界却同时不能从另一端看到自己。由此，她不能从自身学习到她和学生单方面关系的必要性和必然性。这将会导致她的完整性、潜在影响和作为强迫和共融之间的第三条道路，一律变得无效和毫无价值。更糟的是，这样的教师会创造一种与学生的之间的“顺从或叛逆”关系，当她无法做到成为自己的学生，她就会把自己的权混淆威为“一种对控制的追求和对缺乏控制的害怕”。这是在第二部分导言中用到过的词语(见 Rose，1999)。

与此相反，与自我教育有关系的教师，是一个愿意冒险去选择并且从另一端否定自己的教师，这是因为她站在两端。因为她冒险教导另一方的时候，她也是自己的学生。因此，再一次用到罗斯的话：这个教师“不允许你将你的权威转交给她，这样，悖论似的，(学生)反而更相信她，因为这样的信任是不受胁迫和被自由赋予的”。布伯认为师生关系中的相互性叫做友谊。但正是相互性的缺乏，提供了对教师的否定性。唯有在这个否定性里边，教师才得以在“我与你”(教师与学生)的教育关系中工作，才得以成就这种“我”与“你”关系的精神。

布伯很清楚地意识到，如果教育者无法从“学生自身的现实”中做出选择，这种构成自由教育的责任和包容将受到威胁(Buber，1947)。所以，布伯得出一个结论：“教师对于学生的影响，正确的教师对正确的学生造成的影响，不仅仅可以拿来与

人类繁衍后代的神圣工作相比较，甚至可以与之相提并论。”(Buber，1997)[6]

布伯为我们对于教师角色的思考增加了一层崭新和实质性的纬度。这是一种深埋在现实和带有困难体验的师生关系哲学，也相当于认可他们之间不平等、不对称权力的关系。能够把这种困难经历作为一种教育性和精神体验，使得布伯的这种教师哲学超越了批判理论家和后启蒙主义理论家。因为这些理论家都以这样或那样的方法(在第四章有所提及)拒绝或企图克服它。[7]“我与你”在教室里的不平等和困难关系的结果是，教师不是不被动摇或者真的不为她和学生的关系所改变。相反的，她正是从冒身为教师的权威之险中教育了自己。

5.2 西蒙娜·薇依

第二个精神之师的代表是法国思想家和作家西蒙娜·薇依(Simone Weil，1909—1943)。和布伯相同的是，我们也可以从薇依这里揭示出，那种从身为教师以及身处师生关系所经历的矛盾和模糊体验中找到意义与重要性的教学思想。尤其是，把自己视为主人和仆人的教师，具有处在这两者间困难关系中的精神意义。她和布伯一样，揭示出了教师的这种模糊性。薇依有关教师哲学的一个第三项术语——专注(attention)——体现在权威和自由的矛盾关系中。这个处于中间的第三方，与布伯和影响相同，是一种质疑的概念，不能被理解为麻痹或者讽刺，而是教师的一种形成性体验。这种体验与她在实践中必须同时身为主人和仆人有关。

我们从前面已经看到，把教学体验为矛盾的基本方法存在于理论和实践的分野之中，或者是思想和存在之间的鸿沟中。薇依的生活，在很大程度上提供了一个优秀的范例：她无时无刻不在尝试着融合思想与存在，努力引导一种直面其思想和质疑的生活。她的苦行生存体验很大程度上激怒了一批人，也启发了另一些人。对于我们探讨教师的哲学这个课题，作为一个活在焦虑中、一生都在质疑着主人和仆人的个体，薇依提供了一个非常困难和具有挑战性的范例。毋庸置疑的是，这个范例并不只是局限在她那个时代的教室里，而且延伸到她作为当时反抗法国工厂非人道条件的政治积极分子工作中。后来也陆续延伸到纳粹占领法国期间以及战争的总体努力中。为了更好地了解薇依对于教师哲学的精神本质的理解，我们应该对于她如何以教师的身份和正统教育之外生活的细节有更深入的了解。

西蒙娜·薇依出生在法国巴黎，生于 1909 年 2 月 3 日，卒于 1943 年 8 月 24 日，享年 34 岁。薇依十几岁的时候就对低收入工人的境遇非常感兴趣，并且参加过无业游民的各种会议。1928 年，她在巴黎高等师范学校(Ecole Normale Supérieure)读书的时候，与西蒙娜·德·波伏娃(Simone de Beauvoir)相遇。1929 年发表了自己第一篇作品，尝试对“工作”进行定义。她一生大半辈子都受着病痛

的折磨，经常被严重剧烈的头痛纠缠。1931年薇依拿到了学位，并且是作为“一个优秀的学生”(Anderson，1971)。毕业之后，她在好几所学校里任教。这期间比较突出的事实是，薇依利用自己多余的工资买书给那些她参与和教导的工学团。她的生活费是一天五法郎，相当于失业救济金的数目。据说她衣着随便，而且漫不经心，经常衣服上出现被香烟灼烧的痕迹。她讲话的声音也是平板单调。

1932年末，薇依决定辞掉教职，公开的理由是她想要撰写一篇关于现代科技、工业和文化关系的哲学专著。事实上，她的目的是要获得作为工业工人的经历。为此，1934～1935年间，她作了9个月的工人，其中包括在雷诺工厂工作的一段时间。我们稍后再来分析她为什么这么做。1936年，薇依为西班牙内战而斗争。在这期间，她经历了三次意义重大的宗教体验，并且在她的生命中和写作中开始用“上帝”这个字眼。当德国人在1940年入侵巴黎时，薇依离开了故土，希望可以到伦敦继续抵抗纳粹对于法国的占领。她加入了马赛的抵制力量，但最终在1942年到了纽约。最后，薇依又到了伦敦，为那里的法国临时政府工作，但是她重回法国的愿望却因为欠佳的身体状况而落空了。1943年4月，她昏迷不醒，得了肺痨，于1943年8月24日病逝。导致她死亡的原因是，她为了和被侵略的法国同胞同受苦难，坚持严格自律，只消耗在法国按配给票才能够领到的很少的粗劣食物。加上繁重的劳作，她本来就很弱的身体很快就垮了下来。

这里的重大意义在于，我们有可能在精神与教学中存在的权力和权威的模糊性这两者之间建立一种联系。我们总是很难在薇依的著作里看到教学具体的终点和说教的起点。薇依能够深深地体恤、怜悯和关怀贫苦的人民。她相信上帝，但是却认为自己没有做好心理准备成为教堂中的一员。并且，她愿意牺牲自己的幸福和需求，与其他人共患难。薇依说：

> 尘世间的不幸萦绕在我脑中，重压着我，以至使我失去自己的官能，而我只有自己经受巨大的危险和痛苦才可能恢复它们，并从这种萦绕着我的念头中解脱出来……我很确定这不是一个关于品性的问题，而是一种使命。(Siân Miles《薇依文集》，1986)

在她短暂生命中的最后12年，薇依大多是从事着教学工作，而且我们也收录了她的学生的一些求学体验。根据他们的记录，薇依是“一个拥有得天独厚特质和富有同情心的教师”。尽管她上课时仍旧用那种“低沉和单调”的声音(Anderson，1971)，但她对于教学的尽心尽力能够弥补她一切的不足。大卫·安德逊评论道：

> 她对待所有学生都一视同仁，竭尽所能通过伟大的构想唤醒学生的求知欲，而不是一味地死读书。她采取的方式遭到上司的批评，这是因为他们更注重学习

成绩而不是灌输苏格拉底般的疑问。但是西蒙娜·薇依的这种鼓励自由创意思想的教学思想似乎是超越她的时代的。

毫无疑问,她的学生的考试成绩都非常糟糕。很明显,作为一个教师,薇依教给学生她自认为是重要的东西,而其中的绝大部分都和考试范围不契合。其中一个学生说:

> 我们是个小班制而且有种家庭的氛围……天气好的时候,我们会在树荫下上课,有时侯是为了寻找几何学中某个问题的答案,有时候就是一场友好的会话……校长(经常会过来)寻找她(薇依)拒绝给出的记号与方位。(Miles,1986)

伴随着她这份具有争议性的职业的是,学校检查员对她的愤怒投诉以及家长对于他们孩子考试成绩的强烈不满。薇依的教学并不符合当时处于资产阶级的法国社会对于功利教育的要求。

我们可以从薇依对哲学和教育非常重要的一些哲学思想中学到不少。她在大约 1942 年前后写过一篇文章,叫做《关于正确运用学校学习,旨在热爱上帝的一些思考》。薇依的中心教育思想是"专注"(attention)。她认为,学校的教育并非因为其独特的内容——它们关于什么——而有意义,而仅仅在于"它们的确唤起专注的力量"的程度(Weil,1977)。

那么,薇依所谓的"专注"代表什么?为什么这个词对于她的教育思想是如此的重要?她对专注的描述和唐纳德·舍恩对于怀疑的悬置(the suspension of disbelief)——一个从托马斯·斯特恩斯·艾略特那里借来的词语(见 Schön,1987)——的想法非常相近。沿袭着苏格拉底的思想,舍恩指出学生不可能在课程开始的时候就知道他们是否在做对的事情。学生无法一开始就预知最终点,而且他们一开始所知道的不足以让教师解释清楚他们所需要知道的。因此,落在学生身上的责任就是将教师所教内容进行"怀疑悬置",直到有一天他们能够理解。很明显,这需要学生在没有确定性的情况下继续学习,并且也需要他们自身的信任和坚定的信念。薇依对于专注的想法也是相似的。这个学习的过程被视为一种主动探求的悬置,或者更确切地说,是掌握真理的过程。学习者,无论是教师或学生,必须悬置自己对答案的渴求,而是耐心地等待所欲的真理自动出现。这种等待,就像怀疑的悬置,需要对教育的信念。而教育就其本身来说,正是需要这种等待,或者专注,以维持之。

因此,薇依对于专注的思想中,便出现了一种教育和学习的精神意义,以及对于教师的重要启示。她指出:

> 专注包含着悬置我们的意念,让它超脱、抽空和准备着被客体侵入……在一

切之上，我们的意念应该是抽空的、等待的、不去寻求任何东西……一切笨拙的姿态和写作中所有错误的连缀都是因为意念匆促地虏获了我们的思想，使之在还没有成熟之时过早地被封锁，不对真理开放。

薇依这样总结道："我们获得最宝贵的礼物的方式不是通过去寻找它们，而是通过等待它们的出现。"

对于"专注"这个词，有几个重要和带有教育性质的方面需要解释：

第一：从宗教的观念来看，薇依在她的著作《重负与神恩》(*Gravity and Grace*)当中提到"专注，提升到最高层次，就相当于祈祷。它的先决条件是信仰与爱"。(Weil，1987)

第二：她也提到信仰和爱都需要所谓的"解构"自我，并且提议我们必须努力否定或超越这个"我"来更好地理解他者，更确切地说，就是全人类的宇宙万物。在专注中，这个"我"是悬置的。在《重负与神恩》一书中，她说"在这样的工作中，所有我称呼的'我'必须是被动的。单单专注自身——当'我'消失时专注变得如此圆满——才是我所需要的。我必须从专注的光辉中除去所有我称为'我'的东西，把这束光打开直到不能被想象的地步"。在自传中，薇依用她的一生去关注所有不是"我"的东西，这很可能也是为什么薇依认为痛苦和真理是紧密结合的。这种在祈祷和教学中"我"的悬置或牺牲是对精神教育的信仰和热爱，本身也生产了精神教育。在布伯那里，精神是介于自我和他人之间的。而对于薇依来说，精神介于那个解构的"我"和那些她关心的、一起工作的人——她的学生或工友——二者遗留的空间之中。薇依相信，当我们并非为了自我而工作和等待的时候，是我们学得最好的时候、学习最深入的时候。对于薇依来说，学习或专注是"一种消极的努力"(1977)。很明显，这和苏格拉底有共通之处。它对于教师的哲学的意义将会随后探讨。

第三：在关于学校教育的文章中，薇依暗示学习在本质上是矛盾的。她说矛盾必须因其自身作为事实而被接受，但并不一定要被克服。如果一个人努力去克服矛盾，事实也证明这是不可能的。因此，她认为必须接受这两种不匹配的观点。"矛盾本身，并不是一直都是错误的标准，它有时候也是真理的象征。柏拉图是知道这一点的。"(Weil，1988)薇依认为矛盾是我们完整存在的特征，"没有一种人类思维可以逃脱矛盾"。面对这样的一个局面，如果要达到对于人类生存的一种深入的学习，"信仰是必不可少的条件"(Weil，1977)。对于薇依而言，关注他人的能力是最高的品质。

第四：把专注、信仰、解构的"我"和矛盾结合在一起，薇依看到了教师对于学生精神发展可以做出的重要贡献。"教学应该没有目标，而只是通过训练专注来准备这种(信仰)行为的可能性"(Weil，1987)。对教师来说，具有相等意义的是这样一

个事实，他们可能永远看不到这种教学的成果。他们的学生会离开他们，并且必须独自在人生中前进。但是"每当一个人成功地做到专注于增强他对真理的把握的想法，他就获得了更多的把握它的能力，即使他的付出没有产生看得见的果实"(Weil，1977)。这个想法对于许多认可教学的成果需要长年累月才开花结果的教师来说，的确是准确的。薇依总结说："即使我们专注地付出看似好几年都没有结果，但总有一天，必定会有一道和他们相同比例的光线淹没他们的心灵"。因此，这就解释了她的具有争议性的教学方式以及学生考试成绩不理想的原因。"学生必须……不是为了考取好成绩、考试及格、赢得学校成就而努力学习……(他们所有的工作必须)仅仅为了增加专注的力量"。因此，她认为，"我们对于学校孩童和学生的第一个义务就是让他们知道这种方法，不是以一种笼统的方式，而是通过有针对性的、伴有演练的形式"。临终前，她在笔记本的最后一行这样写道：教育最重要的部分——是去教导"(在科学的洞察下)理解(know)"的意义(Miles，1986)。[8]

第五：也是最后的一个方面，薇依相信专注的教育是为了与恶对立的真理和善："真正的道路是存在的。柏拉图和其他人都跟着去了。但是它只为了哪些承认自己无能找到它、放弃寻找它、却没有停止渴求它以致排斥任何其他东西的人打开"(Weil，1988)。渴求对于专注的工作是至关重要的，因为渴求产生智慧。她写道："渴求的前提必须是工作中的喜悦和欢乐。智慧只有在欢乐中才能开花结果。学习中的欢乐，就像跑步时的呼吸，是不可或缺的。哪里少了这些都不是真正的学生……"(Frost & Bell-Metereau，1998)。当渴求的目标在于真理时，它要排除所有"我"要的各种问题，为了是让真理得到应有的专注。对于薇依来说，为了达到此目的，就是把自身工作和学习献给为善的世界。她相信既然幻觉掩蔽真理，因此幻觉是邪恶的。在这里，作为专注的教育可以发挥对抗邪恶的力量，将自身的任务定义为摆脱深深根植于人类无知和误解之中的幻觉。虽然我们可以称这个过程为"启蒙"，但这很明显地不是第三章所提及的单方面的启蒙模式。它们之间的差异在于，第三章中的主人教导的是真理，而薇依的专注教导的是对真理的开放性。

我们可以尝试将这种教育哲学与主人和仆人的关系——它构造了我们对教师哲学的探讨路径——联系得更紧密一些。首先，我们可以观察到，薇依本人探讨教学关系用的是主人和仆人的语言。那个教导学生专注的教师正在为了一种让学生心灵成长的使命而奋斗。在这种工作中，教师帮助学生去观照真正的学习过程，一旦时机成熟，学生就可以完全地向侵入他的真理开放。正如第四章中所阐述的，和古尔－泽弗(描述)的行为类似，教师正在帮助学生从短暂性的娱乐中自我解脱，这些短暂的娱乐使得学生从需要维持专注的工作中分心。这样一来，学生也会觉得维持专注的最佳方法是当"我"的自私欲望被暂停。因此，薇依的精神性教学的目

标，就是通过等待对"最宝贵的礼物"（Weil，1977）的信仰和爱来努力否定那个"我"。以主人和仆人的语言，薇依这样写道：

> （因此）会让每一个可爱美好的青少年——当他沉浸在拉丁散文中时——通过这篇散文逐渐一点一点地逼近他真的成为仆人的那一瞬间。主人不在的时候这个仆人仍然忠诚地等待，在一旁看着、倾听着，主人一敲门便随时准备为他开门。这时，主人便会让他的仆人坐下来，并且他自己再去服侍他、为他送上肉食。

我们从上述文字中已经看到教师如何可以在主人和仆人的矛盾需求中体验自己的生活。这也是薇依认可的教育关系的核心矛盾。唯有被为了专注的教育而冒自身权威之险的教师所带出的等待和学生的专注，"才能感动主人，让他用令人惊讶的温情来对待仆人"。教师的服务来自对那个关注学生的教师的"我"的解构。薇依认识到，这种服务"是爱的一种条件"，但是如果仅依靠其自身的话，是不够的。除了对学生的关爱，教师必须以相应"独特的形式"来关注每一个学生。薇依明白，只有让学生自己去关注真理之后，教师才能更好地服侍他们。教师工作的真理不在于作为超越学生之上的主人，而是作为依赖于学生工作的真理的主人。薇依对于教师既作为主人又作为仆人的呼吁，总结在下面她对专注所要求的教学和学习的描述之中：

> 在每个学校的练习（exercise）中，有一种特别的等待真理的方式，它将我们的心置放在真理上面，却不允许我们出去寻找真理。有一种方式，让我们专注于某个几何问题的数据却不尝试寻找答案，或者专注于某篇拉丁文或希腊文的语词，却不尝试达致文本的意义，当我们写作的时候，等待正确的字从笔端中自己流淌出来，而同时我们也完全抛弃了所有不合适的语词。

薇依得出一个结论："每个学校的练习，如果以这样的方式想象，就像是一场圣礼。"

这种作为专注和解构"我"的教学和学习的概念，在测试和等级排名盛行的风气下，可能略显奢侈。谁有时间以这样的方式来看待国家课程（比如在英国和威尔士），以至于让学生慢慢等待每个练习中的深刻真理显现？谁会愿意付出为了获得一个抽空的、等待的心灵所必须的耐心而"随时准备好接受那个赤裸裸的客体真理显现"？比较有可能的是，学生的思想是填满的，这样才能让它的内容得以在测试王国中再现。尽管如此，对于那些对这种测试制度感到失望的教师和那些仍然为了学生的自由思想而工作——即便这本身带来了矛盾——的教师来说，薇依的思想直接表达了这些努力的伤痛和斗争。的确，尽管它们一直失败，它还是道出了这些付出和斗争的意义所在。

薇依声称，为了专注和解构而工作，是为了爱而教育。这不仅是对上帝的爱，也是“对我们邻居的爱，我们知道这是同样的爱”。教师为了超越正统课程的斗争的意义超越了“心灵的温暖”或者“怜悯”。其中心思想在于把他人视为比自己更重要而斗争。薇依很清楚地指出，在学术工作和包含在我们与他人(尤其是对那些比较不幸的人)关系中的精神斗争之间，存在着一种选择性亲和力(elective affinity)。她认为那些在世界上活得痛苦的人，无比地需要“人们给予他们专注”。这种专注的品质不是一夜间就可以形成的，也必然会伴随多次的失败。“有能力给一个受苦者关注是一件非常难得和困难的事情。”但是专注的真理就存在于“我”去抵抗自身要提前知道或者解决事情的欲望的斗争之中。专注能够让学术工作与一个从来没有寻求逃避或克服它的困难的受苦者建立联系。唯有从斗争内部才能够把联系的真理视为斗争。

我们在前边第二部分的介绍中看到，吉莉安·罗斯认为她的顾问格鲁夫医生明白他与病人间困难关系的局限性这一真相。但同样的，他专注于罗斯真实的病症，他并没有因为自己看似对那个病症了如指掌而掩盖了他的局限性。用薇依的话来说，格鲁夫医生的教育理念是一种含蓄的精神和教育哲学。因为它在工作中经历困难和困境的同时也关注这些困难和困境。学习对于任何学术工作形式的困难保持开放的态度，等同于学习那种关注他人痛苦所需要的开放性。薇依写道：

> 因此，一篇拉丁散文或者一道几何数学题，不管它看上去多么模棱两可，甚至是在做错的情况下，或许有一天都能有极大的效用，只要我们投入了合理的努力。如果有必要的话，它们可以在某天让我们更有能力在受苦者最需要帮助的时候，给予他们拯救性的帮助。

或许就是这种苦行主义(asceticism)，这种对于自私的挣扎，才会让教师觉得薇依的精神哲学太难了？但是这里最重要的不是挣扎的终点。世界上的圣人毕竟是极少数的。薇依的教师哲学说出了冒险关注他者的教师的种种失败、局限和脆弱。作为一个主人，她必须肩负教学和教学所提供的内容的责任。作为一个仆人，她必须寻找各种内容的教学方式，以为专注于未被内容预期的真理打开空间。这个服务于学生自由的教师也是一个自身实践专注和解构的教师。“只有通过观看、等待(和)专注”才能让那个作为主人的教师也同时作为学生的仆人。

薇依对于教师作为主人和仆人的哲学可以做以下总结：教学和学习需要教师和学生都去悬置确定性和知识。教师必须等待学生的真理，而学生也必须等待课堂的真理。因此，教师的挑战，无论是否存在国家课程，不在于他们教授的几何学和拉丁文内容本身，而在于他们努力教授学生与这些内容之间关系的真理。而且，

他们通过和学生建立同样的关系来达到这个目的。对于那些能够通过让学生专注于学科的真理而关注学生的教师，就已经向他们的工作输入了精神。给予学习以专注和给予苦难者以专注具有相同的品质。薇依写道："对我们邻居的完满的爱在于能够对他说：你遭遇了什么？"这体现了承认那个需要被关注的受苦者是像我们一样的人。"心灵将自身的内容掏空，为的是接受它所看到的和他一样的人，这是他所有的真理。只有那些能够专注的人才能做到。"她这样总结："学术工作是包含了人们不惜倾家荡产、卖掉一切财物而得到的奇珍异宝的领域。"

从上述对于把"专注"这个概念作为一种教和学的形式而进行的简略探索中，我们或许可以更好地了解薇依为什么会过她那样的生活。和他人一起共患难，是她表达专注、表达对于"我"的否定以及对于真理的开放的一种方式。她过那种生活是去努力表达她的那个"非我"（或许可以说是"我与你"），或者是她和别人共患难的人际间关系（relation）。[9] 在某种意义上，薇依给出的"专注"是理解和获悉在世上被压抑和扭曲的人道主义的一种方式。克里斯托弗·弗罗斯特（Christopher Frost）和丽贝卡·贝尔一美特茹（Rebecca Bell-Metereau）指出，不管是在工厂还是学校，薇依都是在实践她的教育哲学。她是在跟随她推广知识的信条，"她通过让自己了解她想服务的人的生活和为那些跟她一起工作的人服务而达到这个目标"（Frost & Bell-Metereau，1998）。

但是我们要怎么做出薇依提出的这种牺牲呢？它是一种仅仅反映了服务于某种虔诚理想的生活，还是从主人和仆人间矛盾关系的要求和挣扎中揭示出了更多精神性的东西？真相是不是薇依来自富贵家庭却选择走进工厂的事实，她自己的生活环境并不需要她那么做？这难道不是有点傲慢（patronising）么？最近一些批评家的想法是，"把她放到她努力尝试经历的特定背景中考虑的话，她甚至可以被视为近乎可笑的，甚至可怜的，主要是针对她成为工厂工人的努力而言，那是一种她无论如何都不适合的职业"。托马斯·斯特恩斯·艾略特（T. S. Eliot）在对薇依的名著《对根的需要》（*The Need for Roots*）的介绍中，这样说到："一个人常常被一种近乎超人的谦虚和一种看似近乎放肆的傲慢之间的反差所震撼"（Weil，1995）。艾略特洞察到了她同时身为主人和仆人的思想，薇依对此的回应是：

> 没有什么痛苦会甚于将自身与不幸的芸芸众生隔离……我有根本的需求，而我想我可以说，这个使命就是在每个阶级和每种肤色的人们之间游走，与他们混合在一起并且分享他们生活和前景。说的再远一点就是，在良心允许的情况下，融入群体并且在其中消失，这样才能让他们的本色显露出来，对我除掉他们所有的伪装。这是因为我渴望理解他们，并能如他们所是的去爱他们。如果我不是如他们所是那样的去爱他们，他们就不是我所爱的人了，而且我的爱就变得虚假。

> 我并没有说要帮他们,因为目前为止,很不幸地,我还是无能为之。(Weil,1977)[10]

或许我们可以说,就像布伯一样,薇依选择了关系中的哲学和精神挣扎,而超越了分离和自利的邪恶。用一种主人和仆人的语言,我们也可以说,薇依拒绝做那种她曾经做过的、声称已经了解了他人痛苦的主人,才导致她——身为一个主人——一开始便到工厂去。这样一来,她接受了她自身困难的经历必然是主人和仆人都经历的:是主人,因为可以观察到苦难;是仆人,因为主人被去关注苦难的真相所危及。当艾略特看到薇依的谦虚和傲慢的辩证思想时,他触摸到了薇依教育哲学的真理。唯有主人的傲慢才能够带领她去了解那些受苦的人;也只有通过仆人的谦虚才能准确地知道这种傲慢是必须冒险的。如果我们看到的薇依只是一个主人,那么她就是来启示和解放工人的中产阶级改革家。这是启蒙模式下的主人。如果我们看到的薇依只是一个仆人,那么她就看似一个虔诚的苦行者,坚信着她必须和受苦者平等的人。但是如果我们把薇依看作是理解同为主人和仆人的必要性,那么我们就能认识到,她接受了矛盾挣扎——它不仅需要专注而且也是哲学教师所拥有的专注的核心——的精神意义。我们不应该忘记,薇依不仅以客观的或临床的方式观察到他人的痛苦。她在教师和学生的矛盾中、在自由和统治的矛盾中工作,同时既在工厂也在教室里工作。

作为总结,我们可以再回顾一下弗罗斯特和贝尔·美特茹最近出版的著作。这两位作者提出,在人生中给予多少和牺牲多少的问题上,薇依坚持真理需要有痛苦的体验。而他们认为薇依"将自己置身于生理和情感的危险之中,并且认为这种立场是追求任何真理的基本方法"(Frost & Bell-Metereau,1998)。关于这种冒险,薇依说:"没有什么我不可能不失去的……(但是这个)极端和绝对羞辱的状态……也是太强求真理的情况。"这就是西蒙娜·薇依有关教师的精神哲学。作者在结尾中提出这样问题:

> 为什么有很少人像薇依那样追求高标准的觉察力和严谨智力?或许她的生命提供了最好的答复。答案看似是要付出代价的。薇依的读者可能主要关注她生命的结果,因为这样做就会提醒他们这样的生命旅程的潜在代价。但是,如果有人记得西蒙娜·薇依本人的信条——人必须选择一种专注的生活,而不顾结果——那么她的生命就不是一个失败的模型,而是近乎完美的。

5.3 马丁·海德格尔

来自于马丁·海德格尔(Martin Heidegger,1889—1976)的教师的第三种精神哲学,更具争议性。虽然海德格尔关于教师哲学的作品都简而不繁,却包含了某些

对于师生关系的哲学本质以及教师服务于这种关系所做的工作具有潜在教育意义的洞见。然而,我们却不能忽视海德格尔作品中的一些阴暗面,它们对我们来说也是一个重要的警示。

本章所探讨的教师都认识到其工作的精神本质。布伯和薇依都主张,师生关系之间还存在一个第三方,那就是与其相关的工作(work)和体验(experience)。在薇依那里,是专注;而对布伯来说就是影响。他们都认识到了这种工作中与教学必然伴随的权力和权威的困境的精神本质。他们也同样——但以不同的方式——通过对脆弱性的开放来调解他们的权威。

一个将自身理解为主仆矛盾关系的精神之师,知道他必须谨慎地对待权威和自由的矛盾的终极目的(telos)。其否定性权威微妙而无情。但是如果那种教学的精神输入发生变形的话,结果会怎样?如果教师回避作为否定权威以及对权威的否定,又当如何?在这样的回避中,教师甚至成为精神本身的主宰。这里潜伏着巨大的危险,因为我们对困境的体验仍然需要对问题的解决。当精神被认定为是某种解决方案的时候,它成为臆想成为精神主宰的教师追求自身之外的某种目的的政治武器。在这里,困难成为它的对立面。它成了作为确定性的精神。这从根本上改变了师生关系。它也是海德格尔对于教师哲学命运的其中一种解释,正如我们将要看到的那样。

为了解海德格尔关乎教师的思想,我们首先必须需要概括地了解一下他更一般的哲学观。对于海德格尔而言,学通常关联于思。两者前行的过程在某种意义上呼唤我们意识到我们自身或我们自身的存在(Being)(这点在下面会得到更清晰的阐述)。思与学同是存在的存在——或者,我们可以说,在学与思里,我们成为我们自身的存在。同样,提出一个问题所要比回答一个问题能告诉我们更多。提问本身首先就已经是问的可能性的一部分了。发问者被牵扯到问题之中;或者,问题就是他的存在被召唤进他已经所是(already is)的意识当中。海德格尔说:"我们自己,严格意义上,是被问题摆置在问题当中的。"(见 Krell,1993)而被摆置入问题之中则是为了理解或者认识我们的存在。

但是这里有种复杂性。思、学与问激发了有关我们的存在意识,但是当我们企图逼近这种意识,到达存在自身,它就从我们这儿抽身而退了。这是因为,如果我们问及任何一个激发意识的问题的起源,它只能以在发问中丢失掉的东西而被理解。问"什么是存在(Being)"即是问存在何以可能。问题永远是存在的结果(effect)。因此,我们可以说,存在从与我们的直接联系中退隐,我们仅仅通过其结果才能知悉它。它就在问题之中而不能被视为问题的答案。海德格尔将这种业已存在的可能性称为此在(Dasein)。在《存在与时间》(*Being and Time*)中,他是这

样说的：

> 观看、领会和理解、选择、通达，这些活动都是发问的构成部分，所以它们本身就是某种特定的存在者的存在样式，也就是我们这些发问者本身向来所是的那种存在者的存在样式。因此，彻底解答存在问题就等于说：就某种存在者——即发问的存在者——的存在，使这种存在者透彻可见。作为某种存在者的存在样式，这个问题本身从本质上就是由所问规定的——即由存在规定的。这种存在者，就是我们自己向来所是的存在者，就是除了其他存在的可能性外还能够发问存在的存在者，我们用“此在”这个术语来称呼这个存在者。(Heidegger，1992)

这种表述晦涩难解，我试着换另外一种说法。对于海德格尔事关重大的是：无论我做什么，无论我想什么，无论我能问什么，我必须接受这样一个事实，即它们只是一种可能性，因为我在某种意义上是已经存在着的。我的存在，或者我作为活着的实体，是任何思考、任何活动的先决条件。如果我错失这一点，将自己视为那个独立于这些先决条件的主人，这本身就是一种幻觉。因此，他的论点就在于，在提问中我被以这样一种方式被纳入我自身存在的事实：尽管我能够仅仅重复我在其中的意义或偶在性，但我永远不可能从一个置身事外或特权的视角客观地了解它。

> “何谓思——什么召唤思?”这一问题直接指向我们自身的存在。我们本身就处在此问题的文本和脉络中。“什么召唤思?”这个问题已经把我们拉进对问题的思虑。从严格意义上说，我们本身就被问题摆置在问题之内。“什么召唤思?”这个问题像闪电般一样直接劈向我们。“什么召唤思?”这样提问的方式，不仅仅是以一种科学问题的方式与一个客体做斗争。(Krell, 1993)

如果我们评价一下它对于海德格尔的教师哲学的含义，或许会更容易理解一些。很明显，海德格尔有关存在的论点与我们有关教师哲学的讨论的最重要主题之一，即提问的实践，有着某种关联。如果教师是发问者，她就需要将其自身理解为此在，也就是说，将其自身作为存在之可能性的结果。而且，如果教师的此在意在去激发其他人唤醒他们的此在，那么这个教师的存在就要在学生的问题面前抽身而退。我在此引用一段海德格尔有关教师哲学的常被人引用的文字：

> 教学比学习还困难得多。我们知道这点，却很少去思考它。为什么教比学更困难呢？并不是因为教师应该具备更多的知识积累，并得做到有问必答。教比学更困难是因为，教意味着让人去学。真正的教师让人去学的只是学习。所以，这种教师往往给人造成这样一种印象：学生在他那里什么也没学到。因为人们把获取知识才看作“学习”。真正的教师以身作则，向学生们表明他应学的东西远比学生多，这就是让人去学。教师必须比弟子更能受教。真正的教师对自己的事务比

> 学徒对自己的活计更没有把握。所以，如果教师与学生的关系是真诚的，就绝不会有“万事通”发号施令和专家的权威影响作威作福之地。成为一名教师，才是更高的事务，这与当一个有名气的教授完全是两码子事情。

多么优美的一段文字！表面上它将教定义为学，将教师定义为学习者，它还暗示着它们的之间的联结是困难的，而这一困难准确地说就在于学习。它表明了教育目的并非在于灌输给学生知识，而是让他们学习，并且最重要的是让他们学习学习本身。它强调了教师必要的谦卑，因为教学的成功和教师毫无瓜葛。因此，在这一方面，教师必须首先具有可教性，而这种可教性本身就是她唯一的权威(Tubbs，2003)。同时，海德格尔在这里似乎也描述了一种教师的哲学。其中，教师是主宰。因为她必须预期学生的此在并且呼唤它，但她也同时也是此在的仆人，因为这种呼唤的成功要求她自己退出才能让学生自己思考此在。成为海德格尔的教师哲学意义上的教师，意味着谦卑和脆弱。从而，教师的身份认同就落入“学”的运动中了。

构成作为本真的教与学的呼唤与退隐这两个概念不可或缺的是，由存在从问题中退隐或者教师从学生那里退隐而产生的溪流或气流的思想。急流就是这种退隐招致的。因此，教师对于学生的呼唤——“跟我学”——在这个意义上不是任何对于学生的控制或掌握。它更多的是“一种有预期的伸出手去接某种已被我们的召唤、通过我们的呼唤所达致的东西”(Krell，1993)。教师的呼唤并不仅仅是自己的此在，也是对他者的此在的预期。阻止教师主宰他们的就是教师所呼唤或者指向之物，同时她也从中退隐：

> 抽身而退很可能比任何打动他的在场的东西更本质地涉及人类并对其提出要求。被现状打击意味着我们期望重构事实的现实性。但是，被现实打击的时候，人可能恰恰会被那些关切和触动他的东西排除出去。这种感触通过他的退隐这种绝对神秘的方式而达到。退隐的事件可能是在场中最在场的东西，因此无限地超越现状中的一切现实。

海德格尔的哲学之所以那么具有吸引力的原因之一是，它看似能够确保对存在的思的结果不可提前预知。正如我们在第四章所看到的那样，后启蒙思想家发现，筹划(project)这个概念是提前预知目的或者真理，它必须用暴虐、专制和对差异的压制才能达到。海德格尔看似就提供这种“不能被决定的”(undecideability)模式。他认为，当我们指向逐渐消失或者退隐之物时，尽管我们被召唤进其结果的溪流中，它也只是“无解”的一声叹息。这种问与学的开放性使得海德格尔的教师哲学对于那些试图抗争上述启蒙模式的貌似封闭和完整叙事的人来说，极富吸引力。正是这种“无解”的学与教的概念确保了教育中对学生差异的尊重和宽容。教

育不能被视为注定要达到某个终点的东西，因为“抵达”只是一种智慧的偏见。就像工匠从木头里边沉睡的那些东西中学习一样，教师必须不通过任何解答而从学生那里学习，因此也没有任何封闭的可能性。

海德格尔还颂扬在正规教育之外人的一生对于发问和学习此在的重要性。他说，发问并不是：

> 服务于那些因渴求合宜的答案或变得疲惫不堪或变得志得意满的人。我们知道：提问的勇气，体验存在的深渊与忍受存在的深渊的勇气，本身就是一个比任何人造思维系统所提供的过于廉价和低俗答案的更高层次的答案。(Wolin,1993)

他在1933年曾补充指出，这种深入我们自身存在的心灵的哲学发问“不再仅仅是以答案为知识的初步阶段了……发问本身成为了知识的最高形式。发问会显露它揭晓一切万物本质的发自本己的威能”。正如我们已知的那样，这包括教师作为教导学生自身此在的可能性的本质。从而，在他的教师哲学中，教师和学生都必须实践“最恒定、最坚定和最严厉的自我检验”。海德格尔认为，发问的风险与刺激的冒险，无论是我们教师自身，还是从学生那里的退隐，其实就是“驱使(will)我们”。

和柏拉图非常相似的是，海德格尔认为这种教师的哲学以及这种哲学的思想方式，都具有服务于我们生存其中的社会和群体的精神本质。就像柏拉图将理想国分为哲学家、军人、手工业者一样，海德格尔也认为学生必须在其中通过发问和自我检验来服务于这一共同体或人群，来学习和实践这三种服务方式，而每一种服务方式都体现着整个社会的精神。他们必须学会共同进行共同体的体力劳动——劳动服务；他们必须学会一道保护共同体——军事服务；他们还必须学会拥抱共同体对于理解历史和命运的困难——知识服务。海德格尔认为，后者不应该是“‘优雅’职业的沉闷快速的训练”，而应该是通过将自身置放在带有“压倒性”的存在来拥抱共同体中的存在。他倾向于认为，这种作为服务的三重教育模型尤其可以用来改造大学学习，以便它不再为这些行业服务，而是相反。这些行业应该服务于发问学生的精神使命。他针对这个精神使命声称：“意志和思想所有的能量，心灵所有的力量，以及身体所有的力量，都必须通过斗争而有所发展，必须在斗争中得到深化，而且必须持存为斗争。”

在这里，我们可以抽出一些与我们自己探讨教师存在的精神本质相近的主题。很明显，对于海德格尔，一如对于布伯、薇依，至关重要的是教师必须身为发问者。他必须在激发他者发问的同时也对自己提出问题。海德格尔不是把教育和教师的存在植根于一种客观化的视域中，而是建立在斗争自身作为精神上具有教育性和构成性的基础上。只有少数的哲学家能够这么清楚地把身为教师在面对学生时的

困境视为教育工作的核心本质。

除此之外，还有其他予布伯和薇依相辅相成的特征就此涌现出来。譬如，通过将思置于存在的中心，海德格尔不提供任何让教师退出学生的此在的休息时间，或想当然的自我的解创造(decreation)休息时间，或呼吁教师工作的生命联系的休息时间。发问召唤我们唤醒存在，因为它让我们意识到我们对某些特别因素的依赖。当“我与你”关系和“关注”都将那个我引入这样一种精神活动，当它服务于他者的提升时，其确定性则降低。因此，在此在的和为了此在的教育中，我们对于自己是什么的确定性不断随着对存在的先决条件越来越无法抗拒的认识而降低。在所有这些情况下，精神都是我们自身的否定性体验与我们作为教师的实践。在那些被谈到的案例当中，这种精神存在的方式是：我们对主宰权威的调和教导我们成为困难、困境和矛盾中的学生。它在我们为他人而工作的承诺中出场，但是更多的却伴随着我们意图的失败。我认为，海德格尔对于教师的哲学的特定重视和特殊贡献正是在于他表明了我们如何可以通过危及权威和我们自身所精通的来成为挣扎的仆人，好让其他人能够听到来自他们自身问题的呼唤。随着主人的成功，主人也无法自保。随着学生的发问增加，当他们回答自己的呼唤，课程实际上对教师来说越来越困难，而不是更简单。此在不是一个答案；它是——在最富有同情心的阅读之上——一个问题。随着学生的此在涌现，问题的力量和呼唤就随之增加。在这个教师的哲学当中，教师是在问题中生活和工作，而不是去解决它的主人或仆人。

但是，如果这一切都是真的，那么海德格尔这个名字又怎么会是“一个在1933至1945年纳粹党派中很有地位的党员？”(Wolin，1993)1933年左右怎么会有他将希特勒的美德赞颂为“现在和未来德国人的现实和法律”？那这个教师又是怎么看似能够承认教师精神中容纳自身退出的必要性，并且写着“知识的意义在于：成为我们被置放的环境的主人”？

对于这个问题的一种解答就是：海德格尔不仅赞扬了问题中存在的以及存在的问题的精神，他还相信挣扎中的精神是德国人民和德国的真相。总之，海德格尔将精神或者挣扎的根基置放在德国国家社会主义或者纳粹主义之中。布伯和薇依否定意志的权威和自由并在其中嵌入了第三方，而海德格尔则将它置放在德国人民和国家正确的教育意志上。

海德格尔在1933年左右雄辩言辞的主旨究竟是什么？当德国人的这种意志，这种介于权威和自由的第三方登场，德国人的“新的现实”在那里就实现了(Farias，1989)。他认为这个新现实的教育，是“发端于未来运动的发问行为的当下爆发为”。而且，“提问问题总是向前迈向，响彻于未来”。因此，这种运动需要“新的教师”，而他将会体现德国人民的真理。海德格尔看到这个新的教师是从构成“新的

学生"的德国政治化青年那里涌现的。这样的学生是"纳粹冲锋队或者德国社会主义工人党党卫军"。"新的秩序"将会从他们的活力和意志涌现出来。他们是那些拥有必要的勇气去为实现新现实而行动的人。他们要是成为领导者,他们自身的意志会导致所有的意志结合为"德国最伟大的意志"(Wolin,1993)。当下要在这种想象力的运动中发现真正的领导,来"教育德国领导"(Farias,1989)。海德格尔概括他的教育哲学为:"学会怎么更深入地懂得:从现在开始每一件事情都需要作决定,所有行为都必须承担责任。"(Wolin,1993)他提倡,这种教育就是"为之服务的精神意志"(Farias,1989),通过牺牲自我来达到对于存在命运的真实理解。这种命运在这里和当前,在于人民和国家社会主义革命产生"我们德国存在(此在)的彻底变换"(Wolin,1993)。

总之,领导的意志是合法的,因为他们为了德国人民的命运而奋斗,这种命运众所周知,并被那些具有朝向未来实在精神的人预先承认和服务。

大学所扮演的角色对海德格尔来说是如此重要,它能够服务于未来国家群体的精神理想。当他担任了弗莱堡大学的校长之后,他在新职务上发表了现在看来是非常恶名昭著的"德国大学的自我主张"的演讲。在这个演讲中,他呼吁大学里的教师和学生将自己的意志精神地或智识地投身于真正的"德国大学的本质"。他表示:"这种本质会获得明晰性、秩序和权能……当领导首要地且自始至终地为势不可挡的精神使命所引领时,这种使命将深深地烙印在德国人民命运的历史中"。这就要求,"最持久、最坚定和最严厉的自我检验"。自我检验是需要力量以及意志的决断。意志的目标在于必须实现德国人民的"精神世界"。海德格尔认为这种权力"来自保存那最深层的、埋在德国人泥土和血泪中的力量"。[11]他总结指出,"精神世界自身就能确保我们民族的伟大"。

我们可以继续列出那些说明海德格尔关于国家社会主义家在德国二战前的使命和他关于哲学和教育学的前景关系的格言。但是我们现在必须对海德格尔思想中与教师的哲学有关的两个缺陷作出批评。首先是他对于师生关系精神实质的漠视,其二便是它对于精神本身的疏忽。[12]

包含在师生关系矛盾中的教师哲学要求教师不去追求理论和实践的真理。一个为了质疑、发问以及为了可能性的实现而教的教师,不仅仅关乎对理论或原则的确定性的否定。在其实践中,她知道她必须带出这样的理解,并且身为教师,不能对于实践一直麻木不仁。教师可以"专注"于学生或者"影响"学生,但在这两种情况下,教师还必须是教师。相反,专注和影响所包含的精神挣扎意味着教师无法在工作前后保持不变。教育是她的工作,一种需要教师和学生学习的工作。

在海德格尔对于师生关系的上述描述中,是教师呼吁学生去自我检验和发问,或

者回到她自身的此在——她的存在。我们看到海德格尔描述存在如何从问题中退出，只留下"可能性"作为它的痕迹。这对于教师也是一样的。教师之所以退出，是为了让她教学的真理能够成为可能性痕迹而出现。但是，教师的否定在此也只是修辞上的言论罢了。教师虽然退隐，但她对此已经有所了解和预料。她从学生的退出取代了学生的否定。这两者都否定了学生和她的工作，并且保护了教师的掌控其不被那个工作的负面影响所损害。当海德格尔说教学的难度在于"去学习"(Krell，1993)，以及教师的真理在于"服务于精神意志"(Farias，1989)，这个比较像是教师作为主人和持续作为主人的掩盖。正是在与他者关系的冒险中，而不是从那种关系中的退出，促使真正哲学的教师代表这种构成她的工作的矛盾和对立的真理。

这就产生了第二个问题，或许是对海德格尔更为重要的批评，即海德格尔精神教育的概念。显而易见，教师精神教育中的学习成果模棱两可，而海德格尔的精神教育根植于未来自身的命运之中。就像布伯所说的雕塑家一样，这个教师已经对教育的目的预先知道得太多——在某种意义上它就是德国人民的意志——危及了他工作中的教育困难和挣扎，这种困难和挣扎不会被任何人或者"种族"所拥有。

海德格尔思想的底牌因此就是：退隐的哲学转而成为掌控的哲学；让学生学习的哲学成为德国意志的教条；教育的开放性"无可争辩"地成为民族主义教学专制的确定性；以及呼吁教育的波澜和冷风成为纳粹意识形态的"暴风雨"(Wollin，1993)。海德格尔觉察到，他所称之为西方"垂死的伪文明"的没落，其精神力量已经不断地衰退并且已经开始分裂(见他的《关于人道主义的通信(Letter on Humanism)》，Krell，1993)。当一个具体的本体论，一种明确方式的存在，被用来反抗这种伪文明的任意自由的时候，[13]或者教育本身已经退化为对民族主义热潮的掌控，我们不应该为此感到惊讶。但是我们必须当心，尽管精神教育和培养有哲学头脑的教师困难重重，仍有可能提出看似可行和吸引人的解决方案。相反，有哲学头脑的教师继续选择较难的道路——同时兼任主人和仆人，并且拒绝虚假结果，譬如可以轻而易举地、毁灭性地控制人的民族主义。

我们必须了解海德格尔对于教师的哲学的贡献，从而也作为对教育哲学可能陷入的功用和滥用的警告。[14]无论伴随教师和学生的困难关系的第三方是多么容易成为一种精神确定性，无论这个第三方在反抗所有"他者"，或者所有被选定的人的同时能够保持自身的精神情趣是多么的轻而易举。我们必须看透海德格尔教育哲学中那些华丽的修辞语，并且发现它们其实就是对质疑、发问以及思的掌握与统治，并将之设定为本质和真理。与这种"本真性的梦语"[15]相左的是，否定教育的质疑、发问和学习的工作都有自己的真理，这种真理不是你的，也不是我的，也不是教师或学生简单拥有或占有的。

注释：

1. 这是弗莱雷在《被压迫者教育学》(*Pedagogy of the Oppressed*)中对于银行类型的教育的评论："教师不是去交流，而是在发表公报。"(1972)

2. 这篇文章以"教育"为名发表在布伯的《人与人之间》(*Between Man and Man*, 1947)中，并于1925年8月在海德堡第三届国际教育研讨会上宣读。

3. 布伯关注犹太教内部关于法律的教学(理论)以及犹太人真实的生活(实践)是否存在着分离。他在探求通过能够整合这些要素的教育而进行的精神振兴。

4. 当然，我们必须要注意，在这里布伯专门提到了犹太教育，尤其是法律和犹太当代日常存在之间的关系。这里不是讨论犹太教和现代性的地方。这足以说明了，对那些从布伯这里找到可以很容易地从犹太教转入现代性的一种新的道德关系和新的结合的人——也包括那些为教室里教师与学生之间"我与你"关系的纯粹形式而争辩的教育者——来说，其人本身可能就没有实践包容。

5. 布伯在他和卡尔·罗杰斯的1957年会话中对于治疗师和客户的关系也秉持相同的观点。布伯对治疗师这么说："你必须要比(客户)对治疗境况多出一种了解。你能够做到一些他不能做到的东西。你们不是平等的，也不可能是平等的。"(Buber, 1998)

6. 摘自布伯的《教学和契约》(*Teaching and Deed*)一文。

7. 我意识到布伯很可能不会欢迎将责任和包容称为教师的一种"哲学"。哲学是被他谴责为造成思想与存在或理论与实践分离的要素之一。他说西方哲学的智慧化已经将上帝变成一种(康德式)想法，而只有犹太教学的更新才能克服欧洲智慧风气中那种"令人沮丧的孤独感"(Buber, 1967)。但是，布伯也注意到思想和存在的分离"将犹太问题转变为人类问题"(1967)。因此，我们或许可以冒险称他的包容理论和实践为教师的哲学，因为它强调了教师与自由和权威相联系的矛盾体验。更关键的是，他视这种经验为富有教育意义和形成性意义的。同样的，我们也可以把这种影响和否定的体验称为教师的精神教育，因为它通过身处思想和存在的分离之中了解自身。这为我们打开了教师困难身份的精神意义。最后，我们可以把布伯提出的精神的教师——轻举手指，或质疑的眼神，那种"潜在的影响"——称为在必要的师生单方关系中的第三方伙伴。正是这种相同的单面性或者对立和矛盾的经历，才给予我们动力，来在第三章和第四章中寻求基于这些困难经历的教师的哲学。

8. 在这个语境中，"科学的"广义上意味着"哲学的"。

9. 她在穷人和20世纪的法国工厂工人身上发现了最严重的人类危机。在她关于自身工厂生活体验的著作中，她评论道：这种工作压抑了人真正的人性，因为它抑制了人去专注、去学习的能力和意志，让他仅仅为了活下去而不想成为人。抑制专注就是抑制人对于学习的需求，将他专注的力量以及他关怀自己和别人的能力粉碎。下面这段话是薇依对于工厂中工作的观察：

> 这简直是非人的；工作分成小的进程，而且是按照每小片付酬；各个不同的单元和不同的工作进程之间的关系都是按照绝对的官僚方式进行。没有什么值得一个人去专注，相反的，他们被时时刻刻局限在某个框架中，专注于同样琐屑的问题，唯一的变数就是提高你的工作效率，从6分钟完成50片到由5分钟完成，或者类似的其他什么……(Miles, 1986)

此种境况本身就自动驱逐了叛逆的情感……

一个人不敢对工头傲慢无理，更何况，(在当时的条件下)根本就没有人想那么做。因此，除了悲伤，再也没有其他对于自身命运的可能的情感了。因此，一个人就会被诱使单纯简单地停止对于什么都保持清醒，除了肮脏污秽的周而复始的日常生活。还有，工作时间以外，他们在体力上很容易就陷入到半睡眠状态。我对于那些能够自我教育的工人充满敬意。他们大多数都很粗鲁，这的确是个事实；但是，这同样也需要很多毅力。

在机器面前，工人必须灭绝他的灵魂、他的意念、他的情感和所有的一切，一天 8 个小时都这样……一个人静静地服从……一个人不可能"有意识"。

10. 请注意，罗斯对于薇依做不到让自己消失或未被觉察地离开而感到震惊。(Rose，1993)

11. 或许值得注意的是，这里有一个对于海德格尔更好的辩护：比起精神之师，他更像是种族主义者。有关此在的本质，他描述说不能纯粹地假定为生物学的，或者以某种方式从构成其的条件中分离。这与真实此在从德国人的泥土和血液中获得的想法存有矛盾性，其矛盾的程度具有高度的争议性。关于这个主题精辟入微的探讨请参见：科恩(Cohen)，2003 第 1 章。

12. 我在这里故意用了"疏忽"这个词，是因为海德格尔相信"关怀"是此在的重要特性。(Tubbs，2004 第 3 章)

13. 其实，海德格尔将"学术自由"称作"任意"。(Wolin，1993)

14. 为近期出版的《海德格尔：教育与现代性》(Peters，2002)做出贡献的人在他们的研究中，普遍地给予把海德格尔哲学运用在教育之中去抵抗工具主义的方式以优先性。例如：科学中的工具主义(Copper)；使教育标准化(Gur-Ze'ev)；表现性(Smeyers)；大学历史精髓的技术消亡(Thomson)；对于科技全盘化的抗拒效应(Standish)；计算化思维(Fitzsimons)；机械化或者标准化(Bonnett)。其结果是：在同一本书中，除了保罗斯坦迪什(Paul Standish)之外——他认为海德格尔缺乏(错误)再认他者的结果"破坏了他的本体论计划，计划的奠基人已经朝向一种虚无主义"(Peters，2002)——未在真实的社会关系、真实的主观性中并被这种社会关系和主观性调停的精神绝对性的危险，并没有被其他《海德格尔，教育与现代性》(*Heidegger，Education and Modernity*)的贡献者具体认识到。总体而言，《存在与时间》(*Being and Time*)的压制性关系没有被认识到。我在其他地方(Tubbs，2004 第 3 章)指出，海德格尔对于《存在与时间》第一部分关怀的概念因为缺乏现实性，在第二部分里时间(和命运)的讨论中被赋予同样的特征。对于《存在与时间》与海德格尔的教位任期(Rectorship)之间的关系的沉默，是一种对哲学可以从实践中抽取出来的建议的沉默。此外，这种沉默代表了政治，又好像它自身不是一种代表物。真正在这里沉默的是文化、教育和哲学的改革以及现代主观性。最终还是这个沉默略去了向海德格尔意在毁灭的二元论的沉沦——比如说，创意/标准化、技艺/诗歌、封闭/开放的二元论。正是在这种二元论的重复下，隐秘性关系和哲学标明了它们永恒的归返。至少，它提供了教育哲学的另一种偶在性的开始，来重新评估那些因错误和危险而被抛掉的哲学资源的重要性。

15. 这是阿多诺(Adorno)的一本含有对海德格尔的批评的著作。它能够有助于我们了解的是，阿多诺认为"海德格尔被吸收到希特勒政权中并不是一种操控者的投机取巧，它跟随的是一种希特勒式的和认可人的主宰权力的哲学思维态度"(Adorno，1992)。

结 论

在第二部分的开始，我们探究了教师的哲学，把教师的身份分割成主人和仆人。现在，研究结束时，我们将把主人和仆人的关系本身看作一个整体，其间教师在她工作中艰难地处理权威和自由之间的冲突。在很多情况下，这些因素之间的分离本身是它们在经验中矛盾与复杂共存的一种抽象。但是，正是通过它们彼此之间的抽离，我们才得以体验它们对彼此最有力的回应，进而带领我们去理解教师经历中诸种关系间的复杂性。同样的，我们用教育作为启蒙的例子为开始，这个例子来自柏拉图在《理想国》中有关洞穴的隐喻。现在，如果教师能够被视为既必须是主人也必须作为仆人，如果生活于这种对立之外是她工作的现实，那对于启蒙模式意味着什么？它仍旧会是与教师相关的模式吗？

不过，这仅仅是教师在面对自由与权威的真实体验和困境中形成并通过这些体验与困境再塑形的一种模式。我们将以两种方式阐明这一点：通过返回到洞穴隐喻、通过返回到第二部分研究开始的那位教师——吉莉安·罗斯。

在第三章里，我们讨论了作为主人的教师，她在洞穴中教，但总体而言不是教洞穴。第四章中我们描述了两类理论家，他们提出了身处洞穴而批判洞穴的教师思想，努力克服或者处理由此带来的冲突。对批判教育家来说，控制在"实践"(Praxis)中和通过"实践"被克服；对后启蒙教育家来说，主宰因为尊重多元的差异(因为缺乏一个更好的术语)而得以避免。不过，我们看到在两个例子中，洞穴的彻底性回归颠覆了那些计划，迫使这两种努力又陷入来自教师反复经历但似乎永不能克服的抽象和控制的矛盾与疑难之中。正是因为在洞穴中为了自由而教的这些经历，具有自我挫败的本质，所以第五章的精神导师为了理解理论和实践困境中更深刻的真理而不断追寻。结果便是，当我们的精神之师还没有把自己从洞穴中解放出来的时候，他们就已经在一定程度上改变了与它的关系。他们的如下观点：关于影子、关于不要未加批判而接受的现实、关于复制自身而重塑洞穴的矛盾，已经使他们意识到了比批判教育学或者后启蒙理论所意识到的对教师来说更为关键的

东西。这些精神导师知道，洞穴里面的关系暗含或者也推荐了洞穴之外的东西，那些并非即刻呈现的东西。被推荐的是一种普遍的视角，某种给个体境遇提供意义和重要性的东西。但是同样的，他们知道，这种视角仅仅是以消极的方式提供，因为普遍性永远不能被个体知晓，除非以某种个体之间或者超越个体的精神的方式。这就是教师囚徒(teacher-prisoner)在主人和仆人之矛盾中所显示给我们的。教师必须投身于否定自己身为主人的真理和自由的思想，然而她也必须充分掌控它，以便通过教育他人而服务于它。

从所有我们所知晓的教育者来看，洞穴中的生活是艰难的。我们知道，它不直接鼓励它的居民考虑太多有可能提供普遍性的大问题或者真理，这种普遍性是洞穴幻象之上和超越洞穴幻象的。我们对公正、和平、一个更加公平和更加平等的世界的梦想与希望，通常建立在直觉、感觉或者这种普遍性概念之上，但是它们的逃离和撤退跟它们的到来一样迅速。它们可以通过日常生存的需要被克服，同样也可以通过疏远、抽象和逃离于洞穴提供的娱乐需要而克服。不过，在生活的某个特别时刻，我们或许会感觉到，我们接触到了那些更宏大的感觉和思想。也许是临死前，也许是在危难临头的时候，也许是在我们突然感觉到自然及自然景观之宏大无边时的静默时刻，也许是当我们仰望星空，感觉到自己在整个宇宙中比一粒微尘更加渺小和更有意义的时刻。或者，也许是在学校遭遇失败后坐在海边书写一首诗歌的时候。

但是，没有理由认为，我们不能从这些困难经历中学习关于启蒙的非常重要的东西。没有理由去否认，这些困难经历或许就是启蒙的思想。如此，我们能够说，启蒙不是一个结果，一种积极和明确的东西，像刚刚铸造出的硬币一样，我们能够简单地弯腰捡起然后放到口袋里。教育不是一种“东西”。教育既是经历也是我们与作为学习的经历之间的关系。我们从经历中学习是不充分的，我们也必须学习从经历中的学习。我们从学习中学到的、从经历中学到的是，学习是困难的、难捉摸的、本质否定的和永远矛盾的。即使这种对学习的定义，用在直接交流中的话，其本身也不是学习，在你的经历中，它也是要被否定的。因此，我们不需要因为宏大思想和宏大观念难以理解而丢弃它们。相反，困难及其磨砺或许就是这种宏大思想的品质。

那么，这是一种什么样的启蒙呢？也许可以被称作哲学启蒙——这种启蒙有其自我驱动的车轮，在不断地和没有妥协地否定我们的确定性的困难经历中，拥有它自己的本质。以这种方式了解启蒙就是去改变我们对于启蒙是什么和真理是什么的前概念与偏见。就像我们刚刚看到的，当看到某个真理可能有更多精神含意的迹象时，洞穴教我们把它期望为某些具体的东西。

实际上，阅读柏拉图的洞穴隐喻，你会发现：在真理和教育之间有惊人相似的困境概念。柏拉图主张，尽管洞穴之上的世界、哲学世界或者哲学知识美丽和真实，外面世界所达致的这部分教育仍然是教师必须回到洞穴中。教师有责任把这种机会提供给他人，以使其也获得智慧。他说，当你能帮助人们意识到一个更好世界时却把他们留在一个更糟糕的环境里，任由他们无知，是错误的。因此，柏拉图洞穴内和洞穴外的启蒙所提供的，不是象牙塔内的启蒙之人高高在上舒服地坐着俯视众生。生命不是供认识的，而是认识服务于生命。[1]

柏拉图在洞穴的描述中强调返回的必要性，清楚表明了这一点。[2] 受过启蒙的那个囚徒不愿意回到其他囚徒仍然过着的那种生活。如果他回去了，很确定的是，他的新理解在旧的世界里将不会被接受或者受欢迎。的确，他看问题的新方式会被解释为危险的幻象。柏拉图承认，那些所有开始被启蒙的人，会不情愿"把他们自己卷入道德事务的麻烦之中，他们的灵魂（是）渴望居于其上的"（Plato，1992），这是一点都不奇怪的。柏拉图警告说，启蒙过的人会拒绝留在洞穴之外的世界的自由，会"再走下去和那些囚徒一起，与他们分享苦难和荣誉……"。对有关这种强迫的正义性的质疑，有两种回应：第一，哲学国王不愿意统治是他反而被信任从而统治的主要理由之一；第二，返回和为了返回的真理而工作的责任恰恰就是他已经被启蒙过的。不过，柏拉图进一步论说，教师的返回是与正义有关的。他认为，个体的灵魂和城邦或社会的"灵魂"一样，包含同样的特征。灵魂和城邦都由欲望（desire）、精神（spirit）和理性（reason）之间的关系而组成。当灵魂和城邦以同样方式平衡这些组成成分时，便是普遍的正义了。这种平衡就是在为了启蒙的奋斗中发挥作用的东西。对于灵魂和城邦来说，欲望和理性是相对的，欲望寻求个体的满足，而理性需要真理和自由。它们通过精神维持着这种困难关系，精神在关系中发挥作用，支持着其中一方或另一方。在洞穴隐喻中，这种工作就是返回，哲学家从洞穴返回到上层世界和从上层世界返回到洞穴。这种返回是超越了个体欲望的精神和理性之间的关系。对柏拉图来说，投入到教育灵魂和城邦的奋斗中，就是为正义而工作的核心。

那种建立在我们第二部分研究开始的启蒙之上的教师哲学，很快就声名扫地了，现在转到教师的使命上。它把工作视为理性实体自身。返回到洞穴和从洞穴的返回的确是柏拉图说给教师听的，教师必须永不停止思考他们所做的，把这个信奉为一种个体奋斗也就等同于教师为了身处于世的各种关系而工作。那么，这里的启蒙不仅是思考、质疑、行动的永恒返回，然后进一步地思考、进一步地质疑，永无停息；也是不断形成我们是谁和我们如何生存。[3]

那么，这种启蒙模式和教育作为斗争的哲学下，教师怎么样呢？她或许努力拥

护它，但是被不得不通过测量和考查而获取平衡并逐渐心力憔悴(undermined)。她或许不喜欢教育当前的形式，然而她又是维持这些形式的中枢。她的心灵也许希望事物都是有差别的，但是她的工作使她成为自由和权威之间悖论的牺牲品。教师会把她在这种希望和失望之间自我挫败中的纠结理解为什么？努力为了学生工作但同时又站在他们对立面的那种矛盾不是职业中祛魅、绝望和放弃的主因吗？

在这里补充一些近期后现代著作中的观点是合适的，它们伪饰了这种困难和恼人的论点。例如，格特·别斯塔(Gert Biesta)说，教师的这种矛盾和疑难经历并不是"她的"。她为这种经历所做的任何宣称都是"建立在一种特殊的、个别化的人的定义之上"(Vanderstraeten & Biesta, 2001)，这种定义乃基于一种教育作为主体之间互动的观点。她的错误导致她"或者以一个教育者的视角，或者通过学生或孩子的视角"看待她的经历。所以，她应该理解，教育由教师和学生之间的互动空间组成，这就是"新的现实"或者"教育面对"的差异。这种新的现实并非一种矛盾——即使是"(这种)教育的可能性被它的不可能性维持"，因为它仅仅对主体(subjects)来说是矛盾的，而且这些主体仅仅是"把具体性放错地方的一种谬误"而已。[4]

理论家们在真正的现实之上安置了一个新的现实，这对教师们来说多么有诱惑力！对那些教学和教学失败的主体而言，用"一个居中(in-between)的空间"取代在困难中的浸泡，是多么平静从容！但是，用别斯塔表征为不可表征的某种东西来取代主体和她学生的斗争——"她"的斗争和"他们"的斗争，是多么令人沮丧；把这种"不可表征的"空间放置在教师现时斗争与矛盾的意义和价值之上，似乎前者仅凭它自身的资格就拥有某些意义一般，是多么虚伪！别斯塔承认，不可表征不可能是与教师文本和学生文本相关的第三种文本，然而，在否认了困扰作为"他们"的经历时，不可表征就不仅仅要被设想为第三种文本的关系(relation)了，它是凸显于教师和学生的真实关系之上了。这里重要的问题不在于别斯塔会抗议说空间不是凌驾于教育同伴之上，而是在他们之间。要旨在于，授予了空间高于主体经历的首要地位，那它就不可能是"他们"的空间！如此，在教师最难应付的困难时刻，这种教育的后现代理论并没有给他们的主体性提供任何实质性内容。

但是，像我们在这里展示的教师哲学(我在第三部分也还会谈更多的哲学细节)，能够提供某些东西，而不是在提及教师的困扰经历时否定他们的主体性。它包含了这样的意思：师生之间恼人的外部斗争，对教师来说也是一种恼人的内部斗争。这是"他们"的斗争。从现在开始，我们运用可以帮助我们打开这种教师哲学的语言，做如下表述：外部和内部之间的这种关系就是教育的自我联系(self-relation)，当教育为了彼此也因为彼此存在时，它也成就了自己。我们在第五章里

已经看到这种端倪了:对布伯和薇依来说,矛盾和对立变成了精神和宗教的关系,对海德格尔来说,则是精神与政治的关系。不过,它仍然留待我们去讨论一些能够冷静思考这些矛盾和对立的哲学家,并且从他们之中引出教师哲学。我们会在后面第三部分做这个工作。但是在第二部分结尾,让我们回到开启我们的教师研究的思考者——吉莉安·罗斯。她试图把这种哲学式教育表述为一种活生生的生命存在。

我们在第二部分引言中看到,罗斯在她的医生身上发现了这种哲学品质。不过,她比较概括地问道:"要成为一个哲学家,你需要做什么?"(Rose,1999)为了回答这个问题,她引证了三种品质:第一,"永无停止的好奇心";第二,"关注的能力";第三,"接受无路可走(绝境),即:除了澄清对问题的陈述,或许没有任何解决方案"。然后,她得出结论,"你发现你是一个哲学家:它不是你曾经成为的某种东西;它就是一种热情"。

这样一个被哲学热情点燃的心灵,不会试图去逃避困难的或者恼人的经历。相反的,它会拥抱他们所赞许的教育和学习。罗斯抨击了这样两类后现代哲学家,他们有的把理性和启蒙看作是主人的独有职权,因此是极权主义和飞扬跋扈的;有些则采纳仆人的观点,教导我们说这种统治能够避免也必须避免。这两种方式都丢掉或者拒斥的东西是:理性已经在困难和矛盾的经历中——或者用罗斯的术语来说,是表征为"一个断裂的中间地带"的经历——向我们重新展示(re-present)了它自身。[5] 教师的工作正是重新展示这些表征,即使它们在定义上也是困难的和矛盾的。没有一个人能够代表她的学生拥有这些经历,也没有一个人能够阻止教师在被误导的信念——自由可以挽救其自身——下拥有它们。

罗斯是这样阐述的:

> 知识分子所做的这种裁决——理性本身已经毁坏了现代生活,应该以其使他人沉默的名义而被废黜和禁止,与那种阻止小孩子、阻止那些男孩女孩们玩枪支弹药、火并游戏或者任何暴力玩具一样的决定,具有可比性。这种粗野的诚挚、文明的德行,原意是要阻止战争和侵略,实际上却加重了他们的倾向。这种决定以教导虚幻与现实间差异的游戏(生活故事、恐怖电影)的方式,表明了一种信任的缺失。能够探究那种边界的儿童,在经历暴力的、内在的和情感的冲突时会感到安全,并且会产生对其他人的同情。那些被禁锢而远离攻击性实践和游戏的孩子,则会被吓坏和瘫痪无力,不能释放情感或者面对它们,因为它们可能会破坏这个世界和他/她本人。检查者加重了她想去减轻的症状;她想从他人身上去掉已经在她自己体内被擦掉的边界。(1995)

但是对教师——她的实践是哲学的,她理解她被信托的天赋——来说,意义和

价值不仅存在于她作为一个教师的奋斗中，还存在于她在教育他人的过程中实现奋斗的真谛的方式中。这种教学、这种职业，就是爱，这种爱不仅普遍存在于教师特殊工作中、并作为教师的特殊工作而存在，也存在于教师哲学之中以及作为教师哲学本身而存在。

也许现在我走的太远了。也许对教师哲学的呼吁已经由于自不量力而失败了。这都没有关系。我们必须陈述这种教师的真理，即使它被认为太难或者太不现实，或者是太理想化。实际上，也并非如此，它距离我们已经比我们所意识到的反而更近了。在我们的工作中，教师哲学距离我们比我们距离我们自己还要近。因为，它是教师奋斗的真理。我们都在引领我们去教的普遍性和这种普遍性所反对的特殊方式之间奋斗着。在普遍性和特殊性之间，在它们的斗争之间，我们都是保持这种关系之张力的独特个体。我们从事的这种个体工作精确地说是普遍性，是我们共享的人性。看上去我们似乎并没有拥有那些普遍经历，但实际上，它们就是我们拥有的一切。世界上唯一平等的是受苦受难。

一个人并不一定必须要成为过这种哲学生活的教师。但是，正如早先宣称的，教师从事的是自由事业。她暴露在它的矛盾之下，因为她的实践总是关系到对学生的教育——自由。如果她不怀疑她自己的权力和权威，那么她就是一个主人。如果她怀疑它们然后总是避免它们，那么她就仅是仆人了。但是，如果她认识到她的怀疑是对她的身份、她的权力和权威之幻象的必要否定，并且从这种经历内部着手去教导，那么她就既是主人也是仆人。或者，我们称呼她为哲学的教师(philosophical teacher)。[6] 这种教师把偶在性作为偶在自身的真理，冒她的偶在之险，并把她的偶在作为她自身的真理。这种经历、这种学习，在不得不是的困境和不是我们所是的困境中一再重复自身，它是我们持续的教育。它包括知悉和理解，作为教师，我们就是过着一种学习的生活，我们总是在不断了解自我，总是学习着同样的事情，但是每次又都截然不同。怎样才能过这种生活？在我们的困难经历中就可以识别出这种生活。在那些困难的经历里，我们所是和我们所不是之间的对立相交了：在我们的权力和无权之间，在我们的独立性和我们的依赖性之间，在我们身为主人和身为仆人之间，在我们作为教师和作为学生之间。这些相遇，总起来说都存在于我们想去教导别人的自大傲慢和我们努力去这样做的谦卑里。

注释：

1. 弗朗兹·罗森茨威格(Franz Rosenzweig)关于教学的理论中使用了这个短语。参见：奥本海默(Oppenheim)，1985。

2. 参见：塔布斯(Tubbs)，2003。

3. 但是，教师非常清楚地知道思考的时间是非常有限的。一位在本书出版之前阅读过它的中学校长说，怎么没有早点读到它呢！他不再以他过去习惯的方式去思考教学了。我认为，缺少思考的时间部分解释了为什么如此多的新聘人员在取得教师资格之后不久便离开教职。教师没有给予思考他们所做何事、所做何为的时间。教育者避开了对他们自己的教育。然而，教师哲学已经向我们显示了，那些没有教导他们自身的同时却教导别人的人，仅是主人而已。感觉有持续学习的必要以便能更好地服务于学生的老师——不过她发现自己既没有时间也不被鼓励这么做——不久便听命于一个简单的选择：维持没有学习的教学，或者是离开。很多人选择了后者。

4. Biesta 在这里使用的短语来自怀特海(A. N. Whitehead)。

5. 有关这一思想，我在本书的第一和第三部分阐述得更多。

6. 这个词语用在此处是危险的。它可以被作为一个抽象强加物来反对教师，被作为一种他们必须是什么和做什么的命令。但是，就像我们在第三部分将要看到的那样，它是哲学和教师的结合，两者都瓦解了教师的身份认同，并在瓦解处认识到教师的学习。哲学教师在她的工作中反对抽象的强加物，包括反对她自己作为哲学教师的抽象。

第三部分

哲学与教师

引　言

在本书的第三部分，我们将继续在第一部分之后便被搁置起来的更具经院意味的讨论。当时我们以质疑而非断定的姿态介绍了审视现代性和现代经验的路径。这里颇具挑战性的工作是：通过对可能的社会和政治状况的认识来学习主体性的形成和重塑的过程，同时又避免制造新的恐怖、粗暴或操控的形式。这种学习，正如前面所论述的，即是在思辨性（哲学性）经验中建立主体和本质间的关系。在这个意义上，思辨性经验乃是不确定性的实际状况。之所以说它是实际的，是因为它不会因为知之过多而被超越，也不会因为知之太少而不被超越。

这些知之过多和知之太少的情况都会在第三部分对哲学教师定义的探讨中被加以研究。我们不得不在这里思考：哪种教育理论能为澄清这种对立提供有益的视角？哪种视角能通过真正扎根于现存的政治经验而不是纠缠于两者的一致与否来再现这种对立？我们在第一部分看到主要的教育理论家面对他们之间的矛盾和对立并没有怀着开放心态进行哲学思考。他们遇到了瓶颈，便决意转向高度的独特性（ingenuity）。但这种独特性却仍然是对经验的压制，而意识本可在这种经验中将自我识别为一种学习意识的。

我们在第二部分也已看到解放性视角是如何对可能性的情况或对不确定性给与过多的理解的。他们将对这些情况的超越视为对意识形态的超越。这种超越凭借的是一种意识。这种意识通过认识这些条件从而转变它们。后现代的诸视角对这些条件或不确定性则知之太少。他们不认为意识可以在自身之中并为了自身而觉察自己的决定。换言之，他们持着一种开放的整体性主张，但是并不认为整体性有可能在我们自己的经验中被认识。以上两种观点都没能发现，它们所反对的抽象意识形式实际上反而决定了他们的立场。我们即将要探讨的，不再是对抽象自然意识的错误认识，而是其真理。这样，我们便是在现代抽象理性文化的范畴下理解教育范畴了。

大家或许已经通过我们的研究注意到，“教师的哲学”这一概念在当下已经被

保守地解释为被检验过的有关教师的一些教育观念。这是因为，这些教育观既没能通过支撑性的意识来重组它们的概念和理念，也没能将经验的重组作为其哲学工作的本质。这又回到了第五章，布伯、薇依与海德格尔三个人从不同的方面，将困难视为思考和同一性(identity)的内容。布伯的"共融"(communion)、薇依的"关注"(attention)、海德格尔的"存在"(Being)等理念都或从超验论意义上或从本体论意义上指向实在的"精神"(spirit)这一观念。当然这些精神导师们并未领会出一种教师哲学，因为他们并没有探讨精神与它自身的关系。相反，当对困难的体验成为其自身哲学考查的内容，或当自然意识可以从它本身、对它本身进行学习，而不预设对这种矛盾的解决方式时，精神的疑难(aporia)就成为了本质性的课题。通过其否定性的经验而进行的自然意识的教育构成了第一、二部分相关教育理论批判的核心。第二部分没有说明这些否定性的经验是如何具有教育和哲学的意义的。罗斯描述了这种思辨和自然意识之间的关系，它既为人所知又缄默无闻：

> 自然意识的否定性经验对我们来说具有积极的作用，因为自然意识已然被呈现为现象性的知识。自然意识并不知道自己是知识，但它体验了其定义和真实存在之间的冲突。由此它对内在变化有了觉察并认识了其先决条件。但是这个变化仅是认识中的变化，而且它还会引起更多的冲突。自然意识改变了其自身的定义和存在状态，但这个变化是自我决定的。同样的，它并不排除实质对于意识的决定。这种意识坚持要作为一种自然意识存在，它与对它起着决定作用的本质保持联系。(Rose，1981)

这是一种"视角的转变"。非思辨性的理论化形式要么将其误认为对自然意识的超越(实践理性)，要么误以为这种超越是不可能的(多元主义)，要么误以为可以通过完全拒绝自然意识的统治而避免这一矛盾(后结构主义)。

为了对抗这些误解以及它们进一步的控制，我们将通过黑格尔、尼采和克尔凯郭尔深刻并充满争议的论述，来再现现代和抽象理性对我们的哲学和教育经验的统治。我们将探索这三位哲学家是如何在不自由中呈现自由的。他们不是退回到丧失自由的痛苦中，而是继续利用哲学来考查那些内在地具有现代性的问题。曾几何时，许多人都以为"哲学之终结"已经到来，转而研究新的伦理关系形式，而黑格尔、尼采和克尔凯郭尔却继续专注于哲学思考。这一思考是根据哲学本身的形式和内容——因此是在精神与自身的关系之中，作为哲学和教育——进行的。在疑难哲学(philosophies of the aporetic)中，教师哲学从它们自身的矛盾和冲突中诞生了。

第6章 黑格尔

引 言

我认为有必要在本章开宗明义,我们将要呈现的对黑格尔的阐释有些不同于教育理论和教育哲学中对黑格尔哲学本质的一般性理解。坦白地讲,黑格尔的哲学常常因其目的论和整体论立场而被拒斥。其理由如下:黑格尔的哲学为帝国主义的偏见服务,认为西方理性史具有目的指向,西方历史的所有事件和结构都是理性逐渐展开的阶段,直到文艺复兴之后的欧洲,它在绝对精神中达到鼎盛。因此,黑格尔被认为应该对所谓"历史之终结"的观念负有很大责任,这个观念认为资本主义的自由民主是人类理性、社会和政治发展的顶峰,可能还存在着需要零敲碎打的边缘地带,但是就其所有的意图和目的而言,工作已经结束。

把黑格尔哲学视为整体论的观点是从"历史的终结"这一观念中推演出的。黑格尔关于理性发展的论点现在被作为理性恐怖以及理性对其他思想、同一性、社会组织形态压制的证据。理性已经如同帝国主义对其他地区的殖民一般将思想领域(甚至我们自己)作为了它的殖民地。它抑制被殖民者的声音,甚至抹掉其记忆,使自身凌驾于本土文化之上。只有在现今,在后基础性思想中,这些声音才重新被听到。只有在现今,理性的统治和垄断才被质疑并推翻。被推翻的首先是其最基础的建筑——主体性和"我思"(cogito)。只有在现今,受惠于后现代主义和后结构主义对于偶在性和历史主义的洞见,我们获得了批判理性统治的能力。这种统治对于其所承诺的兑现得实在太少了。总而言之,人们认为:在黑格尔那里,凡是理性的都被抬高,跟它不同的都是非法的。

这和我们在第四章所说的是一样的。只是我们在这里强调了黑格尔的理念在这场浩劫中所扮演的中枢角色。这种对黑格尔哲学的阐释传播得是如此广泛,乃至几乎没人对其加以质疑,甚至在教育理论和教育哲学中变得不容置疑。但这种观点是错误、平面和简单的。

首先,只有在当下理解了那些推动它成为如今面貌的矛盾曾经是如何作为其发展的构成性要素,并将如何继续在它的发展中扮演构成性的作用之后,我们才能说黑格尔的哲学是目的论的。这一过程有时包含了理性之所以变得恐怖的路径。对当下与过去之联系的认识有助于进一步理解这种联系是如何摧毁对历史之终结的断言的。目的论并不因其认识了通向其自身的构成性和教育性路径而走向终结;这种教育会作为教育而延续下去,并拒绝教条,拒绝任何稳定性。其次,从上一点延续下来,黑格尔历史发展观的特点并不是由一个终极目标所设定的,而是由一个连续的发展——就现在的理解而言就是其自身的教育性发展——所设定的。这并不是一种历史终结式的理解。它作为一种激进的、非教条的状态,允许那种认为教育必然具有一种不确定性的观点的存在。在黑格尔哲学中,当下就是时间的不确定性本身。第三,将理性作为一个整体的观点并不意味着对他者的侵占,而是意味着理性要求自己理解和尊重他者观念所带来的复杂性和挑战。事实上,后基础论的批评指控理性的集权主义倒是极端的讽刺。黑格尔准备通过承认有关他者性(otherness)的经验的绝对不确定性来承认被经验的他者性的真实性。后基础论的批评却预设与他者的关系意味着对他者的认同,并在这一观点的基础上来反对不确定性的真实性。这种预设在他性被经验之前就确定了他性,认为它具有不可通约性或不可进入的特点。对他者的控制依赖于对他者的设定。在黑格尔的著作中,他者在其与不确定性的关系中被设定。这种不确定性并不压制对不可避免和必然情况的预设,并且这个预设知道不确定性就是他性在具体而特殊的社会关系中的表现。

关于流行的对黑格尔的误读——如果那些人真的好好读过的话,以上的回应是很不充分的。但是有一种误读却非常重要。这关涉到一个概念——扬弃(Aufhebung),或者用流行的译法:否定(sublation)。有一个流行的误解认为黑格尔的哲学是建立在"正一反一合"(thesis-antithesis-synthesis)的二元论基础上的。可人们往往忽视在黑格尔的论述中讲到的这样的运动过程对体验这个过程的意识的改变。这个改变过程就是对意识的培育、塑造和重塑。仅仅观察这个发展过程并从优越的地位或作为一个窥探者来评论它的貌似真实的逻辑,实际上犯了先入为主地预设和误解经验与主体性的培养过程的错误。事实上,确实应该认真地避免在这种概念基础上建立起来的教育。在黑格尔批评者的理解中,这种程式被解释为一个综合体,超越了立论和反论之对立。他们同样认为,对这种超越观加以批判的理论基础应该是对上述帝国主义统治观的批判。超越和解决对立,实际上是理性强加在所有对立和三元论之上的恐怖。他们最终的论点将会战胜(他们所假想的)黑格尔的观点:一方面,差异是不能被超越的,或者另一方面,超越没有注意

到对立总是胜过理性的综合所强加的幻象那施加君权似的统治。前者可以被称为后现代的多元主义，后者则在后结构主义的基础上越走越远。

尽管如此，黑格尔的哲学并不建立在对矛盾二元论的超越和解决的基础上。黑格尔的哲学是围绕一种关系而展开，这种关系作为对对象加以思索的可能性条件而存在。这里发现的不确定性的意义，与那种仅仅追求去宣称相互依赖关系的不确定性相比要更加激进、透彻和重要。这种宣称必须预设其期望承认的关系。或者，从另一个方面讲，与对象之间的关系总是以先在的与对象的联系为前提的，并随之变化。这意味着不确定性的宣称是不确定的，而且当这种现实化被视为差异、可能性、关系或者绝对思想的不可能性时，它必然在其自身的压力下随之溃解。这种对关系或者关系之关系的哲学洞见当然不专属于黑格尔。相反，正是通过对辩证对立进行考查，为从柏拉图到德里达的西方哲学赋予了形式和内容。黑格尔对于这个争论[1]的贡献在于他的整体哲学不是指向两个关系中的某一个，而是处于两个关系的关系之中，即：既蕴藏在与对象的关系中，也蕴藏在与那个关系的关系中。一个是思想与对象之关系的自然立场，一个是思想与关系之关系的哲学立场，它们有一个断裂的中间地带。虽然这里存在着双重否定，却不存在超越。所谓双重否定是指对与意识相联系的对象的否定和对与意识（现在是它自身的对象）相联系的关系的否定。黑格尔的“体系”就每个关系对于他者的意义都做了细致的探索。在这个系统中，中介或否定不会被超越，而批判才是这些意义的主题和实质。作为一个本质上具有教育性的经验，断裂的中间地带不能被消除，因为它使得思考成为了后者的可能性条件。但是它能从解决的不可能中学习到其自身的真理，这个真理在抽象和中介的矛盾与不可避免的结合中被获知并成为这种结合的形式和内容。它是存在于不确定性与自身关系之关系中的真理。

这里还有一个最大的讽刺。那些希望从黑格尔哲学的封闭和终结的观念中复兴不确定性观念的立场，实际上却反对不确定性的普遍意义及其必要性。黑格尔是理性的现代守护者。而理性是“永远缺乏立足点的重要标准”（Rose，1995）。将超越引入不确定性之普遍性的唯一途径是抽象地从一个不确定的立场上批判偶在性（的开放性）。正如我们已经在第三部分所宣称的那样，这一抽象和教条的立场若要成立需取决于这样的方式：当不确定性被很好地理解之时，它就被超越了（如作为“实践”）；当对不确定性的理解太少时，它就没有被超越（如作为差异）。这种二元论在不确定性的普遍性中消失。裁定黑格尔的“扬弃”的概念是超越性的还是非超越性的这一做法，是在压制和使判断得以可能的对象之间的关系。超越性与否，坦率地说，是哲学的教育对其自身的抽象。如我们在前面所讨论的，这是文化和虚无主义辩证法之终结。

在探讨(虽然只是用一种有限的途径)作为教育和哲学的关系的黑格尔的不确定性哲学之前,系统地解释这个工作将要依赖的核心概念是很有价值的。

1. 先于经验和对象产生关系的是我们的自然意识(nature)。

2. 但是既然没有那种先于经验的可靠的立足点,自然意识就只是看起来像(appears)是和一个对象发生关系;事实上,它是一个已经和经验相联系的对象。

3. 忽视这种关系的动态机制,即是误解(misrecognise)了思想与其以前的形式和内容(即之前已有的思考的形式和内容)之间关系的不确定性。

4. 我们的哲学意识(philosophical),是指我们与意识和它的对象的关系的关系。由于它否定意识与其对象之间的关系的直接性,由此它设定(posits)了它与它自己的对象间的关系。因此,我们的现代批判哲学意识的立足点也就同样是我们自然意识的立足点。我们的哲学意识不可能避免作出设定,也不能避免即便身处其中仍作为反抗而存在的批判功能。自然意识在否定(negation)和抽象(abstraction)的循环中时隐时现。

5. 这种抽象的哲学意识被设定为反思(refrection)的立足点。但是如果对它在循环中的必要的和先在的决定性无所察觉的话,这个立足点就是幻象(illusion),或者说是虚幻的存在(illusory being)。

6. 幻象通过将主体性设定为自由,从而遮蔽了在自由(freedom)作为主体性而体现的现代所有权(modern property)关系中的政治的先在决定性。我们内在生活的形成取决于已然成为内在生活之幻象的关系,或者取决于另一种关系——在这种关系中,设定(posting)设定它自身。照此,幻象蕴含着被主体性当作自身的抽象自由,却没有意识到它对于占统治地位的抽象社会关系所具有的不确定性,以及它对于这种操控性的社会关系的再现(re-presentation)。

7. 因此,虚幻的存在是对(意识)与对象的关系的再现,而此时对象并未意识到自身受到了再现。这种再现既体现了现代所有权关系的统治,也是对它的批判。

8. 当幻象被看清后,就没有超越与不超越之分了,而只有意识的自我决定,这一自我决定处于悖论式的不确定性循环中。只有在这种意义上对错误认识(misrecognition)的复识(re-cognition)才能被称为“革命”——即自身不断轮转的哲学的教育。

9. 因此,认识自由即是去再现自由的缺失状态,但也是去了解自由所需求的教育方式。

10. 这是黑格尔绝对不确定性哲学的真正重点。自然意识,也就是现代政治自由虚幻的基础,其作为主体性是不会被超越的。它代表了我们在自由、自由的否定以及我们的决定的相互关系中认识它们的方式。消除主体性意味着禁止自

由出现缺失，换句话说，即压迫政治经验本身。对错误认知的复识即是通过幻象所进行的幻象的教育。这是绝对不确定性的本质和主体性所在。

黑格尔哲学在这里预示了比解放的或者说后基础取向的观点更深刻的有关不确定性的认识。我们在幻象之中以及有关幻象的教育是以本质和主体性的自我否定的方式来决定二者的。常常有这样的观点：我们应该保留黑格尔哲学中所有的否定性方面，而取消其绝对主义的要求。这其实又是在压抑主体性的政治性文化方面。我们将看到，如果绝对者没有被认识，那么我们就没有必要进行现代社会关系的哲学批判，而且主体性也将失去政治意义。正如克尔凯郭尔所说，那些试图把握偶在性的理论家们在四处打探，"就像戴着眼镜的人从来不试图寻找他的眼镜一样——也就是说，他正在寻找的东西就在他的鼻子底下，但是他却从不看那里，所以就永远也发现不了那个东西"。(Kierkegaard，1989)

既然对黑格尔的哲学进行了这样的解释，我们理所当然地要揭示将其呈现在这里对教师的哲学有什么意义。我们教师哲学研究的第一和第二部分在两个方面使用了思辨哲学，特别用是罗斯的"断裂的中间地带"概念，来作为在教育哲学和理论视角下的"疑难的失落"的批判工具，和理解作为实践教师最纠结的困扰的主仆矛盾的理论化途径。此外，第一和第二部分已经开始揭示那些著名的教育理论是如何拒斥困难经验所具有的自我统一性，它们预设了这些经验无法在哲学的教育中并作为哲学性的教育发挥实质的作用。

还有，我们已经看到不同的解释和解决这些在经验中被呈现的悖论的方式。这些经验包括"实践"(praxis)、差异、(政治的或精神的)交互主体性等，但它们都毫无例外地压抑了其哲学的和政治的重要意义。第一章专门探讨了教育理论化过程对绝对者(absolute)避而不谈的一些途径，它们用不同的方式避免将对绝对者的思考再现为一种矛盾(contradiction)。第二章在一定程度上主张，这种对再现的否认可以被视为所谓文化的终结的特征。文化准确地说是对事物的释放，是对在再现中被承载的政治的教育之开放性的持存。如后基础取向的教育评论所关心的，作为哲学、教育及其相互联系的文化被否定了。这种否定因此使其自身被视为形而上学及现代理性的终结或耗散。尽管如此，从"断裂的中间地带"的哲学内容和本质出发，这些否认在拒绝认识自身的一种绝望状态中形成。这种"没有理性的令人绝望的理性主义"(Rose，1996)遮蔽了作为在现代社会关系中理解意识的形成和重构之途径的文化的终结。这样一种绝望的拜物主义(fetishism)将不能看到社会和政治的作用，也不会看到这种拒绝的哲学重要性。概括来说，文化的终结威胁到了绝对者以及对抽象化的政治教育的整体性超越。

站在和这一背景对立的立场上，第三部分现在提供一种可以辨识疑难经验的

哲学本质的哲学。通过分析尼采、克尔凯郭尔——但首先是黑格尔——的思想，我们将呈现哲学与教育之间的关系。这种关系解释了主体性和本质的形成和重塑，而这正是以前的教育理论和教育哲学所缺失的。特别是在这一章中，我们想要探索黑格尔有关幻象的观点的教育和哲学意义。如上面所勾勒的，我们将要呈现幻象如何能够在文化的终结中实现作为绝对者的学习这一观点。在后基础取向的统治时代中，读者被要求悬置这些问题。在这里，有关绝对者的论点在对现代社会关系的批判中是绝对必要的，并且其自身就是在哲学和教育的关系中形成的。这一章将会重新思考在第一部分和第二部分中被讨论的经验。我们作为教师，已经看到教育理论家们是如何超越或是止步于理论与实践、教师与学生、权力与自由等二元论调中的；我们已经观察到这些二元论又开始摧毁有关那些悖论是否已经或是尚未被超越的信念。在对这一循环的认真思考下，我们现在能够在有关“整全”的本质这一问题上来重新教育我们自己。虽然黑格尔的术语艰深、思想复杂，他仍然为我们提供了“在一个完全不同的方式下认识这些对立”(Rose，1981)的机会。

本章的结构如下：第一节，“黑格尔的教育哲学”。简要描述黑格尔的哲学系统并用之表明它是如何作为对前面第一和第二部分所呈现之视角的批判以及它如何构成黑格尔在作为纽伦堡文科中学校长时的教育哲学的。第二节介绍著名的师生关系，即主仆关系说。最后，使用一些刚刚解释过的概念。在第三和第四节分别以“黑格尔的哲学教育”和“自由与教师”为名，探索黑格尔教育哲学同时成为一种哲学性教育的途径。这关涉到黑格尔哲学中教师基本的教育性特征。

6.1 黑格尔的教育哲学

在他于1812年10月23日给伊曼努尔·尼特哈默(Immanuel Niethammer)[2]的信中，黑格尔用以下的术语概括了他的哲学体系：

> 哲学的材质在方法层面和灵魂层面有三种形式：抽象的、辩证的、思辨的。它是抽象的，因为到目前为止它都只在思想中生长。当它只是抽象的时，它成为了——这和辩证的和思辨的形式不同——所谓的可以迅速抓住决定性因素的理解方式，并在这些因素固有的区别中认识它们。辩证的，是对那种固有的确定性的改变和扰乱。它是否定性的理性。思辨的，是积极的，是精神性的，只有它是真正哲学性的。(Hegel，1984)

这段话将哲学的经验描述为哲学的教育。它让我们可以重新回顾在第二部分所描述的教师的经验，以探索这些经验在一起是如何再现这种结构的。首要的因素是作为主人的教师的抽象化。第二个因素是辩证，在于强调不确定性、权力、否

定和解构。显然,后启蒙时代的理论家们拒绝具有辩证性质的任何事物。尽管如此,解放的和后启蒙时代的教育学还是被融合进来了,因为它们都坚持怀疑和不确定性的教育意义。对弗莱雷或埃尔斯沃思来说,批判教育学是对那些把学习者及其政治、文本和认知活动禁锢在意识形态中的阴影的批判。第二部分描绘了批判教育学的普遍基础——即学习者在某种意义上需要“与具体的再现分离”。[3] 但是它同样揭示了思辨的、精神的或纯粹的形式理性的困境。按照第二部分的呈现方式,否定性批判的三种不同的解释显而易见。首先在批判教育学中,批判被视为有能力整合理论和实践、思想和存在,并其本身可以作为反思性“实践”产生对这个世界的积极干预。第二,后启蒙主义的教育学寻找的是积极肯定的东西而非和解之道,它似乎回避这种(对理论和实践的)整合,甚至回避对反对意见的预设。第三,精神教育学(spiritual pedagogy)试图通过不置可否的方式来反对它们,如布伯的“相遇”、薇依的“关注”以及海德格尔的“无解释的质疑”。在每一种理论中都有对第三方参与者的肯定或否定,却并没有用这种肯定和否定来构成哲学的经验。

但有一种哲学的批判却能同时由这三种回应所构成。每一种回应都成功地消灭了教师作为主人的身份这一抽象因素,而且还从不同的方面抵制将自然意识的教育经验作为经验的教育。它们拒斥哲学性的学习。它们拒斥这样的真理:自我意识会参与到“作为其自身活动的反题(antithesis)之中”(Rose,1981)。在批判的、后启蒙主义的、精神的教育学中,这样的参与从不成为它们的内容或概念。这样,教育就不会被看作必然具有哲学性,哲学也不会被看作必然具有教育性。与其说这些方法是“错的”,不如说它们在认识自己所赖以存在的对立面的过程中失败了。哲学性的困境——哲学的教育安居之处——被这些对困难的解决方式所造成的负担所压迫。“第三条道路”或“断裂的中间地带”不仅仅是反思性“实践”或主体间性(intersubjectivity),而且还有包含了对“断裂的中间地带”具有否定意义的差异性和不可通约性,重复了思维和对象的虚幻(的对立)立场。无论作为对真理或谬误的判断,还是对封闭者或开放者的判断,外在的强迫都只是在学习的真理被悬置起来的时候才被需要。在这种对学习的误解之上,“真理因此被限定在自身之中,与任何的意识没有联系”。这表明抽象的社会关系与对象化的思维方式仍然居于统治地位。结果,即便是精神教育学也以第三条道路的形式强制将精神与教师的哲学性经验相对立。具有讽刺意味的是,这种以“包容”(open-ended)之名反对真理的做法实际上并未做到在寻找第三条道路的过程中保持包容的状态。它们不愿把自己的困难作为自身教育的内容。而黑格尔向前迈出了脚步,他始终把经验作为教育的内容,始终愿意探寻从学习中学习的真理。第三条道路(甚至它本身以否定第三条道路形式存在)阻止了不断复制的教育。

如果认为黑格尔已经在某种程度上解决了学习的难题，这也是不对的。学习本身就是困难的。既然如此，在哲学上下功夫既是正确的也是不完整的。这就是黑格尔试图在他关于"概念"(the Concept)的思想中抓住的东西。他于纽伦堡文科中学任校长时期(1808—1816)的信件显露出他在试图教授这种哲学、对真理的学习和学习的真理时所遇到的困难。在试图设计一门能够传授哲学经验的结构——即抽象、辩证和沉思——的课程的过程中，他再次遇到了教授这方面学习方式的困难。[4]

和我们正在阐述的教师哲学一致，并与第二部分中呈现的经验不同，黑格尔知道他需要既做主人也需要做仆人(我将马上探索这种教师所处的关系结构)。作为主人，黑格尔有很明确的对于学生的期望。他反对决斗、打架和吸烟，同时也反对政治活动。他在1810年的开学演讲上说，"我们希望这所学校的学生具有文静的举止，能将注意力保持在教师身上，并且尊敬和服从他们，与教师和同学们相处时行为合宜而得体"(Mackenzie,1909)。他还将军训引入学校，因为它可以帮助学生更快地学习和"接受思维的表征，毫无犹豫地执行命令而不会急于进行反思"。他将毕达哥拉斯(Pythagoras)的学生作为这种律令的例子，因为对其追随者，"毕达哥拉斯要求四年"(Hegel,1984)的沉默。当然，黑格尔补充道："哲学家起码有权利要求其读者在读完整部作品之前保持思维的安静"(同上)。这些以及后面的两个观点给出了一个作为控制者的教师的形象。他不鼓励学生独立思考，也不允许学生表达自己的观点："这已经不仅仅是哲学的偏见，而且在更广泛的意义上成了教育学的偏见：独立思考的能力需要被放在首位进行发展和实践，就好像学科内容(subject matter)毫不重要。"四年之前，黑格尔在给尼特哈默的信中就说过："教导个体独立思考和自我衍生(self-reproductive)已经造成了不幸，使真理蒙上了一层阴影。"

尽管如此，(作为仆人)他被学生们所爱戴，他"对于知识的与生俱来的激情"充满了感染力(Mackenzie,1909)。黑格尔能轻松地教授大多数的科目，他鼓励广泛的阅读并对学生们的阅读材料给予了特别的兴趣。他对每一个离开文科中学的学生进行访谈，无论他们是否进入大学。此外，他对传统的学究式的教学方式的厌恶在他对地区学校委员会的批评中表现得很明显，他说：

> (它的)唯一教育青年人的理念是无休止的灌输、填鸭和记忆——并不是用心学习，仅仅是无尽的重复、压力和麻木、不停的填充。它不能理解年轻的心灵在学习中事实上必须独立地工作。(Hegel,1984)

黑格尔对于学生独立之重要性的认识在他对于教师的观点中显露无遗。他认

为教师不应该：

> 使学生产生受奴役和束缚的感觉——即便在不重要的事情上也让他们顺从他人的意志——要求为了顺从而绝对地顺从，残酷地取得那些本来专属于爱和尊敬的感觉的东西……一个学生的团体不能被视为一个奴仆的集群，甚至不能有那样的表现和举止。以独立为内容的教育要求年轻人在早期就形成关于得体的举止及其理由的自己的认识。(Mackenzie,1909)

如果黑格尔对学生的独立性持有必要的矛盾观点，这只是对学生试图理解哲学时所需具备的能力的反思。正如黑格尔所评论的，"认识一门本质性的哲学的过程就是学习"(Hegel,1984)。尽管如此，他似乎只能以一种艰涩的方式教授哲学。他承认用抽象的逻辑联系来启蒙学生的做法失败了。在某种程度上，他正是犯了他先前所批评的死记硬背式的学习方式的错误。他迅速抛弃了这种做法，选择了在学生的日常生活中具有基础的抽象物来代替，特别是那些在法律、道德和宗教领域可以找到的抽象物。"从何处开始"，这个问题在理解黑格尔哲学的困难中十分关键。他这样理解思维的开端："正因为它是开端，所以它是不完美的。"在这里，他的意思是说，因为对一个对象的思考已经是这个对象的中介了，所以开端不可能成为对象本身。"任何抽象的开端都被否定了，因为思维总是对我们即时所见者的否定。"(Hegel,1975)在这个意义上，黑格尔并不要求教授如何去反映或否定一个对象，而是去帮助学生认识到他们自己已经独立地做到了这一点。在对批判的、后启蒙时代和精神的教育学所做的一个关键的批评中，他注意到辩证法的教授"与其直接诉诸其真实的本质，不如通过各种思维类目(thought determination)的缺陷来进行"(Hegel,1984)。如果思维本身被"还原为没有生命的主题(或)一个术语表"(Hegel,1977)，那么经验学习就会受到反对。教科书不可能包含学生理解辩证和否定时所必要的发展过程(1984)。对于学生将其工作的真相理解为哲学本身，或是在哲学中学习、为了哲学而学习的程度而言，黑格尔一直是小心谨慎的。他注意到只有很少的学生达到了高等教育部的标准，因此他主张学校中的哲学教育的目标不应是教授"绝对的哲学立场"。勿需再言的是，这种小心谨慎在大学中是不必要的。

6.2 主人与仆人/教师与学生

我们现在将简要地描述黑格尔著作中最具争议的领域——《精神现象学》(*Pheomenology of Spirit*)中的主人与仆人之关系。我们将把这种关系和师生关系联系起来。[5] 黑格尔用主人—仆人关系作为理解经验(或者如前面所讨论的，理解

学习的真相)的模板。黑格尔研究专家哈里斯很明确地表示:"主人和仆人在一个自我意识中是伙伴。"(Harris,1997)。此外,主仆关系还是黑格尔理解在强势的所有权关系中的同一性形成过程的基本模式。我马上会揭示出这对于教师的重要意义。首先,让我对黑格尔所呈现的这种关系作简要描述。

黑格尔认为,主人是"一个独立的意识,他的本质是自为(for itself)的"(Hegel,1977),主人以占有其他所有"事物"的方式来占有奴仆。主人让奴仆为其工作。所以并不令人奇怪,黑格尔认为这种关系是"单方面的和不平等的"。在这种关系中,主人享受特殊的地位。他是独立的、自主的。奴仆对于他人具有依赖关系并且由别人来告诉他该做什么,而主人的生活则独享快乐。

要对主人的这种独立性发表微词并不困难。为了这种独立性,他要依赖仆人。他需要别人为他工作,他才能成为独立的人。主人如果为了独立而(必然)需要仆人,那么他根本就不是独立的。因此,黑格尔说"(主人)独立意识的真理相应地对应于仆人的屈从意识"。这样,主人与仆人之间首先是相互关联的。仆人对主人来说无足轻重,但没有仆人,主人也就什么都不是。

从仆人的角度上说,情况稍有不同。黑格尔指出仆人有两种经验。首先是他体验了那种一无所知的纯粹的恐惧感。他"在每一丝存在中战栗,所有坚固和稳定的东西都被摇晃进了(存在的)的根基中"。黑格尔说,这种经验就是对死亡的体验,即奴仆知道他自己并不拥有生命,他没有稳固的基础可以作为建立同一性的基础;对主人和他自己来说,就法律上而言,他完全不存在。我们可以说,奴仆的生命,因其属于他人,就是一个活死人,这个生命活着却没有作为自己存在。在一个艰涩的句子中,黑格尔说这种"纯粹的否定性"是一个"普遍时刻(universal moment)","所有的稳固的东西都绝对地消失"。他认为奴仆的本质具有内在的否定性,即奴仆必须不为自己而活,但是仍然不得不活着。

尽管如此,仆人还有另一个特征。他不但具有内在的否定性,而且因其生活在自己的真理之外而具有外在的否定性。每当他为主人工作,他就否定性地重复他的真理。在他的工作中——权且当作在他的"同一性"中——他并不是他自己。

对于黑格尔来说,这里确实有很重要的东西。这个东西就是前面所说的学习的真理。奴仆触到了某些主人所不能触及的东西。奴仆在恐惧中、在工作中再造了自己的否定性的真理。伴随意识,他参与到了否定自身的行动中。他现在能从一个完全改变了的方式来认识主人和仆人之间的对立,因为他所做的就是他所是的,他所是的就是他所做的。相反,理论和实践、思维和存在的统一在主人那里被否定了,因为他的独立性之矛盾性仅仅否定了他的自我确定性,这并不创造他的真理,反而毁灭它。因此,主人丢失了他的真理,而奴仆获得了他的真理。黑格尔说,

“通过他自己对自己的再发现,奴仆认识到正是在他的(看似只是疏离的存在状态的)工作中,他捕获了自己的心灵”。

现在局面确确实实转变了。是仆人——而非主人——拥有完整性并直面真实的自我。仆人在用逃脱主人束缚的方式直面自己的统一性。主人所设想的统一性仅仅是一个伪装(hypocrisy),因为它否定其自身。从另一方面讲,奴仆对他是谁这个问题则很诚实。

但这并不是故事的结局。很好,我们说奴仆获得了自我而主人丧失了自我。但是奴仆获得的到底是什么呢? 因为直面自我的真相,那么他是否在他的奴性中存有某种独立性呢? 他可能是唯一过着真实生活的人,但是这对他有何帮助? 何种独立性才是“否定性”? 他看起来拥有属于他自己的心灵,但是他并不“自由”。

奴仆体验他自我的真相却并不自由这一事实,和学习的开放性是指向同一个真理的。它们都参与到了对自身的否定,都要求在抽象性上下功夫,都要求触及它们自身的心灵。如果哲学的经验什么都改变不了,那么这种经验就没有任何教育的意义。但我们又确实看到了这种经验,看到了这种为我们而存在的经验,这种经验驻扎在发展或教育之中。这里有一点和在第二部分中所探究的教育学模式有关。伴随着否定性的经验诞生的哲学的教育并不是全新意识的产物。它是在有关反思性实践、差异性或主体间性(精神)等观点的背景下提出的。也就是说,一个新的意识已经超越了之前的关于主体性的意识形态的或同一性的主张。我们前面在幻象中看到的观点并不指向真实的情况。以各种扭曲的形式作为我们自然意识出现的意识和那种以否定性的、扭曲的方式体验自身的意识是相同的。“两种”意识存在关联,也存在断裂,但它们仍然是一个意识。奴仆并没有超越主人。与柯耶夫(Kojève)在他那颇具影响力的有关主人和奴仆关系的著作中所表达的所谓未来属于奴仆/工人的观点正好相反,未来实际上为奴仆和主人所共有。对主人来说,现代人仅仅在形式上是自由的;对奴仆来说,自由的真相就是它的不完整性。在这个意义上,政治学就是学习,政治就是压迫。现代人不仅会为他的主人而在世界上的较贫困地区以及他们自己生活的地区依赖于经济奴仆,而且他自身就是作为幻象的主人之否定面的奴仆。现代人,在当下就是主人和奴仆,在和这种不自由的关联中拥有他自身的心智。这里的矛盾发生在奴仆的真相和他对在这个真相下发生的行动的参与之间。

同样的结构可以被用来探究师生之间的思辨关系。需要讨论的经验已经在第二部分里描述过了。抽象地说,教师的同一性在于其主人的身份,在于他的工作,乍看之下也就是在于“教学”。但仔细观察会发现教育的工作事实上是由学生在表现着。因此,这种关系是单边的,而且不平等。权力和权威取决于教师的同一性。

他很享受这种作为知者(knower)的独立地位。而无知者是学生。学生的同一性缺少独立性,因为他们缺乏知识。

但是他们的关系显然比乍看之下要来得复杂。从教师的立场来看,教师的权威代表了她用知识所换来的独立性。[7]尽管如此,教师作为主人,其同一性和独立性中却存在着冲突。她的知识一文不名,除非这些知识被"教授"出去。她作为教师的同一性要得到保证,她就必须不断地教。但这又反过来意味着必须有人在学。在这里,用黑格尔的"主人"概念来看,教师为了同一性而依赖于学生的工作。学习把他们捆在一起:教师拥有它,而学生没有。但是,因为奴仆做了主人的工作,将主人释放出来享受愉悦的生活,所以学生必须在两方面的意义上顺从主人——即,因为学生必须服从,也因为主人(抽象地)在这种工作中是自由的。因为主人就是所有者,所以主人是博学者。这里的结论是,独立的教师,其真相就是学生的服从和工作。[8]

尽管如此,师生关系还是仅仅被人们从主人的角度片面地审视。我们现在需要从奴仆(也就是学生)的角度来审视这种关系。作为奴仆,学生在这里有两种经验,而这两种经验是相同的。一是他将自己体验为无知者、愚昧者,认为自己没有老师那样的资本(简言之,没有经历教育的人)。在中学或大学里,他坐什么地方、在什么时候学习、如何学习、他的作业有多大价值——这一切都在以教育或知识的名义提醒着学生他的一无是处和他否定性的地位。[9]一个人进入了某个教育机构,他就将他关于故乡、家庭、朋友等等的知识和认同感统统抛到脑后,他不得不成为一个学生。为此,在教育所有权的名义下,所有坚固和稳定的东西都被晃动了根基。至少在英格兰,有一点很容易被观察到。当学生在教育系统中通过时,他会被不断地告知他以前所学的东西现在都毫无用处,需要被遗忘。而同样普遍的是,教师和讲师可以把学生们看作蠢货并让他们感受到这一点。不用问,除了对在教育关系中内心空虚、一无所有的恐惧,学生还因为知识的缺乏而害怕被羞辱——不管他是否独处。

至于奴仆,除了所有稳固的东西都烟消云散的"普遍时刻"之外,还有另一个特点为学生所有。学生不仅仅在教育(资本)方面内在地一无是处;他还在工作中再生产了这种状态。在每一节课或讲座、每一篇论文或报告中,学生对教师的依赖都暴露无遗。每当被要求展示他在教育资本上的增长时,学生都是在被要求再次展示他缺乏资本的地位。在他的工作中,在他的"同一性"中,学生的地位都是否定性的。

尽管如此,从教育以及学生在工作和存在两方面的否定性来看,一些重要的东西可以被揭示出来。学生正在触及某些主人所不能触及的东西。学生在恐惧和工

作中再生产他自己的具有否定性的真相。他为其所是且是其所为。对主人(教师)来说,理论和实践、思维和存在的统一被拒绝了,因为学生对她的否定和她对学生的依赖使她和她的工作无法整合;这两者反对并摧毁了统一。但是对学生来说,自我的再发现建构于这样的基础上:他意识到在他的工作中,他仅仅具有疏离的存在性。通过这样他发现了自己的心灵。而这种整合性拒斥(抽象的)教师。

学生在这里获得的"自己的心灵"到底是何种面貌?他如何能既作为学生拥有关于自我的真相同时又被定义为没有教育资本的人?这与在作为主人和奴仆的意识,以及意识参与到其自身的反对行为所在的经验的真相中发现的是同样的断裂。如果绝对者不被了解,黑格尔的哲学就没有任何的政治属性。现在我们也可以说,如果学习的真相不被了解,教育就没有任何的意义。实际上,学习的真相在这里可以被理解为那些了解自己、学习自己并在与教师的联系中学习的学生的真相。在这里,我们可以将学习体验为教育的真相。但这并不是那种将教育带向终点的教育的真相。这不是某种终结。相反,通过蕴于经验中的对立,教育被了解。这是为什么这本书的第二部分以那种结构呈现。学习的真相必须从教师的矛盾性经验中提升出来。当这些经验没有被认识到其哲学的意义时,它们要求困境的解决——反思性实践、非决定性和主体间性——从而停止它们的哲学探究。教师的哲学从这些经验中提升出来并没有从外部给他们带来任何东西。当教师参与到这些对立和困境的思维中时,他们就能以不同的方式来认识它们。这样做也就是理解教师哲学的真理作为真理来理解。

将这种师生关系简单地理解为存在于教师和学生之间的做法是错误的。我们前面已经看到,哈里斯已经清楚地指出这种关系蕴含于同一意识之中。这里存在着两个相互补充的运动。教师在与其学生的关系中体验其抽象的同一性。这种经验组成了上面第二部分的内容。但是当教师能够将有关困难的经验注入哲学内容时,她就成为了自己的学生。这样做的同时,有关学生学习的真相即是老师的这些困难经验的真相(在这些经验上,老师已经成为自己的哲学学生)。当这些经验还没有成为哲学的内容时,教育的哲学和教育理论就依然是独断的和片面的。[10]这会造成教师无法认识到她所面临的困难的意义。

当师生关系就是教师自己成为学生这一真相时,在同一意识中的关系就和前面描述的一致了。她作为主人的同一性在她对学生的教导这一行为所产生的困惑中崩溃了。但当这些困惑不被压迫,既能成为内容也能成为活动时,教师就会对学生的真相开放,把它当作自己的真相。这个真相和她一直保持着联系。[11]困惑就是这种内容的同一性,因为它是纯粹的一无所有,是绝望。这对教师来说是非常真实的。我猜想,所有人在怀疑自己的能力、效率(也就是怀疑我们自己)时,都会有所

有坚固和稳定的东西在消散的感觉。但是怀疑同样是一种活动和工作,它制造了恐惧和否定性的战栗。在怀疑中,理论和实践开始整合,因为怀疑就是其所为的也做其所是的。尽管如此,它并不是对工作的终结;它仅仅在教学和作为教师的经验中是工作以及工作之同一性的整合。它本质上具有否定性的性格保证了没有终结的可能。如果没有困境,就没有哲学的教育。

这对教师来说意味着什么？这首先意味着她在理论与实践中的困境以及理论和实践的冲突是真实的——这种真实不仅仅来自它们的存在,而且来自它们的哲学意义。其次,这意味着,在她的哲学工作中,她可以理解学习者的真相。她的怀疑不会被压制也不会被解决,而将会被审思。在成为哲学内容的同时,它们也成就了教师的哲学教育。作为一个哲学教师,她开始以不同的方式来认识自己的困境。她在困境中理解学习的真相——她对自己的实践和她自己加以怀疑:她不是教师,她没有理解学生的工作。在哲学中,在教师的哲学中,她开始实施不同寻常却又正式的工作。说这是正式的,是因为她同时作为学习的内容和活动存在。她不能保持不变,因为在怀疑她自己的思考的内容和活动的过程中,她已经在变化了。在教师的哲学中,她既不是主人也不是奴仆;她两者都是。抽象的意义上她是主人,辩证的意义上她是仆人,在思辨的意义上她就是主仆关系的真相。

"她的实践如何才能改变"这个问题将会带人们误入歧途。在不同的方法论指导下的实践的改变是不同的。但是如果真的不同,它们至少在政治和哲学的意义上是很罕见的。改变的是教师自己。她的工作使工作本身的真相具体化。很难说教师是否能把教师的哲学带入她们的工作。但是它们毕竟又很不一样。教师将饱尝在她的工作之意义中蕴藏的苦乐、困难和迷惑。她将在她的工作中找到学习的真相,也将在学习中找到工作的真相。她的迷惑现在将至关重要。她将关注她一举一动的意义和重要性,并在其中回归作为教师的自我。正是在这里以这样的方式,教师回归了作为她的职业的教学。在这里,工作中人性的一面和技术的、科层制的和工具化的、畸形的东西相对抗。路德光辉的宣言重新笼罩了教师——没有比成为一个这样的教师更为崇高的德性。她在工作中追寻他人学习的真相,并通过这样的行为将生命奉献给了这个真相。

6.3　黑格尔的哲学教育

了解黑格尔哲学教育的一条途径是幻象的结构和意义。[12]如我们前文所知,幻象在黑格尔意义上有它自身的逻辑和它自身在思维中的关系,因此可以使其教育和哲学意义作为精神而得以复兴。所谓幻象,在这里指向《逻辑学》(*Science of Logic*)中的本质领域。在那里,本质将自身呈现为虚幻的存在。简言之,幻象在当

下采取反思的立场，对于黑格尔来说，就是设定(positing)或者预设(presupposition)。一个幻象有两个特征：第一，它是转瞬即逝的，缺乏本质的，并于它自己而言也毫无意义；第二，当这种虚无的属性被它自己所感知到，它便成就了反思。关键之处在于，对奴仆而言，这种设定的虚无性及其活动具有主体性意义上的真实性，因此，设定看起来是被实施了的。我们现在看到(在黑格尔著名的师生关系说中)主人是奴仆的真相，因为奴仆的真相就是他的工作对于主人而言是虚无的。同样，主体性在这里就是设定或虚幻的存在的真相，因为设定的真相仍然是对主体性而言的虚无的工作。虚幻的存在不可避免，因为它已然是思维的"开端"。思维被设定，而被设定的就是思维。因此，罗斯说："反思已经预设了它所诉求的就是设定。"(Rose，1981)

这对我们而言有两方面的意义：首先，它意味着反思确实存在于幻象中。同样，所有反思的开端都是幻象；其次，如我们所见，幻象决定自身的途径是奴仆的真相以及这个真相所导致的主人的政治性的再现。因此，幻象并不仅仅是确实存在的，而且它也明白自己是一个幻象。在作为主体和本质的意识的教育中，教育意味着通过被触及(achieved)、被知晓(known)而被"实现"(realised)。对于黑格尔而言，除非我们利用幻象来理解幻象再现自身这一过程的真相，我们对幻象的批评就只能空洞地重复幻象没有教育意义的特征。幻象对于主体和本质的决定性，代表了思辨相对于主人—奴仆关系中其他形式的哲学和教育哲学的经验结构而言所具有的优越性。

幻象同样还是界定黑格尔哲学系统之特征的要素。罗斯观察到：

> 现象学不是向着所有意识与其对象之间的冲突的调和或者向着"自然"意识的废除而运动的目的论哲学，而是对自然意识的永久结构的思辨的呈现。现象学是我们抽象的哲学意识的教育。(Rose，1981)

如此一来，它就可以以自身为学习的对象和源泉。"如果现象学成功了，它就能教化哲学的意识，使之以一种完全不同的方式来了解各种对立，即深入到自然意识之经验的形成中去审视和觉察。"和那些将黑格尔的体系解读为目的论的、同时却又封闭的精神哲学的教条不同，我们看到了一个目的论的、充满矛盾并有足以认识过去、现在和未来的结构：在这个体系中，幻象通过将各种社会关系具体化从而了解到了自己的真相。

如果一个体系只能是对真相的错误认知，那么为什么黑格尔能造出一个体系来呢？答案是，因为在经验中自然意识对其和自身的关系存在着系统的错误认知。幻象是这个关系的前设和结果(work)。因此，正是我们自己具有了解错误认知和

教育的经验,我们才在对错误认知的错误认知中受到教育。在幻象中存在真理,因为我们通过幻象体验了幻象。此类判断的标准并非自外援引。无论在何种情况下我们的经验都在重复内外之间、对错之间联系的经验。否定的经验是思维对自身的行动。因此,它能将真理作为一种否定了其他对象的对象来判断。[13]

但是,如同在第一部分所展示的一样,我主张,这个自然意识(用 Rose 的话说)"体验其定义和真实存在之矛盾"的地方不仅能被辨识为哲学经验,而且可以被视为哲学和教育的断裂的中间地带。黑格尔所谓的真理并不仅仅是哲学;它是作为教育的哲学(philosophy as education)和作为哲学的教育(education as philosophy)。这是因为被否定的自然意识并没有被超越;它开始觉察到自身。这个变化在此视角上即其哲学的教育。所有预言了这种视角的转变和这种教育的哲学与社会理论,无论是作为对于自然意识之幻象的超越还是作为对这种超越之可能性的怀疑,都没有正确认识自然意识经验本身的教育和哲学意义。[14]

重拾作为思辨经验之核心的教育与学习不仅仅是一种对黑格尔的非基础性阅读,而且重拾了作为哲学教育学的黑格尔体系。既然奴仆与学生的真相在其否定性教育的完整性中被重新发现,那么黑格尔的整体体系也能以同样的方式被解读。黑格尔关于其被误读的沮丧感早在《逻辑学》中就有流露。他说:

> 经常有一些反对者对我进行猛烈的抨击。他们观点和反对意见充满着需要在被使用之前加以批判的先入之见,但他们都无法对之做出最基本的反思。这种无知的普遍程度令人难以置信。(Hegel,1969)

罗斯的三个发现帮助我们说出这些先入之见中的最本质者,带领我们来到对黑格尔的哲学教育学的融贯解读之核心。这些发现是:国家与宗教的基础是一致的;"社会关系包含着幻象"(Rose, 1981);绝对者可以被认识。我将依次非常简要地解释每一条。

在有关宗教哲学的演讲中,黑格尔提出了他的观点:"宗教与国家的基础是同一个东西,它们是一样的。"(Hegel, 1984)他还在其他地方也说到,国家及其法规"就是宗教,而宗教在现实世界的关系中显露自身"(Hegel,1956)。乍看之下,这样的说法与经验是相悖的。宗教——关于真理的主观倾向——怎么可能是一种法律关系的基础?爱怎么可能是法律的基础?更常见的说法是,它们相互是不可通约的,一个是主观和自由设定的,一个是客观和他律所要求的。

那么,黑格尔想通过对宗教和国家的断言表达什么意思呢?罗斯认为黑格尔的这个观点应该和其他那些黑格尔最难被理解的观点一样需要带着思辨(speculatively)来解读,即需要体验其断裂的中间地带而不仅仅将其视为抽象的主

张。所谓带着思辨解读,即"在主词和谓词之间受到肯定的同一性也被视为可以用来肯定对主词和谓词之间同一性的缺失。这种解读意味着它蕴含着与那种只有一种正式意义的主张所不同的同一性"(Rose,1981)。按这种解读,关于国家和宗教的普遍基础的主张就成为包含着我们对自由之缺乏的经验。罗斯认为,所谓思辨性的命题(speculative proposition),就是宗教所呈现出的自由和自主性(autonomy)的缺失。因此,断言作为一种经验的国家和宗教的同一性,对黑格尔来说就是去了解"作为国家和宗教的(缺少自由的)绝对理念的分裂"。

罗斯的第二个发现是关于幻象在一般性的思维和具体的哲学中所扮演的角色。正如我们即将看到的,黑格尔和罗斯认为有一个幻象存在于社会关系中,因为我们的自然意识会和对象发生联系并将其视为反思的立足点。如上所论,批判哲学和后启蒙哲学,甚至解释学,都存有幻象的成分。这些哲学对反思的偶在性和历史主义都很敏感,但这种观察和对关系的定位使之被排除在自己的哲学内容之外。对自我决定的幻象的拒绝延续了现代的、抽象的、理性的意识的统治。(或许是嘲弄的)风格常常被用来标记对幻象的觉察,它解构了对幻象的批判。尽管如此,那些自以为是的观点设定了(post)自然意识的幻象实际上就是对幻象之统治的否定——非哲学的否定。当幻象没有成为绝对意识的构成部分、作为对绝对意识的批评以及记录关系的绝对哲学律令时,幻象在哲学上仍然是不可认识的。关于幻象的自我决定,阿多诺和黑格尔持不同观点。对于阿多诺来说:

> 尽管已经确立了决定性的否定原则作为关键脉络,黑格尔的哲学还是有可能在某一刻成为某种断言进而进入意识形态:这个信念即否定通过不断往前推进和自我反思而具有积极的意义。这正是我绝对拒绝跟从黑格尔的观点……如果我说否定之否定是积极的,这一观念本身就包含着同一性哲学。它只能在我已经假定主体和客体的统一性会在终点出现的情况下才说得通。(Adorno,2000)

黑格尔在《精神现象学》导言中的话则可以作为对这段话的回应:

> 我们应当根据对错误的恐惧是否不仅仅是错误本身而决定是否应当被关注吗?事实上,恐惧理所当然地携带着什么——实际上携带着好多东西……具体说来它理所当然地携带者某些有关认知即工具和媒介的观念,并且假设在我们自己和这种认知之间存在着差异。总的来看,它假设绝对者和认知截然二分、相互独立……换句话说,它假设认知既然外在于绝对者也就外在于真理。但它仍然是真的。这个假设宣称自身恐惧错误,也就揭示出它对真理的恐惧。(Hegel,1977)

阿多诺"对真理的恐惧"阻碍了他探究认识幻象在教育和哲学上的意蕴。阿多诺因其有关物化统治的悲观论调而知名,因此他很难看到批评本身产生有效性的

方式。他和霍克海默一起做出了著名的论断:“即便是最有远见的改革者也增强了他在努力打破的既有秩序的权力。”(Adorno & Horkheimer, 1979)即便阿多诺发现否定的辩证法能够“洞穿”同一性思维的幻象并在其中找到积极的东西,他仍然不循着悲观之路走下去并得出“这条路就是一种教育”的结论。罗斯提醒我们,在幻象中,自然意识体验了它自己和它的自我意识之间的冲突,它在自身中找到了教育的标准。认识这个标准使得教育和哲学被联系在一起,但这并不意味着“所有对立面的调和”。(Rose, 1981)

这里涉及到了罗斯的第三个观点,即绝对者可以在作为社会批判的哲学中被认识。在现代抽象的知性(Verstand)文化——即抽象的理性意识文化——的幻象下,这近似于理论的渎神行为。尽管如此,幻象知道自身含有判断真理的标准。罗斯的以下论述解释了在幻象所提供的所有多元主义和错误认识中判断真理的标准是如何存在的。

> 一旦意识的形态被体验过,有一件事便可以断定,即可以断定绝对者或本质是否定性的。这意味着它并不能意识到它自己是本质,但它又通过否认或否定本质来认识自己,并自动地和它的对象相对立。这不是一个有关绝对者的抽象断言,而是一个我们通过审视那些将自己视为反论、视为否定性的并参与到这个作为自身行为的反论之中的意识之经验而获得的观察结论。

这种引入可以被理解为思维通过自己的工作来认识自己,或是理解为活动与结果的关系,或是教育与哲学的关系。黑格尔所关注的是:存在着一种有关真理的宣称,它不必墨守对当前流行的真理观的抵触,因为这种宣称已经是被质疑的哲学经验的一部分了。对黑格尔的绝对者观念的批评取决于这些批评所采用的概念的先在设定。正如黑格尔上面指出的,这些批评完全是武断的。由于是选择了适合他们的情况并排斥其他情况的先在设定,因此当精神将政治和宗教的错误认识作为其自身的判断而加以重复时,这些批评也就重复了构成绝对者的那些对立面,而没有对那些政治和宗教前设所保证的批评进行重组。在对主体性的不同的认识中,差异会显现出来。所谓精神,就是指主体性在成为政治和宗教的本质同时对绝对者的批评拒绝把主体性仅仅当作一个已经确定的同一性和幻象。尽管如此,精神正是幻象的真理,因为精神将幻象作为其自身的决定因素来认识。拒斥幻象或是试图将其理解为虚构的东西,都只能从关系的一面(对幻象的超越,即实践理性的原则)或另一面(没有超越幻象,即差异的原则)来把握抽象的哲学之教育。

在黑格尔主义看来,在精神中并作为精神存在的哲学之教育的模棱两可是通过关系本身被用单向度的生产方式来描画的。例如,对黑格尔的右翼解读会认为

绝对者可以被视为凌驾于幻象之上或是对抗幻象的现实法则;而左翼解读会认为绝对者可以被批判为现实法则的幻象。在上述两种情况下,幻象的本质都被理论和实践的确定关系所压迫。尽管如此,黑格尔的三元哲学将破裂关系的经验视为本质性的东西。它将理论和实践的关系不仅仅再现为对对方立场的批判,而且再现为对两者相互的批判之批判。右翼和左翼解读本身就是对哲学和教育的抽象对立的再现。前者是没有教育的哲学,加强了哲学在目的论意义上已经完成的观念;后者是没有哲学的教育,重燃一种不必重新认识在过程中重组之哲学便能改变世界的激情。它们都没有在其工作中为文化、为意识的形成和重塑留下一席之地。

6.4 自由与教师

我们现在可以对黑格尔的教育哲学和哲学的教育中教师的政治和哲学意义加以论述了。这一任务相当困难,是由于我们被限制在用矛盾或二分的方式去思考并认为教育是真得不能再真的真理。接下来,我们将看到自由是如何在思维中被体验并在教育中被呈现的。

当罗斯说"如果绝对者不能被思考,那么黑格尔的哲学就没有社会意义"时(Rose,1981),她不是说真理外在于我们无法于其中思考真理的政治学经验,而是说,我们不能思考绝对者——除非哲学并不是我们的思维而是思维通过自身并在自身之中的工作成果的现实化。如果对一些当前的新观念所进行的思考并不是我们的思维,那么哲学就完全没有教育意义了。很难想象那些激烈反对绝对者的哲学家们会认为他们所倡导的哲学理念没有教育意义。这些哲学家也许不会赞同有关绝对者的观念,但他们在哲学工作中早已认定哲学是可以被思考的东西,至少认为哲学是可变更的。当人们注意到我们的思维是如何被扭曲、压迫和错误地孕育等时,当人们开始论及解构、批判以及其他反基础主义观念的教育意义时,在本质上说他们就是在讨论作为教育的哲学。此外,即使在对主体作为思考者的批判和解构中,仍然没有放弃这种思维在工作并且对我们具有构成性意义的观点。

哲学和教育之关系的政治意义取决于工作或变革性活动的概念。"再现"这一概念的模棱两可之处在于我们在其中既思考真理又在思考真理这件事上失败了;我们认识关系,同时我们又作为关系而存在。这个困惑作为一种哲学经验乃是与我们社会化过程有关的政治教育的真理。此断言之所以为真,与变革性活动或工作在每一历史时期所运作的幻象有关。

罗斯认为,对于黑格尔来说,"一个社会与自然、与变革性活动的关系决定了它的政治和所有权关系、它的法律概念以及它的主体或自然意识"(Rose,1981)。例如在古希腊,工作再现了其与作为习俗的伦理生活所塑造的自然的关系。在这里,

个体“在他的产品的整体性中看到了他自身的全部”。现在,尽管个体因为知道他自己的伦理生活的整体性而知道工作也是为他所有,但在罗马法中这个整体被打破成为了客观法则和主体意志。这种分隔同样塑造了现代社会关系的特点。结果就是:曾经在当下的伦理生活中被认识的自由,现在只能在个体和法律之间的对立中被认识。这种对立实际上是一种私有物,因为私有物并不是属于某个人的工作,而是被他人所操控并被人们所占用的工作。工作如今是对基于凌驾于社会整体性之上的自我兴趣和私人优先性的自由的再现。因此,自由乃是普遍物权法的一个问题。那种法律认为每个人的自由就是从每个他人那里得到的自由。如果问工作与法律谁处于优先位置或者它们谁导致了谁,这种问题并没有看到幻象在这里的重要性。一个幻象本身是在反思中以及主体与客体的关系中被定位的。因此,自由是在工作与法则的关系中对自身加以定位的。“一个与自然有关的变化本身就是政治关系的变化。”(Rose,1981)

当与私有物相联系,自由便是公共关系的堕落,是私人利益的强化,并且如我们在第二章所见,是在歌颂这种堕落的主体性的开端并且再生产了作为政治诱惑和法西斯主义的关系。这里有很多东西危险重重。与自然的政治联系成为了政治自由的决定作用。在这种意义上,所有的自由都是“自然法”,因为所有的法律都将关系和工作再现给自然。自然法本身就是自由的一种姿态或幻象,它处在作为幻象或作为姿态的自由之经验中。而且,这种自由是自我决定的,它的存在方式不仅仅必然是抽象的,而且它会作为一种与自然——即哲学意识——的关系而存在。这并不是社会与人的妥协。它是有关自由所出现于其中的非自由状况的教育。因此,自由本质上是一件教育事业。在其中,工作或变革性活动与自然的联系既是虚幻的也(and)是真实的。这里的“也”[15]即我们对真实政治关系和它们的哲学批评的再现。甚至(或特别)是在对作为主体性或本质的断裂的中间地带之自由的政治性再现中,这种经验就是我们的经验,是我们有关社会和政治关系的真理的经验,而这些经验被作为主体性本身来制造。罗斯注意到,“认识我们的变革性的或生产型的活动需要承认存在着超越理论与实践理性、设定与被设定之对立的真实性。变革性活动承认行动中的真实性并且并不用作为来反对不作为(non-act)”(Rose,1981)。这种“特别的宣称”就是我们的哲学的教育。因为在法则与工作、形而上学与伦理学或上帝与凯撒之间的同一性的缺乏,“成就了经验的生成,也成就了对行动所不能涉及的领域的重新认识”(Rose,1981)。如果不是这样,那么就确实存在着文化的终结。那里只有行动,没有法则;只有伦理学,没有形而上学;只有凯撒,没有上帝。如果我们不能利用我们的主体性认识到错误认知就是主体性,那么政治的教育、思维的真理乃至对真理的思考就都走到了穷途末路。

工作与自然的联系是在主体性形成和重塑的过程中达成的。这种我们之前已经讨论过的文化观在教育理论和教育哲学中已经缺失了。文化是对自身知根知底的幻象的哲学工作。但是教育哲学却并不知道它作为一种文化意味着什么，因为它并不知晓任何明知其被改造却不了解其自身是如何被改造的思辨性经验。这里存在着一种在否定一般性哲学的教育哲学中潜藏的优势。这就是文化的联系。但是它却因为教育哲学无力并拒绝去认识现代性中的错误认识而停滞了。一般的哲学只好在抽象的哲学意识[知性(Verstand)]中寻找她的教育主体和本质。教育哲学在某种程度上推进了知性的幻象并将教育的沉思性真理保留在其领域中。但是它并没有认识到自己在现代性经验的真理中被所有权关系所重塑了。为什么会这样？残酷的是，这是因为教育哲学和教育理论脱胎于缺乏哲学和教育(关系)之形成和重塑概念的现代经验。关于教育有很多论述，但是很少涉及到决定哲学和教育之关系的幻象，更少涉及到教育的文化层面。

在本章即将结束之时，我愿更多地将以上思想与师生关系联系起来。主仆关系这一概念的重要性并不亚于不自由的社会关系中，自由之再现的观念。主仆关系即自由被它自身所知晓的途径，而在其中的真相却是不自由。自由在这里就是我们的政治教育。但是在师生关系中，我们的政治教育同样是我们关于自由的教育。由于在自由的再现中主仆关系的真理就是教育，于是我们说师生关系就是教育本身的再现，也就不令人诧异了。换句话说，教师哲学应该对自由经验之真理保持完全的开放。在这种开放性中，现代的主仆关系被消除了。在现代性中，现代的主仆关系之形式和内容都来自形式的平等和自由。这里没有合法的奴仆——尽管这里有许多的可见之奴仆以及更多的不可见的奴仆。形式的自由是主人的自由、奴仆的受压迫；他们的关系晦涩不清。但是在师生关系中，仅仅是形式平等的真理并不能拯救对其具有攻击性的教育的辩证法。课堂并不是由形式的平等所规定的。教师哲学也不能在缺乏学生的生产性活动或学习的否定性工作的情况下规定自身。即使控制被刑事的法律关系所掩饰，教育关系也不可能被其掩饰。

我们在本书前两部分所探讨的问题，现在可以看作是一个政治经验——正如教师现在被视为那种经验的决定因素一样。这种政治经验代表着我们被物权法所包围的自身经验。它与自然的联系与主体性的定义是等同的。教师须将这些政治经验视为学生经验必要的(must)一部分。[16]尽管如此，对于教师(同时也对于学生)来说，"'主体意义'只能再现(re-present)真实性(actuality)，却不能呈现(present)真实性"(Rose, 1981)。开端并不能同以不确定性(神秘)为对象的思考相联系；它只能与对不确定性思考之不确定性(神秘与启蒙)相联系。"如此，"罗斯说道，"真实性在再现之媒介中的倒置应该是基本出发点"。换句话说，教师就必须教学，必

须成其为教师，因为她本来就是这种再现。拒绝教师作为基本的出发点，就是不顾一切地拒绝我们的自由之经验和绝对者，就是否认学生自身经验的真相，本质上会潜在地成为一种新的错误以及对真实性的统治。

这对教师哲学意味着什么？首先，这意味着任何关于超越课堂中含有的统治意味的观点都带有幻象。这里涉及了在第四章所列的所有教育理论，它们都寻求在某种形式上超越操控或者政治现实。第二，这些幻象是更为强力的政治教育的形式，它们更甚于教师的操控。在第三章所例举的教师的操控是一种直接的政治经验。教师再现政治现实的失败阻碍了学生的主体性，因为它拒绝了学生对幻象和真实性的辨别。简而言之，它阻碍学生的构成性和变革性政治经验。按照本杰明的理解，在教师内在生活的膨胀与普遍生活的堕落之关系下，这种错综复杂的情况凸显了教师的特点。学生不得不在别处去寻求对这种错综复杂情况之政治经验的认识。第三，它意味着那些将幻象视为政治教育的课堂和讨论再现了作为教育的自由之真相，同时承认社会关系的现在决定性没有压制它的政治生活，也没有压制教师和学生。这意味着，如我们所见，教师必须冒着危险再现课堂和师生关系的政治现实，以保证幻象成为形成性的政治经验。这里的关键不是说教师可以走进课堂或者讨论，并且“装成”一个教师去指导学生批判他们的同一性，而是说教师在面对在社会关系中的主体所形成的不真实时保持真实，办法是拒绝哲学和政治教育给他们自己和学生所带来的压迫。而教师退向“助推器”的角色正是这样的政治迷图。罗斯说，这正是冒着危险“重新创造一个错误，或者助长法则缺失的情况，或者加强资产阶级法律的普遍性和独断性”(Rose，1981)。总的来说，我们作为教师而存在；我们的部分真相正是我们所显示的那样，我们是在操控。但是作为教师，我们可以为改造整体性的教育经验而工作。师生关系所蕴含的真相可以是教育性的——如果他们所再现的模棱两可并非自我决定的话。对于那些在教育事业中工作的人来说，了解这种学习的真相是很重要的。没有什么是完成了的，学习将延续下去。事实上，学习将会在它所涉及的所有斗争中找到自己。学习将永远存在，真理永远存在。但是，勇气却并非永远存在，在现代自由的模棱两可中寻找真相(通俗地说，即坚持学习)的哲学特质(character)却并非永远存在。

注释：

1. 而且，我得说，是指向康德、尼采和克尔凯郭尔的。(Tubbs，2004)

2. 尼特哈默是黑格尔执掌纽伦堡文科中学时期重建巴伐利亚教育系统的负责人。

3. 对于更年轻的学生，黑格尔认为，“这一阶段的困难不仅仅是抽象的问题，这一阶段的年轻人渴望实质的内容和质料，此外很难勾起他们的兴趣”(Hegel，1984)。对于那些在走向否定

和/或结构自身重要的假设和同一性的教师而言,我们可以预见更大的惊奇,至少当他们走在充满批评的绝望之路上的时候是如此。因为它对于教师具有非同寻常的意义,我将要马上回到对这种教育的讨论中来。

4. 但他这样做是有好处的。他在耶拿写作《精神现象学》的那段时间,被"束缚在笔记本的文字上"(Hegel, 1984)。但他认为,作为一个老师"帮助我在演讲时获得了一种自由,这种感觉难以在其他位置上获得"。他继续说道,"这是获得澄明的绝好方式",甚至对于得到"一个大学教授职位"也很有帮助。

5. 我在这里不得不变换一下术语。贯穿全书,我们不断地涉及到主人与仆人。黑格尔的"bondsman"显然指的是"仆人",但是在教师哲学中我并没有使用这一术语,因为教师们肯定会认为这一术语对于他们而言是不合适的。"仆人"这一术语具有更多的为他人服务并同权力、同一性及权威对抗的意思。不管是奴仆还是仆人,我们的重点还是说教师在对自身作为主人的否定性经验下缺乏自我确定性。

6. 参见:科耶夫(Kojève), 1969。

7. 而那个无知的教师——苏格拉底——并没有获得回报。

8. 这样的模式似乎是将教师剥离于学习之外的。尽管如此,这里却要说教师的同一性恰恰是学习的抽象。这在第二部分已经明了了:教师不仅是主人,也是仆人。学和教是教师的工作和同一性之沉思性经验的本质,它们对教师来说是一对矛盾体。

9. 人们可能会说,教育和课程本无知识可言。但我们所谓的教师概念却是指探索在师生之间建构起来的教育经验的人。"社会学"有例子指明学生的同一性是如何被建立的。但是如果这些社会学理论缺乏文化的观点——也就是缺乏哲学的观点——那么这种理论将仍然无法彰显其教育属性。

10. 见第一部分。

11. 因此,教师哲学绝不会主张缺乏教学的高等教育。

12. 也许利用更为著名的有关精神、反思或逻辑的主张来探讨这一问题更正常。但是,通过这里对黑格尔的研读,幻象在自身之中并通过自己达到的形成和改造才应该是这一问题的基础结构。

13. 但是,这能教育我们认识一个客体与客观性本身(的区别)。

14. 我已经在其他地方将其作为"哲学的高等教育"(Tubbs, 2004)加以探讨了。按目前我们的讨论意图来说,它可以被如下阐述:精神参与到自身的行动中去,而这一行动代表着分裂和整体之间的断裂处——这一过程就被称为"学习"。

15. 这一关于"和"之属性的问题在第七章将会重提,并参见:塔布斯(Tubbs), 2004 第6章。

16. 或者像海德格尔那样为法律提供一种替代形式。黑格尔在1812年的信中说道,知识或科学是"一个需要努力付出才能获得的、需要提前准备好的、内容经过了形式化处理的财富……教师拥有这笔财富,当学生反复思考它的时候,教师已经思考过了"(Hegel, 1984)。这看起来是教师对奴仆的不被认同的掌控。人们可能因此而转向海德格尔的观点,去寻找一种教育学的关系,在这种关系中学生的真相仍然"未被解释"(Krell, 1993)。迈克尔·博纳特探讨过这个主题。

他在海德格尔的著作中看到了一种师生关系，那是“真正具有创造性的相遇，因为它真正地开放”，一个身处其中的教师需要“回退（到最初的未思考状态）并独立地推进思考”（Peter，2002）。这种诗性的关系，他称之为“高度互惠的并建立在信任的基础之上，这保证了学习者和学习内容的统一性”。这一观点和黑格尔的信件中的观点之间的不同，正是海德格尔和黑格尔的高等教育观之不同的体现。黑格尔的真实之教师意味着，教师已经作为他者与学生联系，并作为学生与自我联系。教师就是他者，但其他人并不是教师。这是因为当他的掌控失败或被否定时，他就不能站在学生利益的立场上思考。正是在这种失败和否定之中，学生和教师获得了他们自己的心智。这对“前思考”来说是一种谦逊和必要的脆弱，因为前思考只是重新思考他者对教师自己的必然的否定。但是海德格尔的教师观只有学生的学习，因为他拒绝占有关系的真实性。教师是作为提出问题的主体的那个人，而学生则是向教师了解这个问题，于是这个问题的对象被剥夺了。大家都从不断回退的地方回退。这也许可以被称之为虚无主义的辩证法。教师从未真正成为拥有着，学生也从未真正成为无产者。这并不是“在此存有”（Dasein）对普遍平等成功超越的结果。这只能归因于一个事实，即那些提前决定师生关系的抽象物被海德格尔以不真实体验占有关系之整体性的方式所否定了。阻止对占有关系中的自我进行体验，就是阻止对他者的体验，也就是阻止对一般的他者性的体验。黑格尔的教师哲学将出发点放在偶在性以及现行法律的局限性，海德格尔的教师哲学则将出发点放在存在以及超越对法律的接受上。按照罗斯的说法，这是“没有教律的耶和华”（Rose，1984）。事实上，海德格尔式的教师只是在形而上学和理论的错误之中找到法则。回避普遍性政治经验的难点而不是认为教师注定要面临这些困难，这是法西斯主义的特征。而法西斯主义正是通过对过去或未来关系的神秘化而建立现存关系。海德格尔的教育观，特别是师生关系的主张，将现实阶级关系中的不平等和绝望归于纯粹的神秘。海德格尔转向了独裁者的个体性而不是现代的、所有权基础上的社会关系的法律和断裂的中间地带。他因此展现了一个1933年政治阴谋的密谋者的形象。这些密谋都通过再现作为存在状态之形而上学的缺失而对精神的真实性进行了神秘的再现。这都是有着很多文献记录的。海德格尔的教师哲学如果能够促成某种教学的话，那一定是在教给我们绝对者在现实关系中的解决是如何为神秘、为复杂性以及为潜在的具有毁灭性的生活方式留下空间。

第7章　尼采、查拉图斯特拉和德勒兹

引　言

吉尔·德勒兹(Gill Deleuze)挑战了许多目前已经在哲学领域具有话语权的概念和学术路径。通过这种做法,他将人们的注意力吸引到他所倡导的变革上来。他的那些精致而又艰涩的观点被通过这样的方法直接呈现了出来。布莱恩·马苏米(Brian Massumi)近年来从事于对德勒兹思想的阐述,他同样对自己所从事的阐述德勒兹思想这一工作进行了阐述。在一篇文章中,马苏米承认:

> 给我的最后期限已经过去几个月了。字数也快满足要求了。但对照我之前给自己定下的标准:读者能较好地理解,有效地覆盖要说的东西,相对轻松,不误导也不草草结束,展现我的专业能力且与“我的”哲学保持一致……仍然毫无“结果”。(Massumi, 1998)

他进一步评论了研究德勒兹哲学所带来的痛苦与快乐:

> 我在坐下写作之前已经痛苦了几个星期。我的胃也跟着难受。当我试图作为一个“德勒兹主义者”来写德勒兹时,我的颌骨也承受者绝大的压力所带来的痛苦……我享受这种强烈而又筋疲力尽的感觉。我将要离开我的家和工作,搬到地球的另一个角落。这样我就有更多的时间来沉迷于这样的感受。

马苏米的心态是矛盾的。成为德勒兹主义者就是“释放自身中的块垒”,而这又反过来“导向了开放”。尽管如此,他仍然不得不“在学术争论中被解剖”,而这又与马苏米所谓的德勒兹的“概念的教育学”(pedagogy of the concept)相冲突。

我需要对德勒兹的哲学进行分析,因为我认为这与教师,特别是与尼采所塑造的作为教师的查拉图斯特拉有关。我也很清楚这些困难的存在。本章首先会描述德勒兹的一些观点,特别是其有关不可感知性(imperceptibility)的观点。这对理解他的哲学推崇一种怎样的哲学教师是必要的。但是我将会以批判的方式来研究

这些观念,并回到一种对不可感知性的不同的理解。我将对德勒兹作两种批判:首先,他的观点回避了那种思辨性的教育,而这却恰恰是他的哲学所需要的;第二,尼采和查拉图斯特拉所持存的不可感知性与德勒兹的概念有很大差别。

7.1 根茎的图式

我理解德勒兹所谓"被视为人所应具备的多样性"的意思是:主体性并非如它所显现的那样存在。我们没有人是如同我们所显现的那样存在,无论对于我们自己还是对于他人来说都是如此。在我们背后存在着一种正在运行的机制,我们不能用看别的对象的方法来观察它们。为了了解这些隐藏的运动,我们不必要寄望于任何为我们提供认识这些运动的可能性或给予这些运动以意义的先在观念。这样看来,也许令人吃惊的是,一个人可以在经验层面上被探究,因为了解这些运动只需要如其正在发生的那样来审视它们。它们不需要被归类;需要的只是有一个人去了解它们。

从一个方面来讲,了解(know)主体性也就是被给予了一副面孔(face)。德勒兹认为这样的主体性:

> 总是在占主导地位的意义之墙的背景下被感知。我们总是沉入我们的主体性之洞——对我们而言比任何事物都要重要的我们自我的黑洞。所有的客观决定性都粘在这面墙上,它们锁定了我们,把我们丢进了牢栏,认出我们并让我们的面孔被识别出来。而那个洞则是我们的感觉、激情和小秘密与我们的意识一起所存放之处。(Deleuze, 2002)

我们需要"揭开这副面孔"。但我们如何才能从这个同一性的黑洞中、从这副面孔下解脱呢?我们如何才能"越过这堵墙而且避免重新被粘到上面甚至在上面被挤碎呢?"(Deleuze,2002)这种逃避不会让我们变得不可感知吗?事实上,尽管面孔可以被揭开,却正如德勒兹所说,"正是我们成为了迷,正是我们被藏了起来"。"当你不再有任何东西隐藏的时候",就是"没人能把握你"的时候,因为你已经变得"不可感知"。如果没有面孔,他们就不知道你是谁。

什么是不可感知性?人们所存有的秘密如德勒兹所说的那样变得"同一"。没有面具,我们因为没有东西可藏而不再是一个主体而成为了秘密。这一切是什么意思?这是我们将要探讨的问题。

但是从哪里开始思考这个问题呢?不是从面对面开始,因为面孔是另一个问题的答案,回答的是"你是谁"。但是我们的问题是"从哪里开始"。但德勒兹会建议问:这个问题不是一个问题吗?我们已经在思考什么问题是一个正在形成的问

题吗(question-becoming)？这里的连字符对于德勒兹建构他的独特哲学具有关键作用。它将以前的同一性(或者面孔)与在所谓多样性所生成的过程联系起来。这即将被进一步探讨。对于德勒兹来说，我们总是“处于某事物的中间”。最初这个观点并不那么一目了然，因为存在着工作的机制或工作中的权力，它们需要“用面孔来僭越地为整个身体和头部编码”。例如，存在着分段的二进制编码机制。这些机制构成了权力的线条并用二元论来构造我们——男人/女人，儿童/成人，黑人/白人等等。此外，由于它将我们的生活塑造为界定好的部分，因此不同的片段相互碰撞和切割，造成了很多在第一层级并没有看到的更多的二元选择。在这里作为片段的权力并没有超越二元论，因为即便是它的选择也是二元的。此外，片段所组成的线条的编码是自我决定的，但是他们都被国家机器的权力所过度编码了。“国家机器组织了优势言论和社会的既定秩序、统治性的语言和知识、服从性的行动和感受，(以及)处于他者之上的片段。”(Deleuze，2002)最终，片段化的线条的严格性促成了其内在内容形成。

因此，片段化(segmentation)不是不可感知性。正是沿着这些权力的线条，我们成为可辨识的并被识别出来。德勒兹说，片段之形式的走向和谐的过程(harmonisation)正是关于他/她是谁的“主体的教育”。但假如我们发现在即处于片段化之线条的中间，如在家庭和工作之间，或儿童和成人之间，或黑人和白人之间，然后发现我们自己处于其他部分(诸如加勒比非洲裔和英国人)之间，或父亲和教师之间，或小学生和青少年之间，那么所谓的“之间”意味着什么？对于德勒兹来说，它们是权力的不同形式。它们模糊了片段之间的疆界，使我们将其体验为一种中间状态。这些连续的运动模糊了片段的范畴；它们跨过了门槛却没有进入片段之中。二元机制锁定了主体的身份，而在“中间”只有运动或生成(becoming)。

需要重点强调的是，对于德勒兹来说，这种中间之流(flux of betweens)并不是片段的部分(part)。它是独立于部分之外的。如此，“丧失”对于不可感知性的主体性，并不是丧失了同一性，也不是一个否定。这是德勒兹哲学中最重要的要素之一。它将德勒兹与黑格尔以及处于意识哲学之中的整个否定性范式区分开来。只有在过度编码被作为意识的时候，它才会是一个损失。但是这样一个主体性概念的去疆界性观念来自外界。它不仅仅是被与众不同地识知，而且被识知为“差异本身”。我们在这里可以说，与存在不同的就是生成。生成并不被认为与存在有联系，它被认为区别于存在，并且它就是差异本身。按照德勒兹的表述，内在平面“经过一个个门槛”，“造就了生成和生成之群落，彰显了强烈色彩的连续统一(continuums)，连接了流动之物”。进一步说，这些分子线条使得“去领土化的运动在部分之间萌生”。它们仅仅是“快和慢的关系”。这些连续运动的东西不属于二

元机制，也不属于片段。去领土化并不是某种综合……

> 但是总有来自别处的第三种力量来干扰二元格局……这不是说在已有的成分上添加一个新的成分……而是在(单数的)片段化的线条的中间寻觅另一条线。这条线以它们可以把握的速度运行，带它们飞跃或流动开去。(Deleuze，2002)

这条飞跃之线就是权力的第三条线。它是一条引力之线，带着我们穿越片段和门槛。它是速度之线，因为它代表了快慢的张力。这三条线在一起构成了所有的生成。但是那些只是拥有部分和流动，只有领域和门槛的人仍然是可被感知的。它们处于中间，但仍然和二元制相联系。这里，去领土化是一个不那么令人愉快的意识。对于德勒兹来说，只有那些愿意学着向未知的目的地飞行或旅行的人，才具有生成的快乐，才是不可感知的。

让我们略有不同地试着这样去做。问题应该是这样的：我们应该从何处开始认识那没有面孔的自己？从上面看到，答案是循着片段化、流动和飞跃去认识。尽管如此，德勒兹看到人们很可能不会在各种线条和飞跃的交互作用中去寻求答案。人们很可能从实际上并不存在的地方开始。对于德勒兹来说不存在开端，因为即便是开端这个观念也是出于中间状态的。他认为，如果使用开端和终点的概念来思考，那么就是借用了哲学的树形模式。他说，法国人“太多地用树形模式来思考了”。一棵树的开端是根，根成就了树的生长。因此，树就是一个从始至终的整体。而草就是去领土化的树，草生长在铺砌好的石头之间。它与铺砌好的石头无关，但它通过从石头的缝隙间生长出来从而使石头各自的疆域得到了标记。树有冠和根，但草却“从中间生长出来”。“草有它自己的飞跃之线，并不要生根。”因此，思想像草，它从片段之间生长出来，却与它们没有联系。它从裂缝中长出，却并不生根。德勒兹引用了亨利·米勒的话：“草只存在于伟大的没有文明的空间。它填补了空虚。它在别的东西之间生长。”那种被树式思维所束缚的哲学用二元机制及其片段来碾碎草。人们不得不“开始将根茎①与树对立起来。树完全不是隐喻，而是思维、机能、一种被植入思维中以保证其横行无忌并生产人所共知的正确观念的整体装置”。草是试验，因为在它们的中间没有平均分配，也没有任何形式的改良。中间的张力就是它的飞跃或速度之线。它的运动“并不是从一个到另一个——而是在两个潜能不同的层级之间发生”。作为差异的张力“生产一种现象，放开或放逐它，并将其送入某个空间”。因此，绝对的速度和飞跃的内容并不是二元论的折中，而是一种多样性或集合体。和草相似，它是一束一束的，并且无根，只存在于事物

① 这里的“根茎”并不指树的根或茎，而是指像草那样存在的事物。

之间。这种多样性就是各种线条的集合，它是游荡式的。它是草和速度。

哲学必须面对其面孔的去领土化。多样性是一些观念；将多样性识知为观念也就是穿过树式哲学留下的空间并飞跃其门槛。根茎式思考在这里并没有根本的优先权。在中间，“概念就像声音、色彩或者意象，它们是一些张力，要么适合你，要么不适合你，要么是可以被接受的，要么不能被接受”。这不是一个同一性的问题，而是一个风格(style)的问题；不是一个可能性的问题，而是一个机遇的组合问题。这不是对二元论的超越，甚至也不是在他者中的认识。它首先是欲望以及欲望与合适的名称的相遇。在这里，相遇者不是主体或人，而是效果。在中间和飞跃的生成效果(becoming-effect)中，“它不是一个成为他者的术语，而是每个人都与他人相遇，是单独的生成而不是对于二者而言共有的东西，因为他处于两者之间，他们相互之间没有联系”。德勒兹称这种相遇为一个双重俘获(double capture)，即没有实现配对但在两元之间表示了联姻的意图。如此，就会有女性的生成、男性的生成、革命的生成。它们都存在于一个匀质、平行的演化中。“没有配对的婚姻”；“没有历史的生成”；“没有主体的个性化”；“没有意向”的思想。

我们现在可以问，哲学的张力、飞跃、聚集、多样性和机会在哪里？德勒兹主张它们在要素和片段之间的大写的“和”(AND)之中。[1]“即便只有两个术语，也有一个‘和’处在两者之间。它既不是这一个，也不是那一个，而且也不指向会成为另一个的那个，而是指构成了多样性的那个”。此外，这个“和”带着无限(ad infinitum)的意味，它在我们的语言中是很难传达的。飞跃、速度、机会和联合的重复都在其中。对于德勒兹来说，这种不可言传性敞开了试验、于无根之中间处的生活。没有再现，但有草和速度。

根茎式思考包含了欲望(desire)和风格。欲望内在于思考。它的客观现实就是流动(flux)。它是无意识的产品，因为它在不断流动。德勒兹说，心理分析摧毁了欲望的连接和组合，因为它将每个例子作为整体的结构来对待。事实上，欲望是“需要试验的原料”。它并非“内在于一个主体，它更接近于对象；它严格地内在于一个并非提前存在的平面、一个需要建构的平面，在其中微粒发散开去而流动者却聚合了”。换句话说，欲望存在于“有人被剥夺了说‘我’的地方”。但这并不是否定或缺乏某物；草并不缺乏它可以穿透的铺路石。从中间长出的草之所以没有生长是因为它缺乏什么；它作为它自身欲望的积极的平面而生长——尽管只是在社会组织的缝隙中。欲望已然是张力，但是如果你不知道如何在聚集和流动中构建它，那么“你就仍未得到它”。“它从被创造开始就是完全独立的，但是如果你想要知道如何去观察它……你须得创造它，知道如何创造它，走对方向，并承担风险”。查拉图斯特拉是德勒兹的导师，他可能会说：“我要告诉你的不是匮乏，而是对权力的意

志。”对德勒兹来说,不是同一性而是“存在的个体性”(hecceity)——即事件和影响的张力、运动和流动的张力以及“总是在中间”的事物。“你意识到欲望是多么简单了吗?睡觉是一个欲望。走路是一个欲望,听音乐、制作音乐或者写作都是欲望。春、冬是欲望。老年是一个欲望,甚至死亡都是欲望。欲望从来不需要解释,它是试验者。”(Deleuze,2002)

但如果欲望从“匮乏”中被释放出来,这会不会设定了自然的一种状态?德勒兹预见到了这个问题:“我们却认为恰恰相反:欲望只有在被聚集或机械化了之后才存在。”然而,痛苦的存在难道不是匮乏的证据吗?一个人应该如何应对痛苦?作为另一个“中间者”,谁能再次对机会进行确认并成为无穷的多样性中的一个多样性。无意象的痛苦说明人们正在生成痛苦。同时,在更加传统的意义上,与再现相伴的有意象的痛苦即是已有部分或领域的匮乏或否定,而且它不是生成的痛苦。与理想以及有关未来应该是怎样的意象相比,它只有怨恨和酸楚。

对于德勒兹来说,欲望与它的聚集没有分离开,因为它就是聚集。它不是自发的,它是被放在平面之上然后才成为可能的。欲望与驱动力无关,而是与聚合(assembly)以及它在聚集中的自我创造有关。那么,我们如何存在于不可感知性之中?我们如何能积极地生活于欲望之中而不是像那些悲观的牧师那样将欲望理解为一种匮乏?

查拉图斯特拉是德勒兹推举出的榜样。为了生活于中间处,“重要的是每个组或个体应该建构内在平面,并在其上生活和展开事业。如果没有这些条件,那你显然缺点什么,而你明确缺乏的就是一个使欲望得以可能的条件”。在建构内在平面的过程中,人们开始了生成的运动,因为生成“是唯一能在生活中被蕴含、在风格中被表达的行动(acts)”。风格因此就是“一种欲望的权利”。

德勒兹用不可感知的生活或将人束缚于同一性之墙上的无面孔之生活的观念来解释作为生成的风格化。它是一个人与秘密保持同一之所。我们来思考一下克尔凯郭尔在《恐惧与战栗》(*Fear and Trembling*)中的信仰骑士。德勒兹注意到,骑士只钟情于运动并反感那些不断退却的骑士。后者的退却导致在无限和有限之间的统一成为不可能。而信仰骑士则从退却跳出到了信仰之中。然而,这一跃却没有将信仰骑士和众生区分开来。相反的是:

> 他并没有让他自己引人注目,他更像一个中产阶级、一个税务员或商人,他的舞步优美但他却只认为自己在行走或是停留。他融入墙中但墙已然有了生命……这里只有一条抽象的线条,一个很难被发觉的纯粹的运动,他甚至没有开始过这个运动。他从中间处把握事物,他总处于中间……(Deleuze,2002)[2]

那个不可感知的人就是一个生成中的人，因为他是他的所有流动的生成之物。在中间的生活就是风格。风格就是社会部分的交界处；风格就是铺路石之间的草；风格就是没有根的根茎；风格就是多样性；风格就是不可感知的生成。揭示面孔的人才能将欲望定位他自己的生成。

这不仅仅有关生活之艰辛和斗争，还应包括对它们的肯定。"你有多少情感？试验……"在一个充斥着吸血鬼、暴君、牧师和"灵魂搜捕者"这一类"与我们的负面情绪有密切联系"者的世界里"不容易"成为一个自由的人。他们不达到向我们传递"其神经衰弱和焦虑、他们所钟爱的阉割(以及他们)对生活的怨恨"的目的，就决不罢休。但对德勒兹来说，灵魂要求我们试验，要求我们成为试验从而使一个人成为"他自己的事件的孩子"。而且一个人会被伤害，如在战场上一样。然后他就可以确认"我的伤痕先于我存在，我的出生只是实现了它！命运之爱(amor fati)，去追逐事件"。对德勒兹来说，这事实上意味着从行动中抽离出"洁白无暇的部分"，而不仅仅是完成某事，甚至对于"那种无畏于死亡的生命之爱"也是如此。新的绝对命令(categorical imperative)将会"让步于根茎式的运动"。这是后结构主义的多样性，主体是去领土化的。德勒兹在《尼采与哲学》(*Nietzsche and Philosophy*)中说，查拉图斯特拉(Zarathustra)就在这里，因为"我将成为谁"就是"我是谁"。

7.2　反黑格尔的差异与重复

在《尼采与哲学》中，德勒兹宣称"黑格尔和尼采之间不可能妥协"(Deleuze, 1983)。之后，在《差异与重复》(*Difference and Repetition*)中，他将其肯定的哲学界定为"一般化的反黑格尔主义"的部分成果，包括形而上学、结构主义和在"无意识、语言和艺术"中发现"独属于重复的权力领域"(Deleuze, 1994)。他观察到，在这些主题中最中心的是：

> 差异与重复已经取代了同一者和否定者，取代了同一性和矛盾。差异蕴含了否定者并允许自己走向矛盾，但走出的范围不至于打破其对同一者的隶属。同一性的优先性无论被如何考量，都界定了再现的世界。(Deleuze, 1994)

德勒兹冒险做出了这样的宣称：现代思想诞生于再现的失败、同一性的丧失，以及再现向模拟(simulacra)的溃退。同一性"在差异与重复的深层游戏的操控下仅仅被作为一种可选择的'效应'(effect)被成产"和模拟。差异性对同一性或相同性概念的持续服从"似乎"意味着当差异性被再现的四个要素驯服之后就变得可以被思考了。这四个要素是：同一性(identity)、对立(opposition)、类比(analogy)、类似(resemblance)。甚至(并特别是)在黑格尔的哲学中，当差异性被推演"到极

致”，发现走到了“死胡同”之后，又不得不回到同一性。而恰恰是对差异性之同一性条件的讨论是可能进一步深入进行的。因此，再现是“超验的幻象所在之处”。它指涉了差异性下面的四种相互关联的形式：在概念的同一性之下，在类似之下，在否定之下，以及在判断的对比之下。如果黑格尔是这段“漫长的曲解”史的高潮的话，那么“在克尔凯郭尔和尼采那里倒是有了一些全新的东西”。这是一个“哲学剧场”，在这个剧场中本质上静态的中介（mediation）概念被“运动”所取代。“运动”可以“在所有的再现之外”影响心智。对于克尔凯郭尔和尼采来说，寻找这样的“即时行动”是“一个将运动本身造为没有干涉的工作的问题，一个将直接符号取代为间接再现的问题，一个发明振动、旋转、引力、舞蹈或跳跃等能直接触及心智的方式的问题”。通过这样做，他们同时也创造了“一个未来的剧场和一种新的哲学”。

从《尼采与哲学》对断言的再现出发，德勒兹在《差异与重复》中再次肯定了“重复没能捕捉到那个被断定的差异的世界（affirmed world）”“再现只有一个中心，一个独一无二的后退的视角，并导向了一个错误的深度。它传播任何东西，但却不移动任何东西”。黑格尔的运动只能对“每个人”再现“普遍性”。但“总存在着一种不被再现也没有被准确认识的奇特的东西，因为它不是每个人的或普遍的”。这种奇特性并不遵从黑格尔的综合过程。而且这种“敏感的意识”：

> 存在于自身组成真实运动的即时性和差异性中。差异性是论题的真实内容并对这些论题加以坚持。否定者和否定性根本没有捕捉到差异的现象，只是捕捉到了幻觉（phantom）和附带的现象（epiphenomenon）。整部《精神现象学》都只是附带的现象学。

再现只是提供了不确定性和否定，差异性的哲学则在对虚假替代物的拒斥中肯定了自己。对差异的肯定正是它的本质。这不同于那种为了消除否定性而对差异性表示肯定的做法。如此的禁欲主义因为“会将差异移交给同一性而受到折磨”。相反，对差异性的肯定则是“否定一切可被否定并须被否定的事物”。它是尼采新的绝对命令：否定一些“不能通过永恒回归测试之物”。那些不相信永恒回归的人将会使自己肯定抽象知识的附带现象。但对于那些能够否定否定性的再现的人，那些能够肯定自身的差异性的人，“这将会保证否定者在永恒回归的运动中心自我毁灭。如果永恒回归是一个圈，那么差异应该在圆心而同一则在圆周上。它是一个不断失去中心的、持续扭曲的圈，永远都只是围绕着不平等旋转”。肯定将差异作为其对象，因此肯定是多样的。它本质上有差异性质。否定也是差异，但这只是“从自下而上的方向上看”。当我们在不确定中放置了肯定，我们就同样“将确定性放置到了否定者之中”。否定由此就是“造就了肯定及肯定的差异的权力或

‘意志’的更加深奥的原初性要素的影子”。或者更加简单地说，否定是一种针对权力的怨恨，而不是对差异的肯定，它仅仅将附带现象作为了现实。“那些创造出否定性的人们并不知道他们做了些什么；他们将影子视为现实，他们推崇虚幻，他们将前提和结论分离开来。”

这种“对否定一无所知”的观念，事实上是一个美好的灵魂，或者说是差异，只有差异，它能在社会场景和社会作用下宁静地存在吗？德勒兹认为“马克思的观点对于将其从这一危险中解救出来很有帮助。”为什么？因为马克思与黑格尔不同，他懂得在社会多样性之下产品走向异化——劳动的分化——的现实运动。[3] 而黑格尔只是将差异理解为“反对、矛盾和疏离”。美好的灵魂不能从异化的权力中形成，因为差异也是肯定而不仅仅是使人悲伤之物。当差异成为了一致肯定的对象时，它就释放了“一种毁灭美好灵魂的侵犯和选择的力量”。从这个意义上讲，否定者是一个问题的影子，它总是将问题的反面“再现”给意识。这里的否定者便是没有肯定的差异。尽管如此，革命被视为“社会观念的怒火”是对“差异之社会权力”的肯定。因此，德勒兹说，意识到作为影子的否定性就是已经了解了第二个决定要素，及“否定者是错误问题的客观领域，(而且)是人所膜拜的神像”。他总结道：“实践斗争从未由否定的方式来推动，而是通过差异以及肯定的权力来推动。”

照这样说，否定者就是幻象或问题的影子，而不是他们的命令、他们的张力或他们的变异。抵消(contra)黑格尔，然后：

> 肯定，也可以被理解为对差异的肯定，由蕴含着不同假定之问题的积极方面所生产；多样的肯定产生于有问题的多样性。肯定的本质就是本身是多样性的以及对差异的肯定。对于否定者来说，这只是由一个问题投射到肯定之上的影子。(Deleuze, 1994)

我们将会回到德勒兹对于克尔凯郭尔的立场上。现在需要做的是将德勒兹对于权力意志和永恒回归的观点与一种非常与众不同的对尼采的解读相对比。

7.3 黑格尔的查拉图斯特拉

我现在想要打破习惯性的认识，以重新检视尼采的查拉图斯特拉的思辨意义。我的理解与德勒兹在《尼采与哲学》(1983)[4] 中的解读是不同的。我认为说德勒兹将查拉图斯特拉视为感受不到欲望的人并且反对《论道德的谱系》(*Genealogy of Morals*)中的充满怨恨之人的观点是正确的。他认为，怨恨(ressentiment)的作用是阻碍和拖延行动。它被定位于对行动的终止。当回应(reaction)凌驾于行动之上时，虚无主义就出现了，这就是一个指向无物的意志。它将非行动的胜利视作价

值。尼采称之为奴仆在道德中的反叛。但与对德勒兹来说,尼采的查拉图斯特拉在新的自由、新的感觉和思维方式被释放出来之后,对所有的价值都作了重新评估(1983)。这种重新评估是通过虚无主义的终结产生的。如果我们知道作为否定或虚无主义的权力意志只是权力意志的一种形式,只是其"诸品质中的一种"而已,那我们已然换个方式来思考权力意志了。这里表明了一种从有关价值的知识到有关知识的价值的转变,从中"我们看到我们只了解权力意志的一种形式"。因此,我们学到了权力意志作为张力、多样性和欲望的方面。谁能做到这种重新评价,谁就能揭示自己的面孔并生活于"生成的内在乐趣"之中。只有他的"否"通过对否定、片段和认同的否定来肯定了自身。为什么说这个"否"不是黑格尔的否定?在德勒兹看来这与永恒回归有关。否定并不持有回归,"而回归自身构成了存在"。因此,德勒兹认为:

> 尼采的思辨性教学是这样的:生成、多样性和机会并不包含任何否定;差异是纯粹的肯定;回归是在整体上拒斥否定的差异的存在……尼采的实践性教学指向差异即快乐;多样性、生成和机会是它们自己快乐的充分的对象,而且只是乐趣的回归……上帝之死终需时间来寻找自身的本质并成为一个更加有趣的事件……这个时间就是永恒回归的循环。

这种理论和实践对于德勒兹来说,就是尼采的查拉图斯特拉式生成。

那么,黑格尔的查拉图斯特拉具有什么价值?这涉及到我们对德勒兹的首次评论。德勒兹与黑格尔在尼采的"思辨性"教学问题上争论的焦点就是"中间"(the middle)。对于德勒兹来说,生成之乐趣总是在中间。对于黑格尔来说,中间总是破碎的并且只能在经验中被识知。对德勒兹来说,生成不是否定而是欲望。对于黑格尔来说,经验就是对欲望的否定,因为作为经验就是作为识知的中介(mediation)。当德勒兹肯定中间时,黑格尔却肯定和否定破碎的中间。在此,我们需要讨论他们这种不同给"我们"带来了怎样的哲学体验?在黑格尔与德勒兹之争论的断裂的中间地带,"我们"是如何受教的?按德勒兹的说法,我们不仅能将其体验为对"他们"之差异的肯定,而且能体验为来自他们的我们的差异的生成。我们的教育就是在他们之间成长的草,权力意志"教"我们思考。通过否定德勒兹所界定的黑格尔的否定,我们从充满怨恨的"是"中解放了自己,到了否定的整体。通过对否本身说"否",作为差异的我们被得到了肯定。

但是为了将差异和黑格尔的"断裂的中间地带"区分开来,德勒兹依赖于作为教育的哲学(philosophy as education)这一思辨性概念,而这种概念恰恰是他所批判的。这种教育是由德勒兹所主张的价值的重新评估以及对否定的超越所蕴含

的。德勒兹的确有一种教育哲学(philosophy of education),但不是我所主张的那种。我主张的教育哲学明了哲学"和"(AND)教育间的(思辨的)哲学性和教育性关系。在《差异与重复》中,他主张学习就是允许其自身(知识)被积极地把握的知识(Deleuze, 1994)。事实上,德勒兹所主张学习的似乎是一个"将存在和疑问联系起来"的缺口或空隙。这里"学习的真理"就是一种"学徒状态",这种状态有两个不同于知识的方面。一方面是学徒"根据人们对疑问的理解"来探索观念,但"知识仅仅指明了概念的一般性或是缺乏激情地占据着我们解决问题的规则"。另一方面是说学徒将官能(faculty)带入了蕴含着多样性的试验和交流。在学习中,文化成为了"一种无意识的历险,这种学习的运动连接了感官、记忆和思维"。这和另外一种学习观是冲突的,那种学习观假设"知识具有再现超验王国的内在权力",因此它也就可以"规范所有官能的协作"。

德勒兹批判了黑格尔哲学中的学徒模式。德勒兹说,这位哲学家就像科学研究者对待迷宫里被实验的老鼠那样对待学徒。前者"为了发现超验的原则"而拿走结果(知识)。德勒兹宣称"与以绝对知识的形式存在的知识观相比,我们在黑格尔的《精神现象学》中发现的与众不同的师徒观仍然是次要的,况且它虽然给出了一些结论,但对于支持它的原则性的东西并不够充分"。

对于一个用永恒回归来反对同一性的辩证再生产的思想者来说,对于那些认为学习"不是在一个再现与一个行动之关系中……而是在一个信号和一个反应的关系中"发生的人来说,德勒兹对于黑格尔的批判完全就是对相同观点的再生产。它是对真理和教育的抽象概念的再生产,却没有考虑它们的前提假设。我们在前面一章看到,黑格尔在几乎两百年前已经对这些假设不满了。黑格尔被人指责之处是,在他的哲学中教育从属于一个预设的概念整体。这样理解黑格尔,要求德勒兹将黑格尔哲学从属于一个有关教育的概念整体。德勒兹的教育概念预设了学习本质上终究是开放的(open-ended)。但关键是教育的理念还没有开放到可以了解它自身的程度——即将自己作为形式和内容来把握,将自己作为经验来把握,并在它参与到自己的行动的过程中了解自身的真相。它成为了又一个压迫性的教育和哲学的例子,因为它立足于那种关系的预设之上。德勒兹哲学的整个体系建立在学习即差异的假设之上,但它却不认为学习也蕴含着其与自身的差异。所有的多样性,所有的内在平面,所有的纯粹差异都被视为引导我们学会思考的权力意志。如果教育自身都被否认了其差异和重复的属性,那么我们怎样才能辨识教学和学习呢?这里关涉到德勒兹和黑格尔的争论之处。德勒兹提倡"中间"(the middle)、"之间"(the between)、"和"(AND),因为他将学习预设为纯粹的差异。黑格尔没有提倡"中间",是因为在黑格尔哲学中关系、断裂的中间地带就是真理,而这个真

理在哲学之教育中并作为哲学之教育存在时对自己加以反对。与此相对，德勒兹却认为关系既可以被认识又不可被认识，是处于两者之间的。在第一部分中，这种作为文化之终结的对形式平等的立场和偏见被作为中产阶级特征而明示出来。正是这种立场支持德勒兹“生成的中间”的观点，同时又没有放弃那种起着连接和区隔作用的中间概念。简言之，德勒兹之所以能持有中间的概念，是因为他没有接受那种中间即其对自身的教育的哲学主张，或中间即(在)哲学(中)的“断裂的中间地带”的哲学主张。我也因此认为，德勒兹被局限于对处于形而上学层面之差异中的中间关系的一种有趣和细致的解释学分析。他虽然抓住了问题所在，却没能让这种解释学敞向作为自身之真理的解释学本身，因此也就没能真正提出一种中间哲学。所以，和哲学与教育的思辨性概念相比，我们在德勒兹那里仅仅收获了“没有学习的学习”、“没有教育的教育”、“没有哲学的哲学”这样的观点。

7.4 教育哲学中有关“再现”的争论

我再次提起这个论题。不过这次的讨论将联系到贝阿恩(Bearn)的一篇有关美学普遍性的文献对于教育哲学的贡献。这篇文章对利奥塔(Lyotard)有关崇高的观点进行了含有同情的德勒兹式的批判。[5] 贝阿恩说，利奥塔知道大学“已经成为了通过传输和发现信息来改善系统性能的中心”(Bearn, 2000)。他知道这将会限制知识、教学和研究的形式，因为只有那些对于“系统”的有效管理有帮助的事物才会被接受。贝阿恩强调，效率在“发展”的伪装下驱动了对于因特网和远程学习的更广泛运用以及对学生独立学习和教学方法灵活性的更强烈的需求。在所谓创新的要求后面起推动作用的正是这种绩效性(performativity)。

对于利奥塔对这种机构的绩效性的观点，贝阿恩却进行了批判。他认为利奥塔为这种绩效性的继续存在抹上了一种“沉郁的灰色”。他继续说道，这是因为各种话语遮蔽了依靠语段之间的缝隙而存在的衍异(differend)(例如，这里可能会有绩效性的话语在起着连接作用)，于是没有可能在没有对区分和衍异加以重复的情况下复兴衍异。利奥塔在这里转向了康德有关崇高的观点。崇高感能够显现出系统的局限以及超越了这些局限的事物：“通过这样，他寄望于在承认系统权力的不可避免性的同时也能看到从系统权力中幸免的事物的伦理意义，哪怕这一刻转瞬即逝。”

贝阿恩认为，利奥塔的错误在于诉诸崇高之大学而非美之大学。利奥塔在寻求一种能够显现衍异、显现语段之间的联系的方法。这些方法不能使用那些对衍异有阻隔作用的各种话语。换言之，我们如何才能不借助再现而思考？先是现实对无限者(the infinite)的再现说“否”，继之以将对无限者的崇高再现视为对所有再现的超越说“是”——贝阿恩对这种再现康德崇高概念的观点表示反对。他认为利

奥塔的做法是先说“否”,然后又说“否”,是一个双重否定。在康德哲学中的“是”是对无限者的理念的理性把握,而不仅仅是一种认识,“而利奥塔却从未在其哲学中找到它的‘是’”。贝阿恩认为,这是因为利奥塔没能将生活确认为“对所有哲学形式的连接”。第一次否定是有关显现的,第二次否定是有关欲望本身的。因此,空白、语段间的深渊以及衍异被消极地界定为非思想、非生活本身的范畴。对利奥塔来说,再现的虚无主义等同于虚无主义本身:即“不被知晓”(not-known)和“不在此时”(not-now)。贝阿恩说,利奥塔的观点是宗教性的。神圣之物被用来“塞住洞口”。这些洞口乃是双重否定的虚无主义造成的。[6]

贝阿恩借用了德里达的确证形式来重新表达利奥塔所使用的“否定性”、“虚无主义”、“解语段化”等概念。了解他这样做的原因是很有教益的。一方面,在面对利奥塔的双重否定时,他问道:“为什么我们要在这个问题上纠缠?这难道不是哲学的一次失败吗?”另一方面,他宣称利奥塔的否定概念“需要一个积极的肯定概念来补充,这一概念是超越了再现的”。为什么?为什么需要肯定性概念?为什么认为再现概念失败了?这样的问题常常被作为理所当然的“我必须”(sollen)而被忽视,但它们实际上揭示了现代抽象理性文化中哲学的误途。结果,我们的抽象哲学意识也被误解了。正如我们在第一和第二部分所看到的,教育哲学看起来不能和不愿在抽象文化之中认识其自身的不确定性,而这种抽象的文化是是它所反对的。在贝阿恩的问题中,“我们”是指的谁呢?为什么否定者的概念需要别的补充?在两个问题中,被误解的假设是相同的。那个不必要纠缠于否定之上的“我们”就是那个为现代社会和政治文化所决定和抽象出来的“我们”。这样的需求和失败并不是对我们的理论和实践的技术的、工具性的和表现性的形式的批判。它是对这些缺少哲学之教育的事物的重复。从黑格尔而非德里达的思辨哲学来看,作为抽象概念而得以实现的重复对于抽象意识来说是否定性的。而抽象意识则是在一个自身转变的视角来看这个问题。但是对于将自身的改变视作教育的意识来说,没有什么别的补充是必要的。这也不仅仅是个失败而已。对我们的抽象哲学意识之教育的不满以及对补充性肯定的诉求向我们提出了考查抽象概念本身的要求。就我们的目的来说,这恰好是德勒兹的后结构主义将哲学再生产为更为抽象的操控的方法。它对肯定的渴求——就一个没有被“怨恨”所控制的真正的生活而言——是对以肯定之名存在的哲学的教育的否定。

在有关再现的论证中,如同在其他的教育理论中一样,贝阿恩倡导一种谱系化的转型。贝阿恩说,“当你接触到再现的一面并牢牢地抓住这一面时,虚无主义和神圣就将成为你唯一的主张”。让我们反过来看。当你接触到虚无主义和神圣的一面,而你的脚还牢牢地踩在另一面时,失败和需要将成为你唯一的主张。自然意

识在寻求真理的时候拒绝了它，而它只会在拒绝之中寻求它。拒绝意味着抽象哲学意识的统治。美的自由并不在于其摆脱了操控，美的自由体现在它可以再现为我们的教育——这种自由只有在它作为自然意识之教育的时候才是可能的。在自然意识之教育中，再现如在康德的第三批判中那样将自身呈现为美学的和目的论的，呈现为美和崇高，呈现为构成和结局。[8]

德勒兹的"和"(AND)的概念连接了这种关系，因此有很多的效用。但是这里有两种有关"和"的主张，在两种沉思形式之间存在着冲突。这涉及到"中间"的本质。这不仅仅是在康德的判断之"和"与德勒兹的根茎之"和"之间的冲突，它还关涉到对后结构主义和现代性之间关系的再现。这为我们打开了另外一条描绘德勒兹教育哲学抽象文化之再生产图景的途径。它所关注的是对精神的压抑——这是无限和有限之间或真理和再现之间的第三种力量。在对本章的初稿进行评论时，约翰·德拉蒙德(John Drummond)强调，根茎和树枝间并非互为替补的关系，它们的关系应该被看作是互动的而非对立的。而保罗·斯坦迪斯(Paul Standish)则认为"对崇高的见证可能是与美的张力的增长相伴的，它可能成为同样的学生经验的一部分"(Blake *et al.*, 2003)。根茎无权驱赶树木。而且，和树木的具体实践相比，根茎是试验和飞跃的时刻。贝阿恩也持同样的观点。他没有说"美之大学"是绩效性机构的替代物。相反，德勒兹意义上的教师可以在绩效性机构中工作并释放多样性的力量。而多样性在技术和管理的话语中被压抑着：

> 首要的理念应该是张力，通过无意义的调查而达到的张力……通过达致无意义的状态，一个人在释放张力的同时打破了再现的框架，这种经验正是打破束缚的资源，它有时的确提升了表演性，但也正是它教会了学生真正的思考是什么样的：不是在一个再现的框架内筹划，而是体验乐趣以及打破束缚的喜悦。(Bearn, 2000)[9]

这样，我们就有了防止倒退到二元论的办法：既不是根茎也不是树木，而是根茎"和"树木，张力"和"再现，无据(goundlessness)"和"话语，是"和"否。它们共存着，其中一个总是和另一个互动。根茎式的教师从不超越树木，她并不总是根茎式的，因此也不会在任何意义上超越树木。肯定并不代替否定。而否定则不是从缺乏而是从视其为可能的意义上知晓肯定。

如我们现在将看到的，后结构主义者越是反对那些指责他们正在向二元论回退的说法，认为这些指责没有认识到他们观点的微妙之处，就有越来越多的人否定他们所寻求维护的那种教育。这种反对在根茎"和"树木之间的对立的二元的安全措施背叛了它自身。如我们上面所见，对于德勒兹来说根茎是处于片段之间的。

根茎就是"和"。它就是片段之间的多样性,它是没有意象的思想,它是对差异和重复的肯定。在根茎"和"树木之中而非在两个片段之间的关系中,当一对组合被以共存和互动的方式搭配好的时候,到底发生了什么?当一个多样性来到的时候,是否这个多样性没有成为片段(如同利奥塔所说的那样)?这不仅仅是一个深刻的观察,因为它触及了这里岌岌可危的另类的思辨哲学的"中心"。

对于贝阿恩来说,利奥塔认为每个多样性成为另一个多样性之部分的过程都被抹上了沉郁的灰色。在这里只有失败,这个失败是由一种对神圣之物的"需求"所预示的。贝阿恩认为,这个过程恰恰是对差异的重复。它描绘了每个回归通过与自身相异从而肯定自身的过程,即便这种肯定成就了与另一个片段的联系。二元论之外的肯定由"和"与"中间"所确认。对于利奥塔来说,衍异虽然由于其通过再现与二元论的结合而被否定了,但在贝阿恩看来这样的结合只是再次融入了那种脱离差异"和"重复、重复"和"差异之间平衡的乐趣和喜悦之中。这里的第三种力量,即根茎的即时性(immediacy),在片段之间出现了,即便其中的一个片段是即时性本身的再现。这是德里达反对二元论和否定观的关键所在。这就是他有关不可感知性的观点。

根据贝阿恩的阐述,德勒兹误读了黑格尔的否定概念以及再现和抽象的逻辑。首先,如我们刚刚看到的,为了主张即时性能教会我们如何去思维,一种有关教育即中间、改造/转化即中间的观念被预设了。对于德勒兹的批判现在成为了对贝阿恩的德勒兹主义的批判。如果中间即教育——教会我们"真正的思考是怎样的"——那么中间就会被预设为学习的感知性(perceptibility)或同一性。

其次,有关二元论相对的"和"(AND)的观点让我们有可能描绘上面已经论述过的有关德勒兹和黑格尔的"中间"概念的意涵。当教育作为根茎而存在时,有一种教育逻辑蕴含其中。这种逻辑倡导"中间"而非教育的乐趣和喜悦。或许可以这样来说明。根茎式差异就是片段间的"中间"与"和"。但当我们说在德勒兹的思辨哲学中一定要有根茎"和"树木时,这里的"和"和上句话中的"和"是同一个吗?如果是同一个,那么差异的回归就没什么特别的意义。如果不同,那么根茎就不是第一个"和",因为第一个"和"根本不是"中间"。这意味着,对于那些寄望于使中间保持没有再现的状态的人来说,教育根据自身即差异和重复的逻辑,要求自身被呈现为根茎与树木的关系。如此,这个问题就是:"将教育视为根茎'和'领域意味着什么?"但这一问题并没有被德勒兹和贝阿恩所注意,这一关系也没有被呈现出来,因为这一关系被判定为一种非关系(non-relation)。不过,肯定倒是在根茎"和"树木的关系中被再现。准确地说,肯定否定了其自身,因为它是一种教育。既然"中间"意味着根茎和树木,教育正再现自身,那么所谓的否定就不是对肯定的拒绝,而是

指明了肯定的本质。在黑格尔哲学中，那肯定这种误识以及抽象的统治的第三方参与者就是精神。在利奥塔哲学中，第三方参与者则是对误识的认识，是神圣之物。第三方参与者被作为差异之教育（教育本身并不归属于差异）的前设所压制。压制的形式表现为对肯定的“需求”以及哲学的“失败”。

从根本上说，“和”或者“中间”在其自身的工作中被肯定。在这工作中，我们这些哲学的观察者可以看到作为教育之真相而存在的“中间”是如何必须（已然）成为其自身的对象的。为我们去认识再现也就是为我们去将我们自身理解为哲学和教育断裂的中间地带。这就是我们为何认识了抽象，还包括认识了我们自己。我们作为观察者认识了哲学和教育关系的真相，不是将其视为失败或肯定，而是视其为关系、二元论和所有再现的真相。真相就是当我们从作为“和”的断裂的中间地带同时触及再现、肯定和失败的两面时所有的那种精神。事实上，真理就是精神，或者它完全不可被认识。在德勒兹哲学中，所谓的“和”就是最后一个“怨恨”之人（the last man of ressentiment），他拒绝连接肯定和失败。（我们将马上回到这个主题）尽管如此，对于黑格尔、尼采和克尔凯郭尔而言，小写的“和”（and）是哲学和教育之间的矛盾并存状态。[10]

我们将这一批判带入德勒兹哲学的核心，即尼采的查拉图斯特拉。我将在此给出三个相互联系的观点，有关尼采的这一章将会这样结束。首先，我将根据有关查拉图斯特拉的四卷著作来描述他的教育旅程。其次，我会通过尼采的《悲剧的诞生》（*The Birth of Tragedy*，1872）到《道德的谱系》等作品将第一点与尼采自身的旅程相联系。第三，我将论述查拉图斯特拉既不是超人（overman）也不是不可感知者（imperceptible）。

7.5 尼采的查拉图斯特拉

在这四卷本著作中，查拉图斯特拉重复地学习了同样的课程。但也正因为这门课程被一再学习，学习也就有了差异。在前言中，尼采谈到超人的教学时说上帝已死。但他所教的并未被聚集的人群所理解。“他们并不理解我”，他悲哀地说，“我所说的没有进入这些（人的）耳朵”（Nietzsche，1982）。这种教学的失败在《查拉图斯特拉如是说》的四卷书中不断重复。

在第一卷中，他的信徒回馈给主人的礼物上有“一条蛇盘绕着太阳”的图案。[11]在第一卷的结束处，查拉图斯特拉意识到他们已经开始相信他所教的，但只能达到抽象的理解。他们并没有如所被教的那样去做。因此，他要求他的信徒离他而去。他敦促他们对抗他们的教师，除非他们可以抛弃各自已有的受教育经验来相信他。“对抗查拉图斯特拉！甚至为他感到羞耻！也许他辜负了你们！”我教给你们这条

箴言，但你们“尚未找到你们自己”。简言之，“一个人如果总是除了一个学生什么也不是，那么他就对不起他的教师”。查拉图斯特拉的第二个失败结束于他的箴言：“我令你们丢掉我并找到你们自己。只有当你们全都否定了我，我才会回到你们身边。”

在第二卷的末尾，查拉图斯特拉再次认识到了自己作为教师的失败，但这次他从中领会到了更多失败的本质。当那个驼子问他为什么他说话只是“对着他的学生而不是他自己”时，查拉图斯特拉获得了对于如果作为超人教师而存在之本质的认识。在第二卷中，查拉图斯特拉学习了困难的一课，即将本质理解为权力意志，即“必须不断自我超越的事物”。他的权力意志依然成为了教学的意志，这样在通向超人之路上的障碍就能被越过了。为什么本质凌驾于教师之上？为什么查拉图斯特拉作为教师失败了？原因是本质——也就是权力意志——必须超越他自身。在师生的服从和命令关系中，查拉图斯特拉学习了永恒回归这一课。“不能服从自我之人将会为人所指挥。”但即便是发号施令者也必须遵从本质并被超越。教师作为发号施令者也应该遵从这一本质。在这一点上，查拉图斯特拉认识到教师必须既下命令同时也被命令，但他不知道如何能做到这一点。“什么使得存在者既服从又掌控，并在下命令的同时又做到服从呢？”为了明了这一点，查拉图斯特拉不得不回到孤寂的状态。虽然没有声音，他却听到：“你的果实已经成熟，但你还没成熟到能享用它的程度。”

第三卷对失败的认识有些不同。永恒轮回——在这里作为最为深刻的思想——即是查拉图斯特拉的教育。因为他所服从并掌控的权力意志的轮回是普遍性的，因此它也就是一切生命的本质。怨恨和仇恨的态度寻求对权力意志的否定。“这个意志不能寄望于后退。他也不能打破时间和时间的贪婪。这就是意志最为孤独的悲哀。”一切都是权力意志，没有退路可走。每一个事件都是权力意志的胜利，但既然本质必须超越自身，那么即便是这种胜利也应该被超越。对于仇恨来说，这就是“意志在咬牙切齿”，是对自身所是的恨意。但权力意志的秘密是，永恒轮回不仅仅是命令和服从的真相，而且也是怨恨的真相。这种怨恨可以超越和否定权力意志。在意志不能寄望于回退事实面前，痛苦转化为了乐趣，即便作为怨恨的权力意志乃是本质的真相。每一个“它是……”现在都被理解为“因此我想要它”。权力意志的真相就是永恒轮回。查拉图斯特拉在此相信他终于作为一个超人教师来理解他的失败了。他不得不失败，因为这是教师的真相。尽管如此，他现在可以重复地要求失败，因为这是权力意志的真相。在第三卷末，查拉图斯特拉在

"赞同之歌"中歌颂了这个真理。"我怎么会不渴望着永恒,渴望婚姻的环中之环?"①他问道。"我爱你！哦！永恒!"他通过使用这些肯定的词汇来结束了第三卷。

尽管如此,查拉图斯特拉的最大成就同样在于他最伟大的失败。正如他要求他的信徒去"寻找你们自己",他也必须接受自己的意见并"成为你自己"。在山上独坐数年后,第四卷中的查拉图斯特拉困惑了。"我的快乐是沉重的",他说。这和他在前言中的表现是一样的。他又一次有很多东西需要和人类分享。只是这一次他等待人类来到他面前。同时,这里没有教学,他丢掉了教学即命令和服从的真理。独自在山中对永恒轮回的庆祝成为了一幅静止的图画,这是停滞的永恒轮回。查拉图斯特拉领会其作为教师的最后一次失败乃是在他最后退回山中并享受其工作的成功与失败的永恒轮回时发生的。甚至在山中他和更高之人相伴的时候,甚至在他的教学在追求完美的过程中失败的时候,他的客人能做的只是"以查拉图斯特拉的缘由"寄望永恒轮回。这一次,查拉图斯特拉面对失败没有退缩。这一次,他将失败视为教师的真理,以及作为永恒轮回之真理的权力意志的真理。这一次,他知道了"一切的永恒乐趣都追寻失败。因为所有的乐趣都渴望自己,因此它同样渴望极度的痛苦"。在乐趣和痛苦的断裂的中间地带,存在着作为权力意志的永恒回归和作为永恒轮回的权力意志。当教师成为他自己的学生并说"那就是教育吗?那么好的,再来一次吧"的时候,它同样是师生关系的真理。现在查拉图斯特拉再次离开了大山,但这一次他不再关心超人的教学,而是关注在教师和学生之间他需要做些什么样的工作。

7.6 查拉图斯特拉的尼采

在尼采自己的发展中,也存在着一个相应的哲学教育。对于尼采来说,"法律的制定者终究也要接受法律的要求,使自己服从于自己提出的法律"(Nitzsche, 1968)。在《悲剧的诞生》中权力意志是在悲剧中、在"原初状态"中、在阿波罗和迪奥尼索斯"壮美的极致"中呈现的。酒神主义是无法超越日神主义的,因为酒神主义者也必须在意象、概念和再现的世界中活动。同样,日神主义者也不可能超越酒神主义者,因为一切的再现都将被创造它们的意志所摧毁。由于命令和服从的本质,渴求和平的欲望同样也是对战争的永恒欲望。尼采说,"这是一种永恒的现象:贪得无厌的意志,凭借笼罩万物的幻象,把芸芸众生拘留在人生中,强使他们生存下去"。幻象甚至存在于超越的法律(the law of overcoming)中。

在《历史的用途与滥用》(*On the Uses and Disadvantages of History for*

① 部分译文参考了译林出版社出版的《查拉图斯特拉如是说》(杨恒达译)。

Life,1874)一文中,永恒轮回的时刻被田野上的牛群所捕捉到了。牛群的记忆很短暂,以至于它们无法认识自己。因此,他们永远处于遗忘的沉默中。尼采接着比较了具有记忆的历史之人和充满遗忘的非历史之人。这里,权力意志对于其自身的态度是明显的。有记忆的人从不行动,因为他总是沉浸于对过去行动的沉思之中。他的记忆确保他总是取消行动,直到有关整体的更加清晰的图景出现。但这幅图景却从未出现。永恒性在当下瘫痪了。尽管如此,遗忘者"忘掉了大多数事情以便于就做一件事"(Nietzsche,1983)。这种永恒性对当下是有益的。两者都是权力意志。记忆者持着对"曾经所是"的怨恨,遗忘者持有"因此我曾有此意愿"的权力意志。但只有在他们断裂的中间地带的一分一和中,他们才能获得对权力意志之永恒回归的真正理解。在这个时候,尼采是将不可知的理念按照所要求的"平等的尺度"来写作的。这种平等不是超越,而是张力。尼采认为,只有通过分化的手段,一个个体或国家"才能在适当的时间遗忘,在适当的时间记忆"。

在《作为教育家的叔本华》(*Schopenhauer as Educatior*,1974)一文中,尼采认为叔本华是一个服务于生活的教师。这是因为这样的教师在教育中再现了被文化所压制的理想:

> 科学,曾经在自由放任的精神和毫无束缚的环境下被探究,现如今却正在摧毁一切牢固的信念。接受了良好教育的阶层和国家被极度可鄙的金钱经济所扫荡……一切,包括当代艺术和科学,都服务于即将到来的野蛮状态。(Nietzsche,1983)

在这篇文章中所思索的就是何为权力意志。在思索中,本质将压力施加到人的身上"就像施加到站在我们高处的某物之上那样"。通过这样,"理想进行了教育"。叔本华落实了这个理想,因为对他来说作为权力意志的教育有能力宣称"这是一切生活的图景,从中可以学到你自己生活的意义"。永恒轮回依旧是教师"悲剧性的思辨"。理想的教育功能仍然体现在这样的教师身上。

在1874年的数篇文章和1887年的《道德的谱系》中间,尼采还撰写了一些箴言集类著作,包括《人性,太人性》(*Human-All-Too-Human*)、《破晓》(*Daybreak*)以及《快乐的科学》(*The Gay Science*)。在《快乐的科学》第四卷末,尼采揭示了作为永恒轮回之权力意志的教育。这种教育作为查拉图斯特拉教育观中师生的断裂的中间地带而被彻底考查。如尼采本人所宣称的:"在我的作品中,查拉图斯特拉是独立存在的。"(Nietzsche,1979)在《查拉图斯特拉》一书之后,尼采说他从在书中推向极致的赞同之声转向了"重新评估现存诸价值本身的"否定之声。如果尼采在《查拉图斯特拉》中阐述的有关永恒轮回和权力意志的整体就是他的教育观的话,

那么他创造查拉图斯特拉并在之后重复其工作的过程也是一种教育的过程。因为现在尼采就是他本人的作品，所以他可以接受一种较少箴言、较多学术的风格。在他后来的作品中，对价值的批判有了一种客观性，这在他的早期作品中是不被宣扬的。这里的客观性就是查拉图斯特拉所带来的。这是断裂的中间地带的客观性，而不是仅仅存在于宣称中的抽象客观性。这是思辨的客观性，它明了宣称的失败，因此也明了权力意志之永恒回归中的乐趣。尼采在历史学论文中所说的都是他自己所相信的真理。他所说的通过查拉图斯特拉最后都成为了他自己。正所谓存在从未是它本身，而只是"一个未经干扰的已然存在。它是一个依靠否定、毁灭和矛盾而存在之物"(Nietzsche，1983)。在查拉图斯特拉以及后查拉图斯特拉时期的尼采身上，我们看到了一个用爱和轻蔑相互补偿的人。他不仅仅能发挥教学的主观性，而且能按照其重新评估的有关命令与服从的客观性来教学。

在理解尼采对道德和怨恨的批判——特别是在《道德的谱系》一书中——时对查拉图斯特拉的解读同样必要。尼采将命令和服从或权力意志的"断裂的中间地带"呈现为一种主仆关系。《道德的谱系》中的基本问题是："人在什么条件下形成了善与恶的价值判断，这些判断本身的价值又是什么？"[①]尼采很好地回答了这个问题。在拷问价值之价值的过程中，尼采发现道德的谱系根源在于与胜败相联系的态度。也就是说，他发现价值之价值基于权力关系，或者更具体地说，基于人类性格特征和态度之中的权力意志。好的价值再现了贵族的性格，但贵族却是在他人之上才得以建构起自身。同样，坏的价值则为粗鄙的人所拥有。而粗鄙之人则被界定为与那些自视为阿基米德支点的人相比更加狭隘和不同。

尼采描述了一个奴仆道德反叛的过程。首先，通过一个精神的复仇行动，善的被重塑为恶的，而善本身看起来扎根于受难者而不是压迫者。这是对价值的第一次颠覆。它本身是政治性的，因为他再现了被征服者的反叛。重要的是，这种价值的倒转并不伴随着武力对压迫者的征服，并不像征服者对待他们那样来压迫以前的征服者。这场战斗是从被压迫者的立场来化解的。正常斗争会将力量、自我和意志界定为恶，并将对权力、胜利和斗争的否定界定为善。尼采说，被压迫者的态度是创造性的，这种创造性在本质上不同于贵族的创造意志。对于后者来说，善只是肯定了自我和意志。善是对自我和意志的压制。这不是说对意志的否定就是善，即便当前的道德理论这样主张。而是说善的定义来自于对那些崇尚将意志的创造权力置于他人之上的人的"怨恨"精神。这种道德基于怨恨，并创造了可以再生产这种态度的价值：

---

① 部分译文参考了漓江出版社出版的《论道德的谱系：善恶之彼岸》(谢地坤、宋祖良、程志民译)。

> 奴仆人性的反叛开始于怨恨本身成为创造性的事物并创造了价值的时刻……贵族的道德形成于其对自身沾沾自喜的肯定,而边缘的奴仆的道德却对那真正"外在的"、"奇异的"、"非本真的"道德说不,而这种否定才具有真正的创造性。(Nietzsche,1983)

这是那些苦行者的特性。对于他们来说,超越"对优雅举止的崇尚乃是其所有本能中最为重要的一个"。但尼采描述了苦行者的哲学性的教育的重要意义。作为奴仆,他寻求超越他的意志。但这恰恰是对权力意志的倒转。当苦行者意识到这一点时,必将产生怨恨,最终导致虚无主义。之所以说这里有了虚无主义,是因为苦行者现在认识到他只是权力意志。他的终极否定相当的模棱两可。在否定他自身的救赎性质时,他不会变得更强大或更执着。这是作为最后一个人类的虚无主义。他现在所否定的并不是权力意志本身而是其作为永恒回归的真理。这就是查拉图斯特拉作为苦行者所实践的教育,这也是为什么尼采会有如下结论的原因:

> 既然向往真理的意志获得了自我意识,那么毫无疑问道德将会逐渐枯萎:这将是欧洲未来两百年人们道德行为的宏观景象。这是最可怕的、充满最多质疑的,却也可能是最具希望的景象。(Nietzsche,1983)

对于德勒兹来说,自我意识意味着向着"一种基于一切存在的新思维和新感觉方式"的转变(Deleuze,1983)。对于尼采来说,这个自我意识乃是"向往真理的意志,它将自身体验为一个疑问"(Nietzsche,1968),它具有塑造"未来人类"的潜力。这样的人类将会"将不仅从现有的理想,而且从那些从现有理想中生长出来的东西、恶心感、指向无物(nothingness)的意志、虚无主义中弥补我们的遗憾。正午的钟声所带来的伟大决定将会再一次解放意志"。我将论述德勒兹和尼采对于教师观的不同看法,从而结束这一章。

7.7 查拉图斯特拉的马普尔小姐

对德勒兹而言,虚无主义是被它自己所打败的。我们在前面看到,将权力意志视为怨恨只是认识了它的一种形式而已。这种对权力意志的认识形式在德勒兹看来是"与我们所知道的截然不同的"一种思维形式(Deleuze, 1983)。这里蕴含着我们在前面讨论过的德勒兹的教育哲学。他主张,知识只是思维的结果,但学习却是思维的运动过程,是从官能片段的关系中生长出来的"中间"。学习对于德勒兹来说就是生成。持着这种学习观,他就能宣称"那种权力意志借以被人们所认识的存在关系并非权力意志借以存在的存在关系"。这一观点不仅是德勒兹解释查拉图斯特拉的关键,而且是他的整个哲学体系的关键。这决定于对作为结果的知识和

作为差异的学习所作的区分，即在差异和结果之间的差异。在这里，怨恨的反应式能量被转化为知识溢出的肯定性和创造性的能量。生成与溢出（excess）是同一种思维——并非权力意志的认知根据，而是权利和意志的存在根据。因此对德勒兹而言，“在否定被转化为肯定的权力——即‘生成的永恒乐趣’——的范围内，毁灭开始活跃起来”。

> 经过末人（the Last Man），超越他而达到想要灭亡的人，虚无主义便完成了。在想要灭亡想被征服的人中，否定已摧毁了一切障碍，它击败了自己，变成了肯定，一种已经超越人类的权力，一种宣告预备着超人来临的权力。①

黑格尔的否定观对于所有的否定都表示肯定，而德勒兹的查拉图斯特拉无论对否定还是对受到肯定的否定都表示否定。这里有着对价值的重新评估。黑格尔和德勒兹在包括教育哲学在内的诸领域争论的一个重点就在有关否定的教育意义之上。德勒兹在黑格尔哲学中看到了一种对相同性和否定的重复。这样的结果毫无意义。而对德勒兹自己而言，“否定变成一种肯定的权力，它服从于肯定并转而效劳于过度的生命”，“否定所宣告的，只有肯定才能创造”。

这里澄清了一个事实——德勒兹和黑格尔都是这样的沉思者：他们试图确认否定者在其冒险历程中学到了什么。在某种意义上，他们相遇于否定之否定。黑格尔认为有一个决定性的否定，它在自己的运作以及与知识（奴仆与主人的真相）的关系中变得具有积极意义。德勒兹则主张一种有关价值转换的教育。在其中否定的“权力”和“自主性”被转化为肯定。在两种教育中，黑格尔认识了哲学家而德勒兹找到了超人，学者则被立法者所取代。

哪一种哲学的教育观是正确的？哪一种能为我们提供判断的标准？如果我们使用尼采的术语，那么问题就变成了：“哪一种思辨探究揭示了权力意志及其永恒回归的真理？”德勒兹希望在尼采哲学中发现“积极的否定性”。这里的否定“构成了肯定的部分权力”并超越了黑格尔的“否定的积极性”。对德勒兹而言，永恒轮回乃是差异者的轮回。对黑格尔而言，永恒轮回是否定性的而且作为概念性存在。德勒兹则主张作为物理学说的永恒轮回展现为一种“新的思辨综合形式”。在此与同一性法则的一致性被构成权力意志的差异和重复中的选择性原则所超越。此外，“作为一种伦理思想，永恒回归是一种新的实践综合形式”。但什么是被永恒欲求的呢？只有差异本身或者——如我们前面所看到的——对所有否定、所有反应的否定。只有在思考中，在“永恒轮回的思想”中，意志才是创造性。“只有永恒轮

① 部分译文参考了社会科学文献出版社出版的《尼采与哲学》（周颖、刘玉宇译）。

回让虚无的意志变得完整并得以完成。”查拉图斯特拉对德勒兹而言正是这样一个完成者。我们可以设想，这就是一个根茎式的生成中的教师(teacher-becoming)。

我想要对德勒兹的尼采主义作三项批判以结束对他的讨论：首先，德勒兹并没有超越怨恨的概念；其次，他很像那个末人，那个苦行者；第三，根茎式的生成性教师在现代政治经验意义的压制中再现了虚无主义。最后，在这些批判的基础上，一种与不同寻常的尼采式教师成形了。

首先，我认为，德勒兹所理解的思辨性综合只不过是怨恨概念的另一种未经重组的形式。如果奴仆的反叛是对作为道德的权力意志的再现，那么根茎就是作为肯定的权力意志的再现。没有意象就没有思想。反过来，没有意象的思想就是伪装为转型价值的道德价值。权力意志必须挑战自己的法则才能超越自己。中间并不是一个新的价值。它是一个穿着后结构主义外衣的旧价值。中间被永恒地超越以及思想被从中间退还到一种受它自己所立法则所规定的疑难结构中的事实，被德勒兹的中间概念所压制。实际上，认识论的“怨恨”与道德的“怨恨”是同样强大的力量。后者是反应式的，前者却将自身辨识为行动和意志。它对虚无主义的否定是修辞性的，并不真的是那样。对虚无主义的否定并不是一次价值的重新评估。“怨恨”的回归这次与它自身的再现是相冲突的。黑格尔哲学中决定性的否定包含了“怨恨”的真理，即它是整体性的而且没有对自身的重复就不可能超越自身，因此它从未被超越。但“怨恨”并不仅是否定性的。在否定中，它对自身而言是真的。对否定的肯定就是“怨恨”的真理。它被认识到了，但没有被超越。德勒兹对否定的否定就是一个“怨恨”。这个“怨恨”对“怨恨”的真理加以反对。对“怨恨”概念的整体超越必须包括对作为“怨恨”的自身的否定。

我们能够通过与在第二章探讨过的悲剧(Trauerspiel)相比较，开始理解德勒兹所谓“对怨恨的怨恨”这一观念的意义。本雅明(Benjamin)主张巴洛克寓言通过一个掩盖再现的神话再现了一种神学情景。路德之后，人们在行动上对上帝的抛弃导致了一种不愉快的意识，并由内在和外在的意义丧失将这种意识导向自我矛盾。前者将来自世界的拒绝再现为对世界的拒绝(苦行主义)，后者对世界的拒绝再现为来自世界的拒绝(政治阴谋)。我们在前面主张，寓言将文化再现为缺乏启蒙观念的神话。这种启蒙观念涉及到其自身可能性的社会和精神条件。巴洛克寓言不会认为自己会在与绝对者的关系中形成，也没有认为自己会作为那种关系的重复而实现重组。

理性可以做得比这更好。作为文化，它能够实现这种重复和重组。绝对者在关于对文化的抽象统治的批判中成为了最为重要的概念，因为它将真理视为自己的作品，同时又不将其视为它的解决方案。只有绝对者的概念能这样做：将真理言

说为没有否定的“怨恨”。这种否定会威胁它的文化、再现和教育。但是德勒兹的这种后结构主义再次回到了对理性文化的压制以及对我们关于统治的哲学性的教育的压制。后结构主义,以德勒兹的不可感知的中间的形式再现了国家和宗教的关系却没有承认它。公民社会的正式成员抛弃了绝对者,由此后结构主义断言了主体性毁灭的神话。这种对主体性本质的否定乃是哲学苦行主义的现代形式。苦行者意识到自己是由欲望所构成,因此他拒绝将主体性视为哲学的本质。这是在奴仆的反抗传统中的一个否定。它在怨恨中形成,并作为一种道德价值反对在奴仆反抗传统中被知晓的自我。在怨恨最为强烈的时候,它是苦行者的虚无主义,在自我的衰退和毁灭之神话中盛行。它拒绝任何自我与社会的关系发生关系,因为它从各种困难出发,将我们的教育作为对关系的再现加以拒绝。从这个拒绝出发,它断言了从怨恨到试验和不可感知者的乐趣的转变及其同时发生的教育。德勒兹哲学的“中间”只是一个反对抽象或反对现代社会和政治关系的怨恨。通过指明并非本质的主体性的毁灭,自由从二元论中解脱出来。但是二元并未在此被超越,它只是被否定了。这里只有抽象哲学意识的统治。这里没有超人,只有苦行者。他通过否定自己将权力意志宣称为他自己的主动性。通过这样做,他重复了那被认为已经被超越的理性文化。在尼采的哲学中,并没有一个逃脱、超越或转化了这种文化的超人,但是有一个能将“怨恨”认识为真理并能认识哲学与教育之关系——在这种关系中绝对者得以实现或被再现为再现——的教师。这个教师恰恰因为他没有肯定权力意志的永恒回归的能力从而能够肯定它。权力意志之永恒回归的文化以及它的构成和重组都不是超越。尼采肯定了否定性中的积极性而不是积极性中的否定性。前者重新认识了价值,而后者只是重复了它们。在前者中,否定之否定被在哲学意义上肯定为教育,但它并未被超越。尼采对于对抽象理性的文化统治进行了政治学意义上的重新认识。我们可以在是否超越的似是而非中,在将自己理解为循环的哲学性教育中,发现尼采的那些观点。

德勒兹在这里别有深意。因为他将差异视为中间的同一性,因此他可以宣称主体的面目能够被揭示,主体能够通过融入同一性之墙而从中解脱出来,进而成为不可感知者。但不可感知性的谱系仍然来自于对抽象或是对统治性的社会和政治关系的怨恨。这种统治使我们所表现出来的样子——被(在)现代社会关系(中)所界定的正式的、中产阶级成员——总是我们的部分所是而已。我们的抽象哲学意识是操控性的。我们的不可感知性只有通过再现才能与之对抗。作为无意象之思维的不可感知性实际上就是作为无政治、无决定之思维的不可感知性。

通过压制政治因素,德勒兹的不可感知性概念看起来从抽象和经验的二元对立中独立出来。他的“中间”(middles)并不是在片段之间(between)。通过这样的

方法来去除政治性有着极大的危险。它为阴谋家在没有真理的存在中再现政治难题打开了方便之门。神话是巴洛克式的还是后结构主义的并不重要，没有媒介的抽象和没有媒介的伦理学都被伪装起来再次成为了通向恐怖和暴政的途径，在这里“任何事物都可以被用来拥护其他事物……因为没有什么是绝对的”(Jarvis，1998)。

如此，在德勒兹的哲学中没有合理的“教师”概念，因为没有谁能允许差异的经验进行自我辩护并将哲学性教育呈现为“断裂的中间地带”。德勒兹的学习概念虽然被称之为“学习”，却不能敞向一种(反过来)被人认识的关系，因此也不能敞向那些对之具有决定作用的社会关系。正是在被人所认识的时候，学习获得了参与到自身行动中的能力。如果教师对产生学习的差异关系没有敏感，那么她如何能够参与到她自己的学习行动中呢？她为了参与到德勒兹可能会(但实际上没有)称之为“生成性学习”(becoming-learning)的可能性与必然性的循环之中，甚至必须与学习产生差异。而为了与学习产生差异，她不得不顺其自然意识而将学习视为一个客体的主体。

对德勒兹的不可感知性概念所进行的批判在教师观方面有何意义呢？在《对话Ⅱ》(*Dialogues* Ⅱ)一书的结尾处，德勒兹将不可感知者比作克尔凯郭尔的信仰骑士。他说，他们对同样的事物感兴趣，即那种“总是处于中间——在两条线的中间”的运动(Deleuze & Parnet，2002)。运动揭开了面孔，它是生成的过程，它是多样性，它是德勒兹将其思想与领域化、同一性和否定性相区别的本质理念。但是，德勒兹选择用“信仰骑士”的概念来再现运动，却使之和他的运动概念有了某种对立，这必然会让这一概念产生一定改变。

我将在下一章讨论克尔凯郭尔的信仰骑士和无限弃绝骑士。我们可以说德勒兹将他的不可感知者概念比作克尔凯郭尔的信仰骑士概念是错误的。在尼采看来，在他们之间的骑士遵从命令和服从之本质所立的法则。他们在弃绝中认识权力意志，在信仰中认识永恒回归。他们像查拉图斯特拉那样在哲学与教育的断裂的中间地带的经验中认识关系的本质。信仰骑士与德勒兹所谓的铺路石之间生长出来的草的运动是绝对不同的。恰恰相反，骑士即便和树木在一起，也能从根茎处了解哲学性教育的真实关系。薇依说，“光从天堂不断投射下来。它使树木有了向地底深深扎根的能量。树木实乃扎根于天空”(Miles，1986)。罗斯在对薇依的讨论以及她的遗作《天堂》(Paradiso)中，都引用了这段话。她写道：

> 那些可见的和不可见的符号能够召来怎样的勇气？成为一颗树吧，高高悬于天空，没有安全感，没有同一性，没有社群。只有被悬于天空而无所依凭的意愿使我们能够从神圣的源头吸取养料从而扎下树根。并不存在着哪一条早已长出的

根能够确定帮助我们从天空中贪婪地吮吸养料。天空无处不在——无论我们去到哪里它都如丝织的华盖跟随着我们。而我们却在深渊处迷失了。天空变得昏暗而遥不可及。华盖开始枯萎，我们需要收起树根。我们需要在不确定中，在不知道我们是谁的情况下再次鼓起探寻的勇气，以重新发现我们自我创造的无限能力并履行对造物者的责任。流放者获得了正统信仰的认可。(Rose，1999)

那种德勒兹所宣称的可以以“暗上加暗”的色彩存在或能像粉红豹那样“随心所欲地为世界着色”的行动不是教育的行动——它既不应是有关决定行动之形式和内容的法则形式的政治教育，也不应是这种教育的哲学再现。德勒兹的粉红豹像查拉图斯特拉在书中的第三卷中那样行动，在环中之环内跳舞，但这已与原本的查拉图斯特拉或尼采自己的成长故事不同了。如此，后结构主义是对法律和理性的现代困境所作的反应和再现，但这一主义自身的可能性条件却被重复地否定了。甚至这种重复也作为再现被一次次地否定。最糟糕的是，根茎式的生成式教师其实也是一个没有把根扎在教育之中的伪装者。她在思维和存在的关系中使自己免于受到现代抽象理性的起诉。那些无根之人既无深度也无所依凭。他们处于师生关系之间，但并不代表着师生关系。他们在再现现实教育关系的时候并没有形成扎根于此的教育主张。他们将主体性难题误解为主体性本身的衰落。他们对政治的美化——如我们在第二章所看到的那样——是一种无神论。恶由此滋生，而且还拥有不可感知性所赋予它的不断增长的力量。

尽管如此，我们还是可能为教师提供另一种有关不可感知性以及信仰骑士和弃绝骑士的模式。罗斯的一个例子就是阿加莎·克里斯蒂(Agatha Christie)所创造的珍·马普尔小姐的角色。这位侦探更像是克尔凯郭尔意义上的信仰骑士。在马普尔小姐身上，我们重拾了女性的记忆。她自知其无知。在她作为“循规蹈矩同时又喜欢大惊小怪和爱好八卦的老女人”(Rose，1993)的日常形象中，我们看到了这种无知的重复。[12]她成功地“不断维护正义，这取决于她能够在自己不被人注意的情况下注意一切”。无限的不可认识被其所认识并在此被理解为“存在的悖论”(Kierkegaard，1983)。马普尔小姐在掩盖真理的二元性中认识真理。她的模棱两可把握住了“某些超验的东西”(Rose，1999)，因为在她的“同一性”中，真理洞察包括其自身。罗斯认为，这种行动方式“超越了向冠冕堂皇的沉默无穷倒退(后结构主义的伪装者)之窠臼”。弃绝、信仰和超验的关系意味着马普尔小姐可以在“所有糟糕的情境中保持智识的敏锐和精神的最大自由”(Rose，1993)。第三方参与者总是在抽象及其回响和重复中在场。马普尔小姐就是而且知道自己就是这样一个人。

这里呈现了对教师的对比：德勒兹的根茎式教师与马普尔、查拉图斯特拉式的教师。后者主张教师既是主人也是奴仆，既是教师也是学生。由此，教育的真理与新的

压迫和暴力形式不再有关。前者是一种压迫，它只是伪装成与压迫没有关系的样子。在现代社会关系中，抽象占据着统治地位。教师为了实现教学，必须表现得平凡而不被注意，从而达到教育的效果。既然马普尔小姐“断裂的中间地带”可以在充满问题的形式中让正义赢得真理，那么教师也能在充满问题的形式中让教育赢得真理。两者都需要信仰，但这种信仰存在于知与不知、有权与无权、自然意识与哲学意识、命令者和服从者之中。这就是查拉图斯特拉和尼采的真理，是在尼采的著作中再现的哲学与教育之关系的真理。与查拉图斯特拉一样，一个人为了学会学习，就必须学会教学并成为一名教师。如果一名教师能够在教育的整全中持有其信仰并在其中把握其永恒回归和权力意志，那么在教师身上就存在着一种美。

注释：

1. 我使用大写字母“AND”，以保持与德勒兹的一致性。

2. 我们会在本章末以及最后一章回到对信仰骑士的讨论。

3. 在《差异与重复》一书中，德勒兹将“差异性”(differentiation)定义为“一个显示内容成为一个理念的决定因素”，而将“差异化”(differenciation)定义为“本质向类别和不同部分的现实化”。我没有在这一章讨论本质的(virtual)与现实的(actual)这两个在德勒兹的超验的经验主义中处于两面的概念。我在下面关于多样性“和”片段的共存的评论提供了一个这方面批判的例子。

4. 我曾很详细地论述过这一点，参见：塔布斯(Tubbs)，2004 第 5 章。

5. 还需要对将利奥塔的后期著作与中期著作进行对比解读，特别是对《利比多经济学》的解读。

6. 利奥塔在这里被认为怀有同情。当他承认在哲学工作和绝对者或哲学本身之外有第三方参与者的时候，他被那些曾经追捧他的人所抛弃。

7. 恰恰是《查拉图斯特拉》第四章中查拉图斯特拉的哲学视角：虚无主义和神圣。这在本章接下来的部分中有解释。

8. 我在书中维持了对康德的这种解读。参见：塔布斯(Tubbs)，2004 第 1 章。

9. 或者如在教育哲学中的其他地方所表达的：“你应该在系统中工作，且在其最薄弱的地方小心地工作”。(Blake et al.，2000)

10. 我在书中捍卫了有关小写的“和”的观点，我主张小写的“和”是社会和政治关系在关系自身中的呈现。它要求同时被视为统治“和”(小写)哲学的高等教育。(Tubbs，2004)

11. 这里唤起的是一个衔尾环蛇的意象——咬住自己尾巴的蛇或龙是一种对无限或整全的象征。在《悲剧的诞生》的尼采注释中有：“逻辑绕着圈……最终咬到了它自己的尾巴。”(Nietzsche，1968)

12. “回忆”和“重复”是克尔凯郭尔的术语。它们的教育意蕴将在本书最后一章得到更为充分的阐释。

第8章　克尔凯郭尔

引　言

在《不合科学的补遗》(*Concluding Unscientific Postscript*)第二册第二章的脚注中,克尔凯郭尔(或者按照他的署名——约翰尼斯·克利马克斯)做了一个思辨性的评论,其中呈现了克尔凯郭尔与黑格尔的直接与非直接关系以及他与这种关系相交流的直接和非直接的手段。

> 体系哲学家慷慨地承认黑格尔可能还没有成功地把运动引入逻辑的方方面面。就好像当有大的买卖摆在面前时,一个小贩多多少少会认为一两个橙子是无关紧要的——这是对黑格尔哲学所面对的奉承的极好比喻。即使是黑格尔最为猛烈的反对者也承认这一点。(Kierkegaard,1968)

但是克尔凯郭尔在脚注中作出了深刻的评论:"就让黑格尔的崇拜者们保持他们作为愚蠢者的权利吧。而一个真正的对手只要对方心怀伟大的意志即便他终究没有如愿,他也总是知道如何维护对方的尊严。"克尔凯郭尔对黑格尔的研读十分仔细。他看到了黑格尔的拥护者们对黑格尔所作的最常见的批评,即黑格尔的体系是封闭的和完成的,即便有一两个还比较薄弱的地方需要被加强以最终完成。克尔凯郭尔洞悉了黑格尔的拥护者对于黑格尔体系的批评事实上才是一个真正的误解。克尔凯郭尔认为"黑格尔主义者"的这些批评是不可饶恕的。对于那些认为体系虽然还需要一些小的修修补补但它仍然很完善的人,克尔凯郭尔问:这个体系何时才会完成?也许"在下个星期天之前"。他补充说,"我的下一个目标就是从对这一体系的崇拜中解脱出来,如果我是唯一可以试图理解它的人"。他继续说道:

> 我已经有一两次都差点在它面前跪拜下去。但在最后一刻,当我已经把手帕铺在地上以避免裤子受到污损时,我对站在身旁的受戒者问了一个真诚的问题:"您看到了,我冒着污损裤子的危险即将跪拜于它面前……能否请真诚地告诉我,

它已经全部完成了吗?”——而我总是收到同样的回答:“不,它还没有全部完成。”因此,我又一次推迟了向体系表示敬意的时间。(Kierkegaard,1968)

那么,克尔凯郭尔问:为什么它被称之为体系?如果它尚未完成,那么它却被如此这般地呈现给我们?“一个体系的碎片是没有意义的”。[1]

我认为,克尔凯郭尔并不试图拯救黑格尔的体系,而是寻求将这种(存在于系统中以及与系统之间的)不对称的关系再现为真理的方式。克尔凯郭尔与黑格尔哲学一直保持着一种复杂的关系。这一关系可以举例来说明。在上述《补遗》中,他对黑格尔有关直接和间接交流的观点进行的批判就体现了这种关系。乍看之下,克尔凯郭尔似乎提供了很多的证据来反对黑格尔和黑格尔主义。《补遗》中充满了对黑格尔体系尖刻和颠覆性的批评。此外,直接和间接交流的问题不仅对于理解克尔凯郭尔对黑格尔的批评而且对于理解他的写作风格都有着关键的作用。在《补遗》中他攻击黑格尔和黑格尔主义者对体系的直接交流。在一个很长的脚注中,克尔凯郭尔写道,黑格尔已经“因其所言而废。世上只有一个人能理解他,而那人对他的理解却是误解”(1968)。克尔凯郭尔问,那么黑格尔为什么要用这样一种直接的风格来写作?如果他寻求被理解,为什么他要用“整整17卷的规模来作为直接交流的方式”?这样一来,黑格尔“与苏格拉底就已然毫无共同点了”。

他的脚注需要认真的阅读。对于黑格尔直接交流的东西,克尔凯郭尔也是直接交流的。但对克尔凯郭尔而言,认为这种直接的交流作为他对黑格尔的批判形式是相当不合适的。危险就在于克尔凯郭尔将会被理解但不会被彻底地理解。例如,他在《补遗》的脚注中说,对他作品的赞同将会损坏其“思辨的精确性”(Kierkegaard,1968)。因此,作品保持其不可感知性会比较好一些。“与其成怨偶,不如守单身”,这是他在《哲学片段》(*Fragments*)一书中的箴言。事实上,按照克尔凯郭尔所使用的双重反思的特性,直接的交流乃是可以找到的最为间接的交流形式。因此,他推崇黑格尔,因为黑格尔对于思辨观点之哲学结构的直接交流也是相当间接的。对于黑格尔和克尔凯郭尔而言,思维的运动就是思维的真理。而克尔凯郭尔通过在《补遗》及其他所有文本中直率和非直率的表现很好地实践了这个真理。他使用笔名的行为就是一个很好的例子。直接和间接在他作品的交流中被联系和分隔开来。[2]

此外,克尔凯郭尔在有关“开端”的问题上对黑格尔主义者加以了揶揄。在黑格尔《逻辑学》的开头,一个问题被提出来:“科学必须从何处开始?”克尔凯郭尔说,既然如黑格尔所言体系开始于直接者(the immediate),那么是否这个结论只能通过反思来实现?这巧妙地再现了黑格尔所谓的“在体系中”(in the system),“为了体系”(for the system)和“作为体系”(as the system)的观点。任何开端,“正是因

为它是开端，所以它不完美”(Hegel，1984)。因为“思维总是对和我们直接接触之物加以否定”(Hegel，1975)，因此不可能从开端处开始。此外，“黑格尔主义者”给出的可能是一个体系中的答案：开端之处本无一物。但这并不是黑格尔的观点。[3]相反，正如我们在前面已经多次看到的，开端之处总是由抽象所构造，而抽象也立刻被中介所取代。

关于开端的问题乃是探讨黑格尔与克尔凯郭尔所共持的教师哲学的一条途径。我们已经看到，正是在对开端的误识中，批判的、后启蒙主义的和精神的教育学通过拒斥将思想与其自身的联系作为主体和本质从而对哲学性教育加以抑制。他们认为教育为了实现解放、多元主义、主体间或精神的形式，能够超越它自身的幻象。但这是关于开端的一个错误认识。自我意识总是反思性的和抽象的。黑格尔说，“没有任何东西存在于天堂、自然、心灵之中乃至任何地方，除非它们同时包含着直接(immediacy)和中介(mediation)”(Hegel，1969)。而这在哲学和沉思的意义上就是关系中的第三方参与者。如果抽象被超越了，那么中间就被认为可以压制开端处的疑难和不平等。克尔凯郭尔的读者需要考虑为什么他花了绝大的努力来揭示为什么间接的交流必须反对它自己。克尔凯郭尔知道，作为黑格尔的反对者比作为支持者要更为重要。通过确证抽象这一黑格尔的概念，作为系统的抽象教师(abstract teacher)，系统被认为是教师的真理。克尔凯郭尔对黑格尔的抽象所作的肯定不同于“黑格尔主义者”所为。贯穿《补遗》一书，当克尔凯郭尔说黑格尔在走向系统的现存主体性的运动的过程中失败了的时候，正是这种对失败的再认发现了系统中的运动。

8.1 伦理的和绝对的

将黑格尔和克尔凯郭尔相对立，与将黑格尔和尼采相对立一样，都已经是老生常谈了。尽管如此，在近来的一期《教育哲学》杂志中伊恩·麦克弗森(Ian McPherson)在普遍的常规模式关系之上用更加具有复杂性的观点讨论了这个问题。他反对将克尔凯郭尔解读为苦行者、个体主义者、存在主义者甚或分析哲学家和精神分析哲学家。他主张基于克尔凯郭尔与黑格尔的复杂关系来解读他。一方面，麦克弗森认为克尔凯郭尔的交流观受到了黑格尔的认识伦理学影响。他认为后者现在已经被罗伯特·威廉斯(Rober R. Williams)“极大地复兴了”(McPherson，2001)。后者的观点导致了在作为“解释性交换”(interpretive exchange)的交流的基础上对克尔凯郭尔进行的新阐释。[4]另一方面，麦克弗森认为克尔凯郭尔在黑格尔哲学中看到了“一种把握智识之整体性的急躁”，这导致“黑格尔自己及其追随者迷失在其体系中，且此体系从属于人类生活和基督教生活”。由

此，克尔凯郭尔对黑格尔的批评乃是“对教育中的盲目崇拜所作的具有预言性质的否定”。[5]

麦克弗森认为，克尔凯郭尔的交流观乃是在不同存在方式和不同能力之间所作的“解释性交换”。如果说直接的交流更多的是结果而非过程的话，那么间接的交流就更多的是过程而非结果。前者指向一个结局，与交流的内容有关；后者则指向发展，“一个能力或多个能力的交流”，以及交流的手段。麦克弗森在这里看到了重要的意蕴。首先，不管是交流的手段还是内容都意味着某种自我的卷入或本质性的东西。他们都有助于达到主体性的真理。其次，间接的交流与教师有着特殊的关系，因为对于手段的交流指向帮助他人“为他们自己发展他们所需要的能力”。因此，间接交流将其自身放入师生间的不对称关系中，在这种关系中，师生间“没有多少共享的”能力。间接交流的本质就是尊重他人的私人性，触发他人的关注和动荡，并激起他走自己的路的冲动。[6] 此外，麦克弗森探讨了有限和无限之关系中的差异性和不对称性。例如，克尔凯郭尔利用笔名实现的间接交往既是帮助读者不受影响、独立思考的工具，也是他对于人际交往和神圣交往之间不平等关系的反思。麦克弗森认为，这种不平等关系，是在神与人之间的克尔凯郭尔身上体现的荒谬的悖论。它需要“通过解释性交换实现间接交流”，从而保证这种关系的开放性。这样的运动方式，需要从美学的领域跳跃到伦理的领域，最终来到宗教的领域，最重要的是掌握交往的手段。由于交流的内容可能沦为偶像崇拜的对象，因此手段就能维护神与人之间关系的不对称性。对麦克弗森而言，克尔凯郭尔哲学中的“虔诚A”是指非对称性中的悖论，“虔诚B”乃是指这种非对称关系向神之真理的转化。因此，“第二种类型的绝对悖论胜过了第一种类型中的相对模糊的悖论”。

这与教师哲学有着很大关系。麦克弗森对于克尔凯郭尔与黑格尔复杂关系的复兴使得克尔凯郭尔的著作在一个更为宽阔的哲学传统中被解读，既赋予了这种传统以新生的力量，又揭示了对克尔凯郭尔的广泛误读。更为重要的是，它将师生之间的不对称关系与神和人之间的不对称关系联系起来了。在将间接交流与师生关系相连接的主张之下，麦克弗森承认不平衡正是这种关系的本质。

尽管如此，后一种关系的思辨特性仍然被麦克弗森对黑格尔的解读——特别是他从威廉斯那里得来的“认识伦理学”概念——所威胁。我们没有太多篇幅来探讨威廉斯的论题。但他有关“认识是主体间性的普遍概念”(Williams，1997)的主张和我们的讨论有直接的关系。威廉斯认为主仆关系仅仅是“必须而且能够被超越的不平等的认识的第一个阶段……真正的认识本质上是具有互惠性的，它包含与自由相互作为中介的行动”。将“认识与主仆间的斗争”等同起来是一个严重的错误。[7]

这样一个作为伦理关系的相互认识的主张却与麦克弗森的主张不太协调。我将在此表达三个简单的相关观点。首先，麦克弗森所持的解释性交换的观点——“每个自我从他者那里认识自我，而他者则在自我中认识他者”——展现了间接交流所表达的不平等关系。第二，主仆关系是认识的模板，由此认识得以不断地认识错误的认识。而作为精神，认识只能重复关系的不对称性。第三，由于认识中的互惠或互动观念并不是精神的形式或内容，它对于威廉斯和麦克弗森而言就成为了一种义务(sollon)。他重复社会关系的统治，因为这种统治被排斥在精神的再现之外。总的来说，解释性交换的主张将悖论与主体间性混合在一起。这里的思辨误读了克尔凯郭尔最难理解的观点——伦理和绝对的关系。具有讽刺意味的是，正是麦克弗森对黑格尔的误读使得他看到了克尔凯郭尔从绝对向伦理的倒退。[8]

这里蕴含着克尔凯郭尔的教师哲学，我们也将马上更为细致地探讨这一问题。简言之，如果麦克弗森关于间接交流的主张根本上就是对有关在交流之互动性中的手段和内容的整合的话，那么这一主张就不适用于师生间的交流，因为它将会把互动性置于麦克弗森所承认的师生间的不平等关系中的斗争的差异性之上。同样，如果间接交流适用于师生关系，那么它就不能被界定为人与人之间的互动交换。麦克弗森在“虔诚 B”及其对“虔诚 A”的超越中发现的手段和内容的整体对困难作为哲学的内容给予了认可。它并未将不平等关系作为主体和本质。这使得麦克弗森对克尔凯郭尔、黑格尔、精神和绝对者的阐释缺少这些概念所再现的不对称性，互动性成为了一个与断裂的“中间”相抵触的“中间”，一个只是与其自身条件的可能性相关的关系。

从某方面说，这种对麦克弗森的解读正是为了反对他。他追随着克尔凯郭尔在《补遗》中对内在本质与其自身关系进行了系统的、抽象的思考。人与伦理的联系体现了宗教中作为第三方参与者的不平等经验。“虔诚 A”(不平等性)和“虔诚 B”(宗教自身的不平等性)与其之间的关系再次构成了三角关系。麦克弗森需要拒斥宗教与其自身的关系，拒斥其作为中间而存在，同时它有将间接交流归于相互依赖和交换的平衡关系。克尔凯郭尔和黑格尔哲学中的绝对者是一种被撕裂的不平等关系。对于绝对者的认知实现于过程与产品，直接交流与间接交流，直接与中介，以及——特别是在克尔凯郭尔的哲学中——“虔诚 A”与“虔诚 B”间的关系被撕裂的过程之中。第三方参与者就是对这种不对称性的再现，它也是主仆关系将所有这些关系包容其中的原因。因此，主体间性、相互复识与解释性交换都是对他们所无法绝对地再现的绝对者的压迫。这就是为何麦克弗森对“虔诚 B”的解读成就了“虔诚 A”的超验性。他可以说“这种神圣的自我交流绝对地超越我们所有人与我们的每一部分”(McPherson，2001)，这是因为他认为神圣的自我交流不可能

在有限中被表达。沉默的约翰尼斯在《恐惧和战栗》中发出了声音，克利马克思攀登到了他的哲学文本所谴责的高度，克尔凯郭尔则什么也不能做，除了在其《训导书》(*Upbuilding Discourses*)中为自己的灵魂而存在。[9] 正如我们在对教师哲学的研究中所一直看到的，在(被社会和政治关系所塑造的)有限中对绝对的复识的失败，就是对呈现为我们对绝对者的(非)思考之中的这些关系的认识的失败。这并非不平等，也不是被互动性和解释性交换所超越的权力和悖论。相反，它是后者的幻象，它将前者呈现为对绝对者的认识。简言之，主体间性的思潮从克尔凯郭尔那里夺走了绝对者的不平等关系并认为他的工作并未超越苏格拉底。为了复兴麦克弗森从间接交流的师生关系中获得的洞见，我们必须转而研究《哲学片段》一书，其中有对不平等关系的探讨。我将马上转到这个论题。

8.2 主体性之主体性

我将探讨克尔凯郭尔的教师哲学，即在本书第二部分中的相关探讨结束于苏格拉底助产术的问题。1841 年，克尔凯郭尔写成了有关苏格拉底的博士论文，他从几个方面对苏格拉底的否定式教育学进行了批评。[10] 首先，他注意到苏格拉底只有通过反讽才能成为学生的奴仆以促进学生的哲学发展。苏格拉底说他什么也不知道。他说他什么也不会教。他说他不是一个教师。在最好的教学中教师什么也没教，这种观点蕴含于直接交流与间接交流的对立之中。对苏格拉底来说，这种对立的真理具有反讽的性质。

第二点可能更为重要。克尔凯郭尔认为，苏格拉底和他的学生从来都没有完全领会反讽对于教育的意义。他们使一种高等教育成为了可能，但从未实现之。克尔凯郭尔说，这是因为苏格拉底只是满足于提问却对答案毫无兴趣。苏格拉底认为所有的答案都是一样的。他真正追求的是将所有答案的不足揭示出来并引导学生通过他们自己的思考去质疑。苏格拉底只想“通过提问剔除表面上的内容并将无知留下来”(Kierkegaard，1989)。克尔凯郭尔更形象地说：“他(苏格拉底)将人们置于他的真空泵之下，抽干了他们所有的平时赖以呼吸的环境中的空气，让他们留在远处。对他们而言，此时已经失去了一切……”

既然将学生填满知识的教师是主人，那么抽干学生知识的教师也是主人。事实上，克尔凯郭尔走得更远。他称苏格拉底为诱惑者，因为苏格拉底唤起了学生的学习激情却没有去满足这种激情，而是在这些被爱的人产生激情的时候马上抛弃了他们。苏格拉底引起了得不到满足的激情、得不到回答的问题和没有积极意义的否定性。从教师为了学生的发展拒绝向他们灌输设计好的答案这一角度看，他的做法似乎是可以被理解。但他也许比启蒙模式下的积极和操控性的主人更糟

糕,因为教师抽走了学生脚下的地毯却什么也没留给他们。事实上,只是留下他们看着脚下,注视着那带来虚无主义的无穷深渊。

克尔凯郭尔同样注意到这就是苏格拉底力所能及的范围。苏格拉底之后需要一种新的教师哲学,以帮助我们认识这样一个否定性的主人如何才能够为学生提供一些本质的、积极的东西。这些东西将成为学生进一步发展和成长的资源。克尔凯郭尔证明,哲学家约翰尼斯·克利马克斯知道如何让本质变为现实。克利马克斯是克尔凯郭尔表达哲学看法时的笔名。在很多方面他都最为接近克尔凯郭尔对黑格尔的理解。克尔凯郭尔把克利马克斯描述为一个喜爱思考的人(1985)。作为一个男孩,克利马克斯喜欢听他父亲晚饭后的争论,而他很擅长用他对手的例子来反对他(就像苏格拉底所做的那样)。他的父亲是苏格拉底精神的化身。他会倾听客人的观点,但"片刻之后,一切都掉转过来:显而易见的变得模糊不清,确切的变得充满疑问,对立被澄清了"。

在他的私人时间里,克尔凯郭尔喜欢进入彻底思维的乐趣,寻找自己观点的缺陷,与此同时看着整个体系崩塌,然后又重新开始。正如他的笔下人物克利马克斯及其神圣天梯(见 Climacus,1982)所透露的,他的乐趣也在于登高,一步一步地接近更高的思想。甚至连重复同样的运动也充满了趣味,他不断上上下下以确保运动和结果相互之间完美地契合。"他的灵魂是焦虑的,唯恐任何一个和谐的思想溜走,因为那会导致整个体系的崩塌",不过他早已认识到乐趣与焦虑在思考中是并存的。

克尔凯郭尔——仍然用约翰尼斯·克利马克斯的名义来讲述着故事——的"整个人生都在思考",不过即便到了大学时期他还是看不出有一点将要成为哲学家的样子。就在后者思索问题的同时,前者却陷在爱河之中。事实上,随着他阅读的增长,他开始意识到哲学家们所提供的结果往往是经过了伪装的。那些标题并不能兑现作者的承诺,它们往往缺乏他所喜欢的"严格的思辨过程"。此外,他还注意到虽然"在讲座的开始他是那么的紧张,但当讲座结束的时候他却充满了沮丧,因为他感觉到没有一个词被说出来……即使讲座看起来似乎说了些什么"。一切都必须被质疑,一切都必须从质疑开始,但克尔凯郭尔却发现他们的疑问却是有选择性地提出的。他不得不为自己而思考整个疑问及其矛盾。克尔凯郭尔有一个洞见对于我们理解他所谓的思考和教育具有关键的作用:他强调,如果一个人开始质疑,那么那个疑问就是不可回避的,因为疑问在某种程度上说已然存在。

> 他一次又一次地思考这个问题,并试图忘掉他已有的思考从而得以再一次重新开始。但是,瞧!他总是来到同样的地方。但它不能放弃这个问题。似乎有一种神秘的力量将他牵引至此,就像有人在对他低声轻语,就像有什么东西藏在他的误解背后。

他问自己，真理的问题是如何产生的？他的结论是，真理必然经由非真实而来，因为在他提出真理问题的那一刻，他必然已经承认了真理的缺席，真理尚未被认识，或者他就处于谬误之中。在思考真理问题的过程中，意识开始与别的东西产生联系，而使这种联系成为可能的就是谬误。在这种辩证的思辨逻辑中，他推断直接性(immediacy)总是被中介(mediation)所驱散，而中介也只能设定直接性。因此他问，直接性是什么？直接性就是“现实”(reality)。而媒介(mediacy)就是现实的表现。在它们的关系中始终存在着一对矛盾：那被表现的从未是它的表现。“我在说出有关现实的观点的那一刻，矛盾出现了，因为我所说的乃是虚构的。”他将其有关疑问和谬误的逻辑拓展到意识及其“开端”。在虚构和现实的矛盾中，意识进入了存在。他说，“反思是联系的可能性。意识就是关系，意识的第一个形式就是矛盾”。但是如果意识本身就是有关关系的，那么就有一个更远的关系存在于意识和它自身之间，这就是有关对关系的认识关系。黑格尔和克尔凯郭尔都认为反思的类型是二分的，因为它成就了关系和二元论。意识的类型则是三分的。[11]这是因为疑问只有在后者中才可能作为(与)关系的关系而存在：“意识就是心灵(mind)。很显然，当一个意识在心灵的世界中被划分时，分成了三部分而不是两部分……如果除了二元之外别无他物，那么疑问就不会存在，因为疑问作为第三方而存在，它为前两者建立了关系。”

这一观点在克尔凯郭尔的思想整体中非常重要。这是克尔凯郭尔哲学中的精神区别于前面第五章中的布伯、薇依和海德格尔的地方。克尔凯郭尔的精神乃是关系的关系或是成为哲学对象的关系。这里也给出了走出苏格拉底哲学的必要性。当苏格拉底的教学是指向我们无知的否定性经验时，任何有积极性的东西都没有被学到。但因为现在心灵可以将自身与作为活动和现实性的自身联系起来，大量重要的东西就可以成为学习的对象的了。他与苏格拉底的差异正在于此。苏格拉底将疑问和知识放到一起，最终只留下疑问，而克尔凯郭尔则推断，运动的是我们的思维，即思考我们是如何认识我们自己的。我们已经学到了一些苏格拉底没有学到的有关我们自己的知识，这些知识用克尔凯郭尔的话说就是“主体性之主体性”(subjectivity's subjectivity)(Kierkegaard，1989)。当哲学内容同时成为了思维的主题和本质时，我们从经验中得到的教育和学习参与到其自身的行动中，我们也就开始以新的方式认识内容和本质的对立。可以说我们便作为主人却成为了我们自己的仆人。

那么，主体性之主体性对于教师而言有什么意义呢？我想从两条相互联系的途径来回答这个问题。首先简要地围绕教师通过回忆和重复而与永恒形成的关系进行讨论，并理解与直接和间接的交流有关的教育观点。然后，将教师哲学与克尔

凯郭尔的《训导书》中有关构造中的教育(upbuilding education)、形成以及重组等概念所要求的哲学特征联系起来。

8.3 回忆与重复

由于很多原因,主体性之主体性将师生关系复杂化了。特别是以下两条原因:第一,如果思考者能够成为他自己的主人和学生,那么教师在这种内在过程中能起到什么作用呢?整本书我们都在讨论这个问题,因为其中存在一个教师在教育中作为自由和权威之连接者的两难困境。第二,教师在考虑教会他人回答某个问题之前是否必须成为他自己的学生?如果你尚未完全理解一个问题对于你而言所具有的意义,你有什么权力让别人做到这一点?[12]

我们对这两个问题都会加以探讨。如果通过质疑而发生的学习必然发生在学生的心灵之中,那么教师能做什么?任何教师的教学工作都将面临着是避开还是解决这个困难的问题。理解提问和疑问之悖论的教师现在认识到他作为以鼓励质疑为业的教师所面临的矛盾。从苏格拉底那里我们知道了这是一个非常危险甚至恐怖的事业,因为它可能带给学生心智狂乱和绝望,而且学生还一无所获。但是如果没有教师也不能保证学生将会将疑难作为他们思考的对象。这不是说学生不会质疑——学生其实总是在质疑。这其实是说学生可能不知道如何将疑问转化为哲学经验的对象,其形成性的教育意义,以及它在学生自我同一性中和同一性的不断否定中所起的作用。教师的任务不仅仅是听取这些疑问,还应包括认识这些疑问本质上的形成性功能。例如,我们已经看到布伯和薇依是如何寻求对这一功能的实现的。但和黑格尔、尼采、克尔凯郭尔不同,他们并不知道疑问的思辨形式和内容,因此也就不能发展出一套完整的教师哲学。

现在我们开始接触到克尔凯郭尔的教师哲学了。正如我们现在将看到的,教师知道,学生经由思考而达致的自我发展并不是教师所能给予的。学生理解疑问,是因为疑问是学生自己的。这是他自己的工作。他对自己能有所认识,是因为他在工作中同时既是主人又是奴仆。克尔凯郭尔对这样的学习、教育及其哲学形式和内容进行了阐述。要理解这些观念,我们必须进一步引用克尔凯郭尔的两个术语:重复和回忆。

对克尔凯郭尔而言,蕴于经由疑问而达致教育这一过程中的真理无法被教给学生,它必须是已经在学生那里。它以内隐和潜在的方式存在,等待被学生所认识。这就是苏格拉底是一个“助产婆”的原因。他只是传授了本来就属于学生的观念。克尔凯郭尔的教师哲学同样要求教师知道,虽然此时此地是传授的时机,但传授在本质上是某种具有永恒性的东西,它存在于每个时机之前或之后。一位教师

因此也无法交流有关教学时机的真理，因为那将使教师成为不变的主人。但教师可以交流有关教学时机的谬误，也就是说，谬误总是构成学生的境况。学生对谬误的认识来自于他（在新的认识状态中）所进行的回忆，认识到他现在所知道的正是他“以前”所不知道的。实际上，他之前的无知乃是“他自己的错”（Kierkegaard, 1985）。在新的状态下，他认识到自己曾经处于谬误之中，不过，现在的他依然在谬误之中，因为现在所有他所知道的都是他曾经所不知道的。他通过知道他曾经所不知道的而被“从真理中排斥出去。这次的排斥还要甚过他处于无知的时期”。这一刻，这个教师，对谬误而言乃是真理。教师能够促成这样的教学时机，然后就成了多余的人。教师曾经保管着有关学生的疑问的真理，但现在学生从自己那里收获了回报，教师作为保管者的工作也就完成了。克尔凯郭尔很清楚。教师能通过学生自己来“拯救”他们，通过学生的自我搜寻来“传授”知识，通过学生自己在疑问、思考和工作中的矛盾来“调适”学生的自我认识。学生成为了“一个新人”。教师对于学生而言就是那个进行自我理解的时机。

“教师作为真理和谬误的教学时机”，准确地说是什么意思呢？教师对于回忆的作用实际上是（体现）在重复（repetition）中并由重复所决定。克利马克斯将意识理解为现实性和虚构性并将蕴含这种关系的意识理解为主体之主体的第三方参与者。从这方面讲，任何经验中都预设了这个第三方参与者。因此，经验总是对必然被预设却尚未被实现的事物的重复，如果必须有经验登场的话。如果没有重复和第三方参与者，那么就会如克尔凯郭尔通过在《哲学片段》中的分析不断重复的那样，只剩下苏格拉底的信徒所进行的无意义的重复。重复不仅仅是反思性的，对于后者来说它只是一个二元对立。重复是思辨性的，因为它精确地重复了一个开端的不可能性，而这一开端只能被视为是未被认识的。回忆具有重复性，而重复也具有回忆性。教师就被缠绕在这种作为其真理的关系中。她并未提供学习的条件，也就是说，她尚未有能力由疑问开始。她也尚未有能力成为学习的整个循环，成为回忆和重复的整体。教师职业将会是一种爱。它将真实的教学时机、它的主体性，以及它与它自身的不平等关系，都给予了回忆和重复。

既然那被预设和认识为谬误的开端和结局乃是永恒的，既然爱是永恒的，那么学习的真理就是那种被认识的爱。克尔凯郭尔说，爱让永恒“到场”，因为只有爱才能在不平等中找到平等性与一致性。在这种教育哲学及其对教师哲学的意蕴中，爱就是永恒。它在教学时刻得到了满足。而这一教学时刻则“被回忆咀嚼为永恒”。[13]克尔凯郭尔将教师视为教学时机，而“这一时刻正好是在永恒的解决之道与不平等的场合之关系中出现。如果不是这样，我们就会回到苏格拉底的立场并且与神明、永恒的解决之道以及教学时机无缘”。或者，我们可以说教师恰恰出现于

永恒与有限的关系之中。如果不是这样，学习和教学就不会拥有它们自己的本质或主体性。由于没有不平等场合的存在，教师哲学也就不会存在。

在《哲学片段》中，克尔凯郭尔主张回忆乃是重复的古老形式。它缺少主体性之主体性。从苏格拉底的意义上看，回忆并不具有开始之历史节点的意义，也没有认识与对象间的第三方参与者的意义。因此，苏格拉底是一个助产婆而不是教师。但回忆作为意识永恒的二元关系或作为重复，“在具有决定性意义的一刻”成为了教学时机，因为那曾经所未知的和不存在的永恒都“进入了存在”。在历史节点处，回忆就是重复或主体性之主体性。历史节点的决定性意义也是克尔凯郭尔哲学所关注的内容：它是具有决定性教育意义的时刻而不是意义本身。施爱者和被爱者、神和他的孩子们都在时间和时机的不平等关系中相互了解。“不快乐不是爱人无法相互拥有的结果，而是他们无法相互理解的结果。”克尔凯郭尔意义上的哲学教师正是在这种不平等关系的平等性中展开自己的职业。

如果我们想要在哲学教育学之内为第三方参与者定位，我们可以回到克尔凯郭尔关于间接交流的观点。在《补遗》中他强调了客观的思考和主观的思考之间的关键区别。为了满足“对双方都适合的一种交流形式”(Kierkegaard，1968)的需求，克尔凯郭尔讨论了那些可能的形式。客观知识是终结性、完成性的，它被作为结果来认识。因此，它可以通过死记硬背而被复制和学习。它“并不需要付出太多，最多是对它自身的真理加以保证，宣称自己是可信赖的，并承诺所有人有朝一日都会接受它——它是非常确定的”。克尔凯郭尔认为，这种确定性事实上是“为教师准备的，因为教师会感受到对为多数人所肯定的安全性和可靠性的需求”。

而主观知识则完全不同。我们在本章对教师哲学的探究中看到，教师想要参与到学生的思考之中，这又再次重复了自由和权威之间的疑难(和不平等的)关系。我们也面临着这样的讽刺：一个教师越是成功地教学生如何为自己而思考，学生就越有可能只是重复思考教师已经告诉他们的东西。克尔凯郭尔注意到了一个相似的问题。他希望能把所有主观形式的知识和思维都教给学生，使学生将真理作为内在而非外在的活动来掌握。首先，这两种知识的特征是有区别的。客观知识是抽象和确定的，[14]而主观知识只是总是处于生成的过程中，是通过经验内在地产生的。因此，两种交流的模式也有很大区别。客观知识可以直接地交给学生，教师的主观倾向与教学并不会影响到它的真实性。而主观知识的情境则相反。这种知识不是直接从一个人传给另一个人。因此——也就是第二点——克尔凯郭尔认为主观知识的交流包含着“双重反思”。“对内在性的反思赋予了主观思考者以双重反思。在思考中，他思考的对象是普遍性，但由于存在于思维中并在他的内在性中接受它，他的主体性变得越来越孤立”(Kierkegaard，1968)。

克尔凯郭尔引用了一些例子来描述这种交流的难题。例如，设想某人希望就真理的内在性进行交流，而在神圣关系中，每个人都内在地知道真理。设想教师是“一个想把自己的博爱宣示给所有人的灵魂；设想他要求用最为简捷和直接的方式在报纸上就此加以传播，并赢得大量的信徒”。他的问题当然是那些信徒们“为自己而思考”的行为与他们所秉持的真理之间的矛盾。[15]克尔凯郭尔事实上走得更远。他认为主观本质的真理一旦吸引到信徒，它就会被“本质的公告员”大声地宣传。这样的人是“一个相当引人注意的物种”，因为他没有看到他在拥护他人所秉持的内在真理时所面临的矛盾。[16]这里岌岌可危的是否定的本质。内在性的双重反思既包括对普遍性的思考，也包括对主体与普遍性之关系的思考。通过后者，他对否定有了意识，因为真理如其所是般显现在他面前——也就是说，它是主观的，其普遍性当其被认知之时也就被否定了。如果这就是有关内容的真理——它只能被否定性地认识——那么这就是需要教的真理。但它不能像积极的知识那样被直接教给别人。因此克尔凯郭尔说，在他与他的知识的关系中，主观思考者的“消极性和积极性一样的强烈。因为他的积极性来自于内在性的不断实现，通过这一过程，他对否定开始有了意识”。那些想要教否定知识之真理的信徒与那些努力“做广告、循规蹈矩并做点小买卖的”公告员相差无几。他们有着“快乐的否定性智慧”。不管怎样，他们“受骗”了，因为与此同时真正的关于内在性真理的主观思考者“不断地保持否定性之伤疤的敞开”，城镇的公告员则“让伤口治愈并变得更具有积极性”。

明了内在性真理的教师与误解其否定性和困难性的教师之区别在于他们各自的交流模式，也就是他们的教学方法。作为城镇公告者的教师是空虚的，因为他们相信“其他人需要他们的帮助”，而他们的介入“一定会有成果”。如此，他们直接地对那种“不能接受自己在直接的言语中存在”的知识进行直接的交流。主观知识本质上是否定的并总是处于生成的过程之中。克尔凯郭尔认为它“不能被直接交流”。因此，“任何一个要求直接地交流这种真理的人都证明了他的愚蠢，而谁若是要求他这么做，那个人也显示了他的愚蠢”(Kierkegaard，1968)。

很容易看到克尔凯郭尔所描述的客观和主观知识之间的差异是如何导向了这样一个结论：间接的交流避免(或是)超越了对直接交流的抽象。但这并不是克尔凯郭尔在此所观察到的真理。间接的教学否定对抽象的要求，因为否定将在抽象的缺乏中得以实现。直接地教授否定同样是一种抽象，因为否定本身并不是直接的。因此，对否定持有严肃态度的教师必须严肃地对待抽象，以认识其在教育中所起到的关键作用。克尔凯郭尔并不是为教师提供在教学时机中对直接和间接教育学所作的选择。被视为一种选择的否定仍然是被抽象了。这次是被抽象为对直接

和间接交流间关系的关系。克尔凯郭尔的二元论没有得到思辨性的解读，而他的作为自我意识之教育的三元真理也同样被压制了。对于在第一和第二部分中讨论的教育哲学和教育理论来说，他们的现状都是这样。严肃的教育要求教师严肃地对待抽象、教授抽象并成为抽象。第三方参与者及其运动只有冒着这样的危险才能在可能性的条件中自由地成为它自己。克尔凯郭尔为我们提供了同时包含着直接和间接交流的教育学。它被视为爱，也被视为真理中现存的不平等关系。教师哲学中师生的不平等关系是不可选择的。在这里，我们能找到这种关系的教育实质。同样的情形也存在于回忆与重复中。教师必须为了回忆而教，然后在重复中被否定。这是不平等关系为了实现自身的教育意义而进行的抽象的教学。

我们能进一步用主人和奴仆的术语来加以理解。克尔凯郭尔没有说教师不准教学生为了自己而思考。相反，按照黑格尔和尼采的教师哲学，这样做才是符合真理的。克尔凯郭尔为疑问的回忆和重复以及教师在其中的抽象和否定赋予了最重要的意义。他这样做冒了很大的风险。

> 弥漫于存在之中的否定性，或者说，现存主体的否定性……在主体的综合中有其根源：他是一个现存的、无限的精神。无限和永恒是唯一确定的东西，但它们如同在主体中存在那样存在于存在之中。对这一状况的第一次表达乃是它对于它和永恒之间巨大冲突的逃避。(Kierkegaard，1968)

它的哲学和精神意义已经很明显了。在我们的否定性经验中，无限和永恒得以存在于我们以及主观和内在的自我意识的个体之中。许多人可以客观地"知道"无限和永恒、上帝或真理，却无法认识它们作为知识乃是幻象，因为"在直接的表达中，逃避被忽略了"。

因此，从另一方面看，否定性的思考者认识到了幻象之必然性。他们"总是有一个优势，他们在其中把握住了积极性，并能注意到存在之中的否定因素"。教授否定的教师在主观知识的模棱两可面前既是主人也是奴仆。这样一个交流模棱两可之真理的教师在其对于(表现为否定性和积极性的)模棱两可的主体性中仍然作为主人和奴仆存在。他总是"处于生成的过程之中……(他)在其思想中不断再造存在的情境并将其所有思考转化为过程的语言"。这样的教师"在对无限的决定性推理中"收获其教育学并继续其教学工作。这样的哲学教师"在存在中保持了对无限的回避"。

8.4 哲学性格

我们在这里所呈现的教师哲学并不仅仅是一种对于哲学家思想的认识，它还

扎根于教师所拥有的充满冲突和疑难的经验。教师在这些经验中认识和误解其工作的方式以及(也许是最为关键的方面)在其工作中所发现的意义。教师总是寻找着有关他需要做些什么的说明,而理论家也总逃不脱为他们提供处方的诱惑——如果有人想要对理论加以实践的话。这并不是接近那种对教师哲学有所助益的思维和推理方式的适合的途径。相反,一个不同的问题出现在教师面前:不是我应该做什么,而是在决定做什么的过程中,我对自己有了怎样的认识。在第一部分,我们看到了某种反抗性精神存在于断裂的中间地带的模棱两可以及无能者失败的勇气中。我们看到,在面对现代生活里抽象那势不可挡的力量时,我们需要勇气以保证我们的思维还能对它本身进行检验。我们同样在第二部分看到了反抗的多种形式,思维在离开和回到洞穴的时候很可能需要面对它们。我们在结论中还看到了罗斯的主张:正是在这些斗争和反抗中,在人们的现实工作和生活中,"你发现你是一个哲学家——它不是某种你要成为的东西",它是"一个激情"(Rose,1999)。

这样理解的教师哲学,将会揭示在与困难和反抗共处的过程中性格的形成过程以及学习的意义。在前一章中,我们用马普尔小姐来反对德勒兹的信仰骑士,并且认为在她关注一切同时又不被人注意地走过之时,超验被呈现出来了,原因是它在马普尔小姐身上的再现就是它和她获得可能性的条件。我们现在可以讨论《恐惧与战栗》中的信仰骑士和弃绝骑士了。与马普尔小姐一样,信仰骑士本身并不是不可感知的。相反,他的平凡性使他很容易被认出来。他看起来像是"税务官"(Kierkegaard,1983)、记账员、教徒、丈夫、中产阶级人士和当地的屠夫。他身上所不可感知的乃是绝对和有限之间的疑难关系。只有将信仰骑士与在他之前的无限弃绝骑士联系起来,他才是可以被理解的。克尔凯郭尔认为,无限弃绝骑士了解无限,却被有限所弃绝。如果在精神中对无限加以表达,也就是认识到无限在有限中的真理是否定性的。当被宣布出来的时候,它的确是真理。无限弃绝骑士必须在有限中遗忘无限,从而在有限中否定性(或精神性地)地获得无限。苦行者在此感到快乐,因为这里有"蕴于痛苦之舒适"。由于无限处于有限之中的原因,人们能看到那些骑士所受到的痛苦以及他们从痛苦中收获的快乐,因此那些其实"很容易被辨认出来"。

从另一方面讲,通过放弃,信仰骑士并非消极而是积极地在有限中找到了无限。由此,与苦行者不同,信仰骑士"原封不动"地收获了有限。他也同样是可辨识的,但是克尔凯郭尔(或用他的笔名——沉默的约翰尼斯)说,"他们带着信仰的财富,他们也很可能灰心丧气,因为与他们非常相似的中产阶级庸俗且无限地退却,这让他们感到鄙视"。信仰骑士最让人吃惊之处是他缺乏明显的特征。这里不容易识别的便是有限中的无限、平淡的崇高或者一个人怎样在避免回退的情况下保

持信仰。

克尔凯郭尔用运动的术语对骑士们进行了讨论。这些术语后来被德勒兹所继承。讨论与他们跳舞的方式形成了鲜明对比。无限弃绝骑士是芭蕾舞演员，他跳到地面，“却不能马上确定舞姿，他犹豫了片刻，这份犹豫显露了他在这个世界中的疏离感”。尽管如此，信仰骑士则明白有限是“最为确定的食粮”。当他入场的时候，他显示出自自己能够“以这样的姿态落地，然后立刻站立和行走，将跳跃转为行走”。[17]在落地的时候，信仰骑士没有犹豫。实际上，在他的跳跃、落地和行走之间（也就是在有限和无限之间）并没有断隔。但信仰骑士并非德勒兹所谓的石间之草。骑士们相互扎根于对方，并如同扎根于地下那样扎根于天上。信仰骑士和无限弃绝骑士在相互间的关系中存在。在这个关系中，绝对者被认识或未被认识。信仰骑士已然在对弃绝的放弃中发现了无限，并且通过克尔凯郭尔所谓的“荒谬”（absurd）重新获得了失去的东西。它为了信仰在迷失中被寻回，它必须首先迷失。如果没有放弃，信仰就不会陷入荒谬；如果信仰不陷入荒谬，无限就不会充满矛盾地向着有限回归。

骑士的关系与前面回忆与重复的关系是相同的。无限弃绝骑士通过回忆起他并未拥有永恒这一事实在痛苦中获得了平静。这就是无限的运动。信仰骑士通过重复或在回忆中了解永恒的行动来寻求平静。在他们相互之间分开的时候，信仰骑士和无限弃绝骑士其实都没有将自己的运动认识为真理。当回忆和重复、无限弃绝和信仰在一起的时候，他们就是真理的运动和运动的真理。这与德勒兹在这里找到的运动观念非常不同。当观察者明了要寻找什么的时候，无论是骑士还是围绕着骑士的真理都不是不可感知的。但观察者不能只是注意运动，他还必须寻找运动之运动（movement of movement）或在真理中的学习与学习中的真理之间的关系。

克尔凯郭尔对教师也有着同样的观点。在师生间的教育的决定性时刻，超验被呈现但未被注意。这里的教师乃是在爱的不平等时刻中对永恒的再现。我们决不能低估这个再现向教师要求的挑战、斗争和痛苦。同样，我们不能低估他们在实现这一工作的真理时所展现的哲学性格。如果教师哲学想要有所贡献，那么它需要帮助我们这些教师获得对我们的斗争之意义的更加深刻的认识，也就是在我们的误识中辨识超验。在本书的最后，我们将根据克尔凯郭尔的观点对这些斗争背后的需求作哲学的、精神的和宗教的考查。我们将使用他在 1843 至 1844 年间写就的《训导书》中的部分观点。

我们注意到在回忆和重复中的永恒和有限是如何困扰克尔凯郭尔的。我们同样看到了这对于教师而言具有不太好的含义。通过了解到在疑问中“一个人存在

着一种他无法在其中给出自己的情况”(Kierkegaard,1990)——进一步说也就是“没人能给出他从未被给予的自己”——教师发现了其工作的在本质上具有否定性的真理。在《训导书》中,我们发现他将这种谦逊扩展出了“教人们为了灵魂而斗争”的范围。因为正如我们将会看到的,灵魂的献礼在作为疑问的回忆和重复的同样疑难困境中被决定。后者所需求的特征同样也是前者所需求的。

有关疑问的这一观点让我们看到教师必须把握为灵魂献礼的时机,即便所献之礼并非为她所有。要做到这一点,教师必须栖居于其自身的疑问之中并视其为作为教师哲学而被了解和实现的精神的疑难。她任何时候都不能要求占有礼物,因为这将被视作以主人的姿态来行霸占之实。克尔凯郭尔在数页纸的间隔中两次强调了教师应通过给予来对礼物表示崇敬且总是要确保他们自己“没有礼物重要”。

同样,因为礼物不是她拥有的,她不能在教学时轻言放弃,她需要在教学时成为学生无关轻重的虔诚的奴仆。克尔凯郭尔认为教师需要与礼物的复杂性作斗争,与她接受的或被给予的部分作斗争。因此,他说:

> 如果你们有什么真理需要给予人类,请减少你自己的影响。当你献出礼物时,请让你自己变得无能,牺牲你自己并唯恐人们接受你却没有接受你的礼物……然后,你事实上就是给予者,但你却没有礼物重要。每一份礼物都来自上层,即便它可能从你这里经手。(Kierkegaard,1990)

但这个问题还有值得讨论之处。一个信仰上帝的人能成为这样的教师并将教师体验为主人和奴仆的结合吗?要给出一个答案不那么容易。克尔凯郭尔不是上帝的直接信仰者。他强烈地质疑了信仰者的意义。对他而言,上帝呈现于我们无法理解世界与我们自己的地方,也就是说,呈现于不平等的关系之中。他用疑问来向我们献礼。他对上帝的疑问[18]为我们提供了一条通向上帝的潜在却更加有力的关系,而非一条明显的信条。他对信仰骑士(例如亚伯拉罕)的唯一回应就是,他们凭借荒谬的力量拥有信仰。事实上,用克尔凯郭尔的术语来表达的话,对于主体性而言,知道他自己是身处疑问之中的,也就是知道他自己需要上帝。更进一步,知道对上帝的需要也就是“极致的完美”。

“对上帝的需求也就是人类极致的完美”这一观点确实增加了我们生活的重量,但它也要求从一个人的视角来看,从这一需求的片段性的经验来观察,从生活自身的完美来审视生活。这样它就是对上帝的正确理解了——去了解上帝。通过这样的论述,产生了很多条让上帝呈现于教师生活之中的途径。这里的教师包括那些不信教的人,需要去教堂礼拜的人,甚至强烈宣扬其信仰的人。无论教师为了

学生的教育如何落实其哲学思考,上帝都能在教师的方法中显现。任何一个作为主人的教师都会卷入这场精神斗争之中,并为了礼物的传承而工作。与此同时,她知道礼物并不属于她。按照克尔凯郭尔的表达方式,教师在这里经过了一场审判,因为在给予那件已然被给予的礼物的过程中,她并不直接是他人的主人。疑问之礼有一个矛盾的特性。它“掠夺你却像是在给予你”。如此,它的真理才会在否定性的意义上是真实的。

教师自身的教学所带来的整个否定性的经验揭示了教师同时作为主人和奴仆的关系。在这个关系中,发现了她所谓的“构建中的教育”。[19]这样一个教育指向人所经营的生活。即便“每个人的生活都是在宗教意义上安排好的……谁会自寻烦恼思考这些问题呢? …… 没人有时间 …… 人们只会抓住离他最近的食物”(Kierkegaard,1967)。

与在物质世界中的形成性工作有关的争论仍然需要诉诸灵魂。那种认为一个人应该努力获得他的灵魂的说法会面对这样一个难题:人是否一出生就有灵魂?如果灵魂是从出生就有,那么也就没有必要再去获得什么灵魂。如果灵魂并不是从出生就有,那么也就不可能获得它,因为它跟那些外在的事物不同。和疑问一样,灵魂不能在当下寻觅,除非当下体现了一种超验的不平等关系。“灵魂中蕴含着当下与永恒的矛盾,因此,新事物可以在同一时间既被获得也被占有。”(Kierkegaard,1990)一个疑问可以在回忆和重复中被获得和占有,因此灵魂也能以同样的、矛盾的方式被获得和占有。一个人通过回忆获得了灵魂也就意味着他之前缺少灵魂。而一个人通过反复地意识到其灵魂的缺失从而拥有他的灵魂。与疑问和教师一样,对克尔凯郭尔而言,灵魂“通过与自身的差异,实现了其在生活的世界中的无限性”。或者说得更细致些:

> 灵魂是在外在性和内在性、当下和永恒之间的自我矛盾。它是一个自我矛盾,因为想要表达它内部的矛盾,而正是这一矛盾成就了它。因此它身处于矛盾中,并且作为自我矛盾而存在。如果它不曾在矛盾之中,它就将迷失于这个世界的生活之中。如果它不曾是自我矛盾,那么运动便不可能发生。它在同一时间被占有和获得。它属于这一它不法地占有的世界,它属于合法占有它的上帝,它属于合法占有它的那个人。也就是说,占有需要被获得。最后他从上帝那里获得了灵魂,这个灵魂离开这个世界——通过他自己。(Kierkegaard,1990)

“通过他自己”在这里将这部分开始时提出的有关性格的问题重新向我们提了出来。为了灵魂所作努力也就是永恒在当下所作的努力。我们可以说,它就是在真理和存在之间的那个断裂的中间地带所作的努力。哲学性格要求我们生活于困难之中,努力地生活在(作为对我们的性格的审判的)真理之中,并为了真理而工作

吗?克尔凯郭尔注意到了阻止我们这样做的困难。首要的困难就是这样一种观点:困难的意义就是真理不能被认识。他认为这一否定具有三个形式:第一,有一个"被当下性和世俗的欲望所冲昏头脑"的人。他抓住了"时机的确定性","只要有快乐他便不停地手舞足蹈",他"在这个世界的生活中消失并赢取了这个世界"。第二,存在着克尔凯郭尔所谓的"错误的疑问"。"错误的疑问质疑一切,除了它自己。"这种疑问"傲慢地面对差异"。为了世俗的差异或异质性,它抛弃了平等。第三,我们一同停止思考:"如果一个人的灵魂在无聊乏味的自我关注中陷入停滞,那么他的灵魂就来到了堕落的边缘,除非有思辨使他运动起来。"(Kierkegaard,1990)

克尔凯郭尔还描述了哲学发展和教育的几个阶段,这和黑格尔有关疑问或绝望的路径类似。克尔凯郭尔说:

> 在第一个阶段,此人在所处的位置上渴望那些伟大的事物。他迷失于这个世界的生活之中。他占有这个世界,也就是说,他被这个世界所占有。但与此同时,他又不同于整个世界,他感觉到一种与这个世界中的生活的运动方式相对抗的力量。(Kierkegaard,1990)

此时,他处于与世界相分离的不安之中,他身处疑问之中。他可能会减少他的损失,并在有生之年为自己取得尽量多的东西。他可能回退到差异之中并忘却了差异——其实没能认识自己的幻象。或者他可能完全放弃思考并让灵魂堕落。在每个可能性中,克尔凯郭尔的警告都是一样的。面对困难,他因为某些将会改变他的决定而焦躁:

> 焦躁有很多形式……在一开始,人们很少注意到它。它是如此的温和、从容、充满吸引力、催人上进、惆怅且充满同情。而当它耗尽了它所有的美感时,它变得夸夸其谈、目中无人。它想解释一切,尽管它什么也不知道。(Kierkegaard,1990)

结果是什么呢?焦躁丧失了整体性,并在"令人烦恼的空虚中"重建自身,"使之成为消耗灵魂的暗火"。他说道,"如果整体性不依赖于多样性的基础,相似性不依赖于差异性的基础,那么一切都将坍塌……(而且)灵魂迷失了"。童年和青年的生活是整体性的。但当疑问和不确定越来越强大时,生活开始变得困难了。"儿童为那些无关紧要的东西而惊奇。成人则摆脱了幼稚,他不会为看到的奇观而惊奇。太阳底下没有什么是新的,生活之中没有什么是不可思议的。"克尔凯郭尔说,儿童与上帝有着直接的关系,但"当一个人变老了,天堂的路是那么的遥远。世间的嘈杂已经让他很难再听到什么了"。青年有他独特的一种声音,而成年人的声音则有很多种。一个人越老,他"考虑的也就越复杂"。伴随年龄和经验增长的是疑问以

及和上帝的分离。“分离的力量似乎让理解变得不再可能。”

复兴天堂和世间的乐趣之路不在于焦躁而在于耐心。“焦躁总是不真实的。”耐心,便是与矛盾共处。在矛盾中耐心地认识,人们也就获得了灵魂。拥有耐心就是在耐心中成长,而且这种成长是处于构建中的。它对于性格有教育意义上的形成作用,因为一个人变得耐心了,他也就获得了他的灵魂。

> 想要在耐心中获得灵魂的人知道他的灵魂并不属于他。他知道他必须从某种力量中并依靠这种力量以获得灵魂,他必须亲自获得灵魂。他绝不会放弃耐心,即便他已经获得了灵魂。因为他获得的其实正是耐心,一旦他放弃耐心,他也就再次放弃了他所收获的东西……只有在耐心中才会有收获。(Kierkegaard,1990)

耐心,克尔凯郭尔说,就是“乐趣和哀伤”。

对于儿童、青年人和年纪大的人这意味着什么呢?儿童和青年不需要耐心。他们的路走得很轻松。他们毫不关注耐心,因为对他们来说“世界的每一刻都充满了胜利的机会”。但在某一个时间,生活会突然变得困难起来。当他开始找寻困难对于生活之意义时,也许他会质疑当初自以为是的生活?也许他现在看到了焦躁的浅薄?他重新上路了,但这一次他走得艰难很多,其他人看起来那么轻松就超越了他。而且“因为害怕被拖后腿,没人和他相伴”。

但是耐心——即困难和努力的真谛——“不会遗弃任何一个身处痛苦的人”。它知道“再次发挥其助用,以安静地理解那些最为关键的问题。这些问题都是经过漫长的过程、一点一点地而不是突然地决定的”。

> 如果一个人知道如何将自己呈现为其真实所是的样子(即什么也不是),知道如何将耐心用在他已经理解的东西之上,啊哈!那么无论他的生活正处于顶点还是低谷,他(甚至在今天)对人们来说都是一个惊喜,身上充满了受到祝福的奇迹。而且他终身都会是这样,因为事实上奇迹只有一个永恒的对象——上帝。奇迹也只有一个可能的障碍——一个身怀自己梦想的人。(Kierkegaard,1990)

耐心是“一个当下的健康灵魂”的标志。我们有越多的焦虑,我们就需要越多的耐心。克尔凯郭尔认为,这种愿景“将会在对本质的理解中,调和人们与其邻居、朋友和敌人的关系”。怎么可能?因为我们知道我们所给予的已然被给予了,我们所希望的已然在这里了。克尔凯郭尔服务于生活之真理的箴言确实是有些难以做到的:“他必须前进,而我必须后退。”[20]在教师哲学中,我们可以把它解读为“学习必须前进,而我,作为教师,必须后退”。

接下来就是克尔凯郭尔所谓的“构建中的教育”或哲学和精神性格的形成和重

组。克尔凯郭尔的教师哲学在这里不仅仅涉及到知识而且涉及到被认识与不被认识、确定性与不确定性之间的斗争。无论人们在哪里发现有教师作为主人在耐心地为学生的教育服务，那里就存在着教育哲学。真正的好教师既知道如何掌控也知道保持谦卑，因为他能够认识到，无论这个班的学生获得多大的成就，教师所需做的工作就是让她自己变得无足轻重。因此，人们会看到那些献身于教育事业的教师往往在对于学生最具有教育意义的时刻抽身而退。

更加让人难过的是，正如我们在前面所提到的，教师知道他们也许看不到自己劳动的果实，因为他们的工作在许多年之后才会有结果。对于克尔凯郭尔而言，教师面对“教育的礼物”保持着谦逊，教师知道他们成为主人是为了成为仆人。这种谦逊让我们认识到教育乃是上帝的工作，是爱的工作。无论教师是否具有正式的宗教关系，他们所做的就是精神性的工作：作为教师，他们欣然将自己置于误识的真理之前，是为了保证哲学经验和教育的真理具有真实性和不被压抑。这就是教师所做出的牺牲：不仅为他人工作而且还成为他人本身，然后才能成为教师。这场斗争是教师的内在斗争。这是关于他们是什么样的人的教育，这样的教育产生于他们与学生在一起的工作。克尔凯郭尔走得足够远。他说，一个真正在精神层面上生活的人通过他的工作不断地领悟到：“一个人的最高境界是他充分地确认了他的无能，彻底的无能。”对克尔凯郭尔进行批判的人会认为如此虔诚的教师观是不可能实现的。（克尔凯郭尔）对此的回应必然是：教师哲学恰恰就应该是这样的！为了在具有重要教育意义的时刻成为无知的人，我们必须挑战我们已然所是的那种事物——教师！也只有在与学生共同面对这一挑战中，教师才能认识到“开始了解自己的条件”。

注释：

1. 克尔凯郭尔在他自己的著作中再现了一个体系的开端和结局之间存在的有疑问的关系。《哲学片段》与《不合科学的补遗》间的复杂关系被克尔凯郭尔在下一步文本的开端重新描述，从而提出了一个问题：是否《补遗》就真的是一个结论、一个补遗和一个系统？相关讨论参见：Mulhall，2001，第3部分。

2. 正是因为这个原因，我在这一章使用了“克尔凯郭尔”这一真名而非笔名。从《反对克尔凯郭尔》这本书的作者身上，我们看到了直接与间接交流的思辨关系。使用笔名是为了压制克尔凯郭尔推荐我们认识的第三方参与者。

3. 除了在一种意义上，在《精神现象学》所呈现的生与死的斗争中，开端与别的事物没有联系。无物或死亡在这场斗争中起着决定作用。生命本身只是决定性的否定，什么也没发生。《逻辑学》同样以生命的主体性结束。

4. 对麦克弗森而言，这种作为论证的行为与维特根斯坦对克尔凯郭尔所作的私人性和精神

主义的解读是对立的。

5. 身处克尔凯郭尔和黑格尔的模糊关系中，麦克弗森认为我们这些读者要么把克尔凯郭尔解释得太抽象，要么太直接。在对他进行合理化、应用、定位和解构的过程中，可能会曲解了黑格尔。

6. 或许在某种程度上，这在本质上与布伯的影响概念相似：施加影响而非介入。

7. 相反，我已经在其他地方主张：主仆关系抓住了黑格尔哲学的整体。参见：Tubbs，2004，第2章。另外，我所呈现的教师哲学的结构将其不平等关系扎根于主仆关系中。

8. 我不认为麦克弗森有这样的意图。他是想打开在间接和直接交流的不平等关系中存在的问题，但又不可避免地将互动性与不平等关系结合起来了。

9. "沉默的约翰尼斯"和"约翰尼斯·克利马克斯"是克尔凯郭尔所使用的两个笔名。

10. 1841年克尔凯郭尔被授予"Magister Artium"学位。这一学位在哥本哈根大学的其他院系中与PhD(哲学博士)相当。这是对克尔凯郭尔贡献的公开肯定。1954年这一学位被取消，所有持有这一学位的人都被宣布成为哲学博士。

11. 两个思想者的三元本质在本书第一章中也曾探讨过。

12. 裁判指出观察的显而易见。教师作为教师和学生的关系乃是教师哲学的本质。在抽象意义上这是显然的，但在哲学意义上，它是疑难的本质。

13. 这里的爱的观念，与麦克弗森的观点相悖。它是上帝与人之间的不平等关系。

14. 尽管在克尔凯郭尔的部分观点中说到：这样的知识完全不确定。参考：Kierkegaard，1968。

15. 克尔凯郭尔注意到了莱辛的观点。他拒斥一切的拥护者，"害怕被通过复述者而变得刻板，而后者正是那种不断进行无聊重复的人"。(Kierkegaard，1968)

16. 和第七章一样，尼采的查拉图斯特拉也被迫去永恒地再现为权力意志之永恒回归的教师。

17. 在《哲学片段》中，作为克利马克斯的克尔凯郭尔说"我训练我自己能够总是在思维中轻盈地舞蹈"(Kierkegaard，1985)。他补充道，"在我的一生中都在试图让每一刻变得困难。之后将死亡构想为一个很好的舞伴——我的舞伴——就很容易了"。

18. 而且，当然是——上帝的疑问。

19. 参见：Tubbs，2003。

20. 这是克尔凯郭尔的《训导书》中的一个标题。参见：Kierkegaard，1990。

参考文献

Adorno, T. W. (1973) *Negative Dialectics* (London, Routledge & Kagan Paul).

Adorno, T. W. (1991) *The Culture Industry*, ed. J. Bernstein (London, Routledge).

Adorno, T. W. (1992) Why Philosophy?, in: D. Ingram and J. Simon-Ingram, *Critical Theory: the essential readings* (New York, Paragon House).

Adorno, T. W. (1999) *Walter Benjamin and Theodor W. Adorno, The Complete Correspondence* 1928—1940, ed. H. Lonitz, trans. N. Walker (Cambridge, Polity Press).

Adorno, T. W. (2000) *Metaphysics: concepts and problems* (Cambridge, Polity Press).

Adorno, T. W. (2003) *Can One Live After Auschwitz? A Philosophical Reader*, ed. R Tiedemann (Stanford, Stanford University Press).

Adorno, T. W. and Horkheimer, M. (1979) *Dialectic of Enlightenment* (London, Verso).

Althusser, L. (1984) *Essays on Ideology* (London, Verso).

Anderson, D. (1971) *Simone Weil* (London, SCM Press Ltd.).

Barnett, R. (2000) *Realising the University in an Age of Aupercomplexity* (Buckingham, Open University Press).

Bauman, Z. (1989) *Modernity and the Holocaust (Cambridge, Polity Press)*.

Bauman, Z. (1992) *Intimations of Postmodernity* (London, Poutledge).

Bearn, G. (2000) The University of Beauty, in: P. Dhillon and P. Standish (eds) *Lyotard: just education* (London, Routledge), pp. 230—258.

Berlin, I. (1999) *The First and the Last* (London, Granta Books).

Benjamin, W. (1985) *The Origin of German Tragic Drama* (London, Verso).

Benjamin, W. (1992) *Illuminations* (London, Fontana Press).

Binder, F. M. (1970) *Education in the History of Western Civilization* (London, Macmillan).

Blake, N., Smeyers, P., Smith, R. and Standish, P. (2000) *Education in and Age of Nihilism* (London, RoutledgeFalmer).

Blake, N., Smeyers, P., Smith, R. and Standish, P. (eds) (2003) *The Blackwell Guide to the Philosophy of Education* (Oxford, Blackwell).

Bottomore, T. and Nisbet, R. (1978) *A History of Sociological Analysis* (London, Heinemann).

Buber, M. (1947) *Between Man and Man* (Glasgow, Collins).

Buber, M. (1967) *On Judaism* (New York, Schocken Books).

Buber, M. (1987) *I and Thou* (New York, Collier Books).

Buber, M. (1997) *Israel and the World, Essays in a Time of Crisis* (USA, Syracuse University Press).

Buber, M. (1998) *The Knowledge of Man: selected essays* (New York, Humanity Books).

Buber, M. (2002) *The Maritn Buber Reader: Essential Writings*, ed. A. D. Biemann (New York, Palgrave Macmillan).

Burbules, N. and Hansen, D. (1997) *Teaching and its Predicaments* (Colorado, Westview Press).

Carr, D. (1998) *Education, Knowledge and Truth: Beyond the Postmodern Impasse* (London, Routledge).

Carr, D. (2003) *Making Sense of Education* (London, RoutledgeFalmer).

Climacus, J. (1982) *The Ladder of Divine Asccent* (New Jersey, Paulist Press).

Cohen, J. (2003) *Interrupting Auschwitz* (New York, Continuum).

Comenjus, J. A. (1910) *The Great Didactic* (Montana, Kessinger Publishing Company).

Cox O'Rourke, K. (2002) *The Truth of Doubt: an exploration of doubt in Hegel, Kierkegaard and Weil*. Unpublished dissertation, University of Winchester.

Craig, D. (1969) *Hard Times* (Harmondsworth, Penguin).

Cubberley, E. P. (1920) *The History of Education* (London, Constable & Co.).

Deleuze, G. (1983) *Nietzsche and Philosophy* (New York, Columbia University Press).

Deleuze, G. (1994) *Difference and Repetition* (London, The Athlone Press).

Deleuze, G. and Parnet, C. (2002) *Dialogues II* (London, Continuum).

Derrida, J. (1992) *The Gift of Death* (Chicago, University of Chicago Press).

Dhillon, P. A. and Standish, P. (2000) *Lyotard: Just Education* (London,

Routledge).

Dickens, C. (1969) *Hard Times* (Harmondsworth, Penguin).

Ellsworth, E. (1997) *Teaching Positions: Difference, Pedagogy and the Power of Address* (Columbia, Teachers College Press).

Evans, K. (1975) *The Development and Structure of the English Educational System* (London, University of London Press).

Farias, V. (1989) *Heidegger and Nazism* (Philadelphia, Temple University Press).

Foucault, M. (1973) *The Birth of the Clinic* (London, Routledge).

Foucault, M. (1977) *Discipline and Punish* (Harmondsworth, Penguin).

Foucault, M. (1980) *Power/Knowledge* (New York, Harvester Wheatsheaf).

Freire, P. (1972) *Pedagogy of the Oppressed* (London, Penguin).

Freire, P. (1995) *Paulo Freire at the Institute* (London, Institute of Education, University of London).

Frost, C. and Bell-Metereau, R. (1998) *Simone Weil: On Politics, Religion and Society* (London, Sage Publications).

Giroux, H. (1992) *Border Crossings: Cultural Workers and the Politics of Education* (New York Routledge).

Gur-Ze'ev, I. (2003a) *Destroying the Other's Collective Memory* (New York, Peter Lang Publishing Group, Inc.).

Gur-Ze'ev, I. (2003b) *Bildung* and Critical Theory in the Face of Postmodern Education, in: L. Løvlie, K. P. Mortensen and S. E. Nordenbo (eds) *Educating Humanity: Bildung in Postmodernity* (Oxford, Blackwell).

Hansen, D. (2001) *Exploring the Moral Heart of Teaching: towards a teacher's creed* (New York, Teacher's College Press).

Harris, H. S. (1997) Hegel's Correspondence Theory of Truth, in: G. K. Browning (ed) *Hegel's Phenomenology of Spirit: a reappraisal* (Dordrecht, Kluwer Academic Publishers), pp. 1—10.

Hegel, G. W. F. (1956) *The Philosophy of History* (New York, Dover Publications).

Hegel, G. W. F. (1969) *Science of Logic* (London, George Allen & Unwin Ltd.).

Hegel, G. W. F. (1975) *Hegel's Logic* (Oxford, Oxford University Press).

Hegel, G. W. F. (1977) *Phenomenology of Spirit* (Oxford University Press).

Hegel, G. W. F. (1984a) *Lectures on the Philosophy of Religion volume l: Introduction and The Concept of Religion* (Berkeley, University of

California Press).

Hegel, G. W. F. (1984b)*Hegel: The Letters*(Bloomington, Indiana University Press).

Heidegger, M. (1982) *The Basic Problems of Phenomenology* (Bloomington, Indiana University Press).

Heidegger, M. (1992)*Being and Time*(Oxford, Blackwell).

Huxley, A. (1977)*Brave New World*(London, Grafton).

Jarvis, S. (1998)*Adorno: a critical introduction*(Cambridge, Polity Press).

Kant, I. (1990)*Foundations of the Metaphysics of Morals*, trans. Lewis White Beck(New York, Macmillan).

Kant, I. (1991) *Political Writings*, ed. H. Reiss (Cambridge, Cambridge University Press).

Keneally, T. (1983)*Schindler's Ark*(London, Coronet).

Kierkegaard, S. (1967) *The Concept of Dread*, trans. W. Lowrie(Princeton, Princeton University Press).

Kierkegaard, S. (1968) *Concluding Unscientific Postscript*, trans. W. Lowrie (Princeton, Princeton University Press).

Kierkegaard, S. (1983) *Fear and Trembling/Repetition* (Princeton, Princeton University Press).

Kierkegaard, S. (1985)*Philosophical Fragments/Johannes Climacus*(Princeton, Princeton University Press).

Kierkegaard, S. (1989)*The Concept of Irony*(Princeton, Princeton University Press).

Kierkegaard, S. (1990) *Eighteen Upbuilding Discourses* (Princeton, Princeton University Press).

Kohli, W. (1995)*Critical Conversations in Philosophy of Education*(New York, Routledge).

Kojève, A. (1969) *Introduction to the Reading of Hegel* (Ithaca, Cornell University Press).

Krell, D. F. (1993)*Martin Heidegger: Basic Writings*(London, Routledge).

Lawton, D. (1992)*Education and Politics in the 1990s*(London, The Falmer Press).

Locke, J. (1975) *An Essay Concerning Human Understanding* (Oxford, Clarendon Press).

Luther, M. (1989)*Martin Luther's Basic Theological Writings*, ed. T. F. Lull (Minneapolis, Fortress Press).

Lyotard, J. - F. (1984) *The Postmodern Condition: AReport on Knowledge* (Manchester, Manchester University Press).

Lyotard, J. -F. (1992) *The Postmodern Explained to Children* (London, Turnaround).

Massumi, B. (1998) 'Deleuze', in: S. Critchley and W. R. Schroeder (eds) *A Companion to Continental Philosophy* (Oxford, Blackwell).

Mackenzie (1909) *Hegel's Educational Theory and Practice* (London, Swann Sonnenschein).

McLaren, P. (1997) *Revolutionary Multiculturalism* (Oxford, Westview Press).

McPherson, I. (2001) Kierkegaard as an Educational Thinker: Communication Through and Across Ways of Being, *Journal of Philosophy of Education*, 35.2, pp. 157—174.

Miles, S. (1986) *Simone Weil, an Anthology* (London, Virago Press Ltd.).

Monroe, P. (1905) *A Text-Book in the History of Education* (New York, Macmillan).

Montaigne, M. (1958) *Essays* (Harmondsworth, Penguin).

Montaigne, M. (1964) *The Montessori Method* (New York, Schocken Books).

Montaigne, M. (1965) *Dr. Montessori's Own Handbook* (New York, Schocken Books).

Mulhall, S. (2001) *Inheritance and Originality* (Oxford, Clarendon Press).

Murphy, D. (1988) *Martin Buber's Philosophy of Education* (BLackrock, Irish Academic Press).

Murphy, D. (1995) Comenius: a critical re-assessment of his life and work (Blackrock, Irish Academic Press).

Neill, A. S. (1962) *Summerhill* (London, Pelican Books).

Nietzsche, F. (1968) *Basic Writings of Nietzsche* (New York, The Modern Library).

Nietzsche, F. (1979) *Ecce Homo* (London, Penguin).

Nietzsche, F. (1982) *The Portable Nietzsche*, trans. W. Kaufmann (New York, The Viking Press).

Nietzsche, F. (1983) *Untimely Meditations*, trans. R. J. Hollingdale (Cambridge, Cambridge University Press).

Noddings, N. (2003) *Caring: a feminine approach to ethics and moral education* (Berkeley, University of California).

Oppenheim, M. (1985) *What does Revelation Mean for the Modern Jew? Rosenzweig, Buber, Fackenheim* (New York, The Edwin Mellen Press).

Parker, S. (1997) *Reflective teaching in the Postmodern World* (Buckingham,

Open University Press).

Pestalozzi, J. H. (1966) *How Gertrude Teaches Her Children* (London, Quantum Reprints).

Pike, A. (2004) *The Search for Truth: either/or... or truth.* Unpubished dissertation, University of Winchester.

Plato (1956) *Protagoras and Meno* (Harmondsworth, Penguin).

Plato (1969) *The Last Days of Socrates* (Harmondsworth, Penguin).

Plato (1987) *Theaetetus* (Harmondsworth, Penguin).

Plato (1992) *The Republic* (London, Dent).

Peters, M. (2002) *Hidegger, Education, and Modernity* (Lanham, Rowman & Littlefield Publishers).

Popper, K. (1962) *The Open Society and its Enemies, Volume* 1 *Plato* (London, Routledge).

Pring, R. (1984) *Personal and Social Education in the Curriculum* (London, Hodder & Staughton).

Quintilian (1921) *Institutio Oratoria Volume* 1 (London, Heinemann).

Ramaekers, S. (2001) Teaching to Lie and Obey: Nietzsche on Education, *Journal of Philosophy of Education*, 35.2, pp. 255—268.

Rogers, C. R. (1969) *Freedom to Learn* (Columbus, Charles E. Merrill Publishing Company).

Rose, G. (1978) *The Melancholy Science: an introduction to the work of Theodor W. Adorno* Basingstoke, Macmillan.

Rose, G. (1981) *Hegel Contra Sociology* (London, Athlone).

Rose, G. (1984) *Dialectic of Nihilism* (Oxford, Blackwell).

Rose, G. (1992) *The Broken Middle* (Oxford, Blackwell).

Rose, G. (1993) *Judaism and Modernity* (Oxford, Blackwell).

Rose, G. (1995) *Loves Work* (London, Chatto & Windus).

Rose, G. (1996) *Mourning Beccomes the Law* (Cambridge, Cambridge University Press).

Rose, G. (1998) Walter Benjamin—out of the sources of modern Judaism, in: L. Marcus and L. Nead (eds) *The Actuality of Walter Benjamin* (London, Lawrence & Wishart).

Rose, G. (1999) *Paradiso* (London, Menard Press).

Rousseau, J. J. (1973) *The Social Contract and Discourses* (London, Dent).

Rousseau, J. J. (1993) *Emile* (London, Dent).

Schön, D. A. (1987) *Educating the Reflective Practitioner* (California, Jossey-Bass Publishers).

Silver, P. and Silver, H. (1974) *The Education of the Poor* (London, RKP).

Smith, A. (1958) *The Wealth of Nations, Volume Two* (London, Dent).

Sylvester, D. W. (1974) *Robert Lowe and Education* (Cambridge, Cambridge University Press).

Tubbs, N. (1996) Hegel's Educational Theory and Practice, *British Journal of Educational Studies*, 44. 2, pp. 181—199.

Tubbs, N. (1997) *Contradiction of Enlightenment: Hegel and the broken middle* (Aldershot, Ashgate).

Tubbs, N. (2003a) The Concept of Teachability, *Educational Theory*, 53. 1, pp. 75—90.

Tubbs, N. (2003b) Return of the Teacher, *Educational Philosophy and Theory*, 35. 1, pp. 71—88.

Tubbs, N. (2003c) For and Of the Truth: 'upbuilding' higher education in Church Colleges, *Journal of Philosophy of Education*, 37. 1, pp. 53—69.

Tubbs, N. (2004) *Philosophy's Higher Education* (Dordrecht, Kluwer).

Tubbs, N. and Grimes, J. (2001) What is Education Studies?, *Educational Studies*, 27. 1, pp. 3—15.

Usher, R. and Edwards, R. (1994) *Postmodernism and Education* (London, Routledge).

Vanderstraeten, R. and Biesta, G. J. J. (2001) How is education possible? Preliminary investigations for a theory of education, *Educational Philosophy and Theory*, 33. 1, pp. 7—21.

Weil, S. (1977) *Waiting On God* (London, Fount Classics).

Weil, S. (1987) *Gravity and Grace* (London, Routledge).

Weil, S. (1988) *Oppression and Liberty* (London, Routledge & Kegan Paul).

Weil, S. (1995) *The Need For Roots* (London, Routledge).

Williams, R. R. (1997) *Hegel's Ethics of Recognition* (Berkeley, University of California Press).

Wolin, R. (1993) *The Heidegger Controversy* (London, The MIT Press).